中国教育学会中学语文教学专业委员会专家审定

XUNZI

荀 子

【一个供心灵成长的田园】

〔战国〕荀况◎著
《青少年经典阅读书系》编委会◎主编

 首都师范大学出版社
CAPITAL NORMAL UNIVERSITY PRESS

图书在版编目（CIP）数据

荀子/《青少年经典阅读书系》编委会主编.—北京：
首都师范大学出版社,2011.12（2020 年 7 月重印）
（青少年经典阅读书系.国学系列）

ISBN 978-7-5656-0621-2

Ⅰ. ①荀… Ⅱ. ①青… Ⅲ. ①儒家 ②荀子-青年读物
③荀子-少年读物 Ⅳ. ①B222.6-49

中国版本图书馆 CIP 数据核字（2011）第 255903 号

荀 子

《青少年经典阅读书系》编委会 主编

策划编辑	李佳健	
首都师范大学出版社出版发行		
地	址	北京西三环北路 105 号
邮	编	100048
电	话	68418523（总编室） 68418521（发行部）
网	址	www.cnupn.com.cn
印	厂	汇昌印刷（天津）有限公司
经	销	全国新华书店发行
版	次	2012 年 9 月第 1 版
印	次	2020 年 7 月第 4 次印刷
书	号	978-7-5656-0621-2
开	本	710mm×1000mm 1/16
印	张	17
字	数	254 千
定	价	43.00 元

版权所有 违者必究

如有质量问题请与出版社联系退换

总 序

Total order

被称为经典的作品是人类精神宝库中最灿烂的部分，是经过岁月的磨砺及时间的检验而沉淀下来的宝贵文化遗产，凝结着人类的睿智与哲思。在滔滔的历史长河里，大浪淘沙，能够留存下来的必然是精华中的精华，是闪闪发光的黄金。在浩瀚的书海中如何才能找到我们所渴望的精华，那些闪闪发光的黄金呢？唯一的办法，我想那就是去阅读经典了！

说起文学经典的教育和影响，我们每个人都会立刻想起我们读过的许许多多优秀的作品——那些童话、诗歌、小说、散文等，会立刻想起我们阅读时的那种美好的精神享受的过程，那种完全沉浸其中、受着作品的感染，与作品中的人物，或者有时就是与作者一起欢笑、一起悲哭、一起激愤、一起评判。读过之后，还要长时间地想着，想着……这个过程其实就是我们接受文学经典的薰陶感染的过程，接受文学教育的过程。每一部优秀的传世经典作品的背后，都站着一位杰出的人，都有一颗高尚的灵魂。经常地接受他们的教育，同他们对话，他们对社会、对人生的睿智的思考、对美的不懈的追求，怎么会不点点滴滴地渗透到我们的心灵，渗透到我们的思想和感情里呢！巴金先生说："读书是在别人思想的帮助下，建立自己的思想。""品读经典似饮清露，鉴赏圣书如含甘饴。"这些话说得多么恰当，这些感

总 序

Total order

受多么美好啊！让我们展开双臂、敞开心灵，去和那些高尚的灵魂、不朽的作品去对话、交流吧，一个吸收了优秀的多元文化滋养的人，才能做到营养均衡，才能成为精神上最丰富、最健康的人。这样的人，才能有眼光，才能不怕挫折，才能一往无前，因而才有可能走在队伍的前列。

《青少年经典阅读书系》给了我们一把打开智慧之门的钥匙，会让我们结识世界上许许多多优秀的作家作品，会让这个世界的许多秘密在我们面前一览无余地展开，会让我们更好地去感悟时间的纵深和历史的厚重。

来吧！让我们一起品读"经典"！

国家教育部中小学继续教育教材评审专家
中国教育学会中学语文教学专业委员会秘书长　　芳立康

丛书编委会

丛书策划　复　礼

　　　　　王安石

主　　编　首　师

副 主 编　张　蕾

编　　委（排名不分先后）

　　　　　张　蕾　李佳健　安晓东　石　薇　王　晶

　　　　　付海江　高　欢　徐　可　李广顺　刘　朔

　　　　　欧阳丽　李秀芹　朱秀梅　王亚翠　赵　蕾

　　　　　黄秀燕　王　宁　邱大曼　李艳玲　孙光继

　　　　　李海芸

阅读导航

荀子是战国晚期儒家的代表人物，也是继孔子和孟子之后最伟大的儒学人物。荀子，赵国人，名况，又称孙卿、孙卿子，被世人尊称为荀卿。他的生卒年代实难确定，大约生于公元前313年，卒于公元前238年前后。荀子生活于战国七雄即将统一的年代，当时齐国比较兴盛，统治者也励精图治，极力笼络士阶层，聘请了许多有名气和有威望的人到都城临淄讲学，其中就包括孟子、邹衍、鲁仲连等。

荀子五十岁的时候也到齐国来游说讲学，曾先后三次以宗师的身份担任稷下学士的祭酒。后来，齐国有人毁谤荀卿，荀卿就到了楚国，春申君让他担任兰陵令。春申君死后，荀卿被罢官，便在兰陵安了家。韩非和李斯都是他的学生。

荀卿一生憎恶乱世的黑暗政治。而当时亡国昏乱的君主接连不断地出现，他们不通晓常理正道却被装神弄鬼的巫祝所迷惑，求神赐福祛灾。庸俗鄙陋的儒生拘泥于琐碎礼节，再加上狡猾多辩，败坏风俗，于是荀子经历了推究儒家、墨家、道家活动的成功和失败，编次著述了几万字的文章便辞世了，死后葬于兰陵。

作品简介

《荀子》一书汇集了荀子一生的思想精华，全书共有三十二篇，内容可谓博大精深，涉及哲学思想、政治理论、治学方法、立身处世、学术论辩、经济军事等诸多方面，反映了荀子的思想体系和特点。我们从中选取了具有代表性的篇章，包括《劝学篇》《天论篇》《解蔽篇》《非十二子篇》和《王制篇》《议兵篇》等。

《劝学篇》是《荀子》一书中最著名的篇章，着重阐明学习的重要性，并详细讲解了学习的态度、方法、意义、效用以及其他有关教育的一系列问题，勉励人们勤奋学习，诸如"青，取之于蓝，而胜于蓝；冰，水为之，而寒于水。"、

"骐骥一跃，不能十步；驽马十驾，功在不舍。锲而舍之，朽木不折；锲而不舍，金石可镂"等句子早就成为传唱千古的名句，尤其是文章中比喻的形象性和感染力，使之成为古代哲理文中少有的佳作。

荀子强调人有认识客观事物的能力，而客观事物本身又是可以被认识的，但是人们必须防止犯片面性的错误，主张用"虚一而静"的方法正确地认识规律与治国之道。荀子的这种哲学观点集中于书中《天论》和《解蔽》等篇。《天论》批判了唯心主义的"天命论"，文中采用了丰富多彩的修辞格式，使思路层次清晰明了，给人一种气势磅礴的感觉，同时也加强了文章的说理效果。《解蔽》寻找的是政治上的成败得失，文章中荀子把矛头指向那些"乱国之君"和"乱家之人"的唯心主义谬论。他认为人们思想上的主观武断和迷信鬼神，导致人们在思想上容易犯片面性的错误，所以荀子提出"解蔽"一词。此篇结构严谨，中心突出，全文有力地凸显了批判片面性、主张全面性的基本观点。

在《王制》一文中，荀子阐述了奉行王道而成就帝王大业的圣王制度，论及王者的政治纲领、策略措施、用人方针、听政方法、管理制度等。《议兵》则是对军事理论作了系统的探讨，并详细论述了统一战争中的战略和战术。另外，荀子的《成相》和《赋篇》也开创了我国"说唱文学"和"赋"这两种文学体裁的先河，在中国文学史的发展中占有非常重要的地位。

后世影响

荀子是一位朴素唯物主义者，他认为"天行有常"，不以人的意志为转移，但他又曾提出"人定胜天"的观点，认为人类可以"制天命而为之"。这种观点是以前从来不曾被提及的。荀子作为一名学者，既注重个人修养，又传道授业，是当时有名的文学家和教育家。同时，荀子还是一位伟大的哲学家和富有创造精神的散文家。他作为新兴地主阶级的思想家，在我国古代哲学史上起了承前启后的作用。对于先秦各家各派的哲学和学术思想，荀子都提出了自己独到的看法，并进行了批判与总结。他的思想对后来唯物主义的发展起到了巨大的推动作用。他的散文也被后人认为是战国诸子中成就最高的，说理周密且讲究文采，此后两千多年来的政论文和学术论文都继承和发扬了这个优良的传统。

"前继孔孟之余绪，后开儒家之新风"，荀子的思想开创了儒学的一片新天地，是中国传统文化的主要奠基人之一。在这本令后人受益匪浅的著作中，我们定能觅得古代先贤文化的精华所在。

历代学者对《荀子》一书有颇多歧说谬解，其书中难懂的字词过多是重要原因之一，特别是古音通假和连绵重叠的字词短语，如"礼"、"义"、"分"、"君子"、"小人"及"皇皇"、"信信"、"填填然"、"瞒瞒然"等，如果不能得到一些古典名著集解之类的辅助工具书，确实难以让人通晓原文之意。

作者在翻译编著此书时就参考了不少研究古典文学的中外学者的集解注释，对诸本中字词的不同诠释与辩解，又都给予了更为精确的选择与校勘。在斟酌词语的过程中颇费周折，务求正误纠谬、注译互补，以免贻误读者。

在章节的选择方面，我们也是去伪存真、去粗取精，选取的皆是在中国文学史上具有特殊价值的篇章，力求将荀子文字优美、体例完整并且能代表其写作方法和风格的作品呈现给读者。希望读者能够从中领悟到荀子丰富而深刻的思想，从而对我国古代光辉灿烂的文化有更进一步的了解。

劝 学 / 1

修 身 / 10

不 苟 / 18

荣 辱 / 26

非 相 / 37

非十二子 / 48

仲 尼 / 58

儒 效 / 65

王 制 / 83

王 霸 / 105

君 道 / 129

臣 道 / 147

致 士 / 156

议 兵 / 162

正 论 / 183

礼 论 / 204

解 蔽 / 227

正 名 / 244

劝 学

【原文】

君子曰：学不可以已。青，取之于蓝^1，而青于蓝；冰，水为之，而寒于水。木直中绳，輮以为轮^2，其曲中规^3，虽有槁暴^4，不复挺者，輮使之然也。故木受绳则直，金就砺则利，君子博学而日参省乎己，则知明而行无过矣。

【注释】

①蓝：即蓼蓝，一年生草本植物，其叶发酵后可提制深蓝色的有机染料靛蓝。

②輮：通"煣"，用火熏使木材弯曲以造车轮等物。

③中：符合，适合。

④暴：通"曝"，晒。

【译文】

君子说：学习是不可以停止的。染料靛青是从蓼蓝中提取出来的，但是它比蓼蓝还要青；冰，是由水凝固而成的，但比水还要冷。木材挺直而符合木工的墨线，然而用火烤过使之弯曲做成车轮，它的曲度能拿圆规来衡量，即使有时经过火烤、日晒，都不能够重新挺直，这是由于经过火烤所致。所以，木材经过墨斗划线加工就变得挺直，金属经过磨刀石磨过之后就锋利了。君子广泛学习并且每天反省自己，就能明白道理，行为上也不会有什么过错了。

【原文】

故不登高山，不知天之高也；不临深溪，不知地之厚也；不闻先王之遗言，不知学问之大也。干、越、夷、貉之子^1，生而同声，长而异俗，教使之然也。诗曰："嗟尔君子，无恒安息。靖共尔位^2，好是正直。神之听之^3，介尔景福。"神莫大于化道，福莫长于无祸。

【注释】

①干、越：春秋时期两个小国，在今江苏、浙江一带。夷、貉：我国古代东方与北方民族的泛称。

②靖：恭敬。共：通"供"。

③听：察。

【译文】

所以，不登上高山，就不会知道天的高度；不走近深溪，就不会知道地的厚度；不聆听先王的遗言，就不会知道学问的渊博。干国、越国、夷族、貉族的孩子，出生的时候哭声都是相同

2 | 荀 子

的，长大以后，他们的生活习俗就不同了，这是由于教育的不同引起的。《诗经》上说："君子啊，不要总是贪图安逸，要恭敬地安于自己的职位，爱好正直的德性。天上的神在听着呢，将会赐福给你的。"所以说，精神上最好的境界就是"道"，最大的福分就是没有灾祸了。

【注释】

①跂：通"企"，踮起脚后跟。

②假：凭借，借助。

③绝：横渡，横穿。

【原文】

吾尝终日而思矣，不如须臾之所学也。吾尝跂而望矣^1，不如登高之博见也。登高而招，臂非加长也，而见者远；顺风而呼，声非加疾也，而闻者彰。假舆马者^2，非利足也，而致千里；假舟楫者，非能水也，而绝江河^3。君子生非异也，善假于物也。

【译文】

我曾经整天思考，但是不如学习一会儿所得的教益多。我曾经踮起脚去远望，但是不如登到高处看得远。登上高处招手，手臂没有加长，但是能被很远的人看见；顺着风向呼喊，声音没有加大，但是使人听得更清楚。乘坐马车的人，并没有一双善于行走的脚，却能达到千里之外；乘坐船只的人，并不会游泳，却能横渡江河。君子生来并没有什么不同，只是善于借助别的事物而已。

【注释】

①射干：一种草药，根可入药。

②涅：一种矿物，古代用作黑色染料。

③渐：侵染。濊(xiǔ)：臭水，脏水。

④游：交际，交往。

【原文】

南方有鸟焉，名曰蒙鸠，以羽为巢，而编之以发，系之苇苕，风至苕折，卵破子死。巢非不完也，所系者然也。西方有木焉，名曰射干^1，茎长四寸，生于高山之上，而临百仞之渊，木茎非能长也，所立者然也。蓬生麻中，不扶而直；白沙在涅^2，与之俱黑。兰槐之根是为芷，其渐之滫^3，君子不近，庶人不服。其质非不美也，所渐者然也。故君子居必择乡，游必就士^4，所以防邪辟而近中正也。

【译文】

南方有一种鸟，名字是蒙鸠，用羽毛做成巢，然后用毛发编在一起，系到苇子上。偶尔有风吹过，芦苇折了，鸟卵就会摔破，蒙鸠也就失去了自己的孩子。巢不能说不完善，是由于所系的地方不对。西方有一种木材，叫做射干，茎长四寸，生长在高山之上，下临百仞的深渊，显得很高大。并不是木茎有所加长，而是由于它所生长的地方很高。蓬若是生长在大麻之中，不用什么扶持就可以是挺直的；白色的沙子混合到黑泥里，就会和黑泥一样黑。兰槐的根有香气，若是放到臭水旁边，君子不靠近它，就是庶人也不会佩戴它，它的香气不可谓不美，只是它周围的环境不好。所以，君子居住一定要选择邻居，交往的人一定要是有道德的，以此来防止自己走上邪路，保证内心平和。

【原文】

物类之起，必有所始。荣辱之来，必象其德。肉腐出虫，鱼枯生蠹。怠慢忘身，祸灾乃作。强自取柱^1，柔自取束。邪秽在身，怨之所构。施薪若一，火就燥也；平地若一，水就湿也。草木畴生^2，禽兽群焉，物各从其类也。是故质的张而弓矢至焉^3，林木茂而斧斤至焉^4，树成荫而众鸟息焉，醯酸而蜹聚焉^5。故言有召祸也，行有招辱也，君子慎其所立乎！

【译文】

事物的发生，一定有其原因。荣辱的降临，一定与人的内心品德有关。肉生了蛆就说明它已经腐烂，鱼干枯了才会生出虫子。人若是怠慢而骄傲了，灾祸就会发生。刚强的东西容易折断，柔弱的东西容易受约束。自己行为邪恶肮脏，就会造成人们对你的怨恨。把干、湿两种不同的木材放在一起，火苗就会朝着干燥的一边烧去；地面平整得一样，水就会朝着潮湿的一边流淌。野草和树木总是共生，飞禽和走兽也是成群地居住，这是万物跟随自己的同类。因此，箭靶张开了，箭也就向这边射来；森林茂盛了，斧子就跟着来了；树木长大成荫了，许多鸟类就在那里开始生活了；醋发酸了，蚊蝇就飞来了。所以，说话有时会招来祸患，行事有时会招致耻辱，君子应该谨慎地立身处世。

【注释】

①柱：通"祝"，折断。

②畴：通"俦"，同类，类别。

③质：箭靶。的：箭靶的中心。

④斤：斧子。

⑤醯（xī）：醋。蜹（ruì）：蚊子一类的昆虫。

荀 子

【注释】

①跬（kuǐ）：行走时两脚间的距离，等于现在的一步。古人所说步，指左右脚都向前迈一次的距离，相当于现在的两步。

②十驾：指十天的行程。此指千里的路程。

③跪：脚。

【原文】

积土成山，风雨兴焉；积水成渊，蛟龙生焉；积善成德，而神明自得，圣心备焉。故不积跬步^{①}，无以致千里；不积小流，无以成江海。骐骥一跃，不能十步；驽马十驾^{②}，功在不舍。锲而舍之，朽木不折；锲而不舍，金石可镂。蚓无爪牙之利，筋骨之强，上食埃土，下饮黄泉，用心一也；蟹八跪而二螯^{③}，非蛇、蟮之穴无可寄托者，用心躁也。是故无冥冥之志者，无昭昭之明；无惛惛之事者，无赫赫之功。行衢道者不至，事两君者不容。目不能两视而明，耳不能两听而聪。螣蛇无足而飞，鼫鼠五技而穷。诗曰："尸鸠在桑，其子七兮。淑人君子，其仪一兮。其仪一兮，心如结兮。"故君子结于一也。

【译文】

土堆积起来成为山陵，风雨就在这里兴起；水汇集起来成为深渊，蛟龙就在这里生长起来；不断地做好事就自然聪明睿智，就达到了圣人的思想境界。所以，没有一步一步的累积，就不会有千里的路程；没有小溪小河的凝聚，就不会有江河湖海的浩瀚。千里马一跃，不能超过十步；驽马跑十天也可以达到千里，成功的原因就在于不放弃。雕刻东西若是中途放弃了，就是一根朽木也不能折断；雕刻东西而不放弃，就是金属石头也可以刻成花纹。蚯蚓没有锋利的爪牙和强壮的筋骨，但是它能在地里吃泥土，下喝泉水，这是由于用心专一。螃蟹有八只脚和两只螯，但是若没有蛇和黄鳝的洞穴，就没有容身之处，这是因为它性情浮躁。没有精诚专一的志向，就不会有通达事理的品性；没有埋头苦干的行为，就不会有赫赫的功绩。在岐路上徘徊的人是不会达到目的地的，侍奉两个君主的人是不为世所容的。眼睛不能同时看两样东西还能看清楚，耳朵不能听两种声音还能听懂。螣蛇没有脚却能够飞翔，鼫鼠有五种技艺却还是困顿。《诗经》上说："布谷鸟住在桑树筑巢，平等地养育它的七只幼鸟。善良的君子们，他们的行为非常专一。行为专一，是由于心志专一。"所以，君子学习的时候也要专一。

【原文】

昔者瓠巴鼓瑟而沉鱼出听^1，伯牙鼓琴而六马仰秣^2。故声无小而不闻，行无隐而不形。玉在山而草木润，渊生珠而崖不枯。为善不积邪，安有闻者乎！

【注释】

①瓠（hù）巴：楚国人，善于弹瑟。

②六马：古代天子之车驾用六匹马拉。此指拉车之马。

【译文】

春秋时期的瓠巴在鼓瑟的时候，沉在水里的游鱼也浮出水面倾听；伯牙在弹琴的时候，正在吃草的马也停下来仰头而听。所以，声音无论怎么细小，都会被听到；行为不论多么隐蔽，都会有人知道。山中若是藏有宝玉，草木就会显得润泽；深渊中生有珍珠，岸边的悬崖就不会显得干枯。如果经常做善事，哪里会有不闻名于世的？

【原文】

学恶乎始^1？恶乎终？曰：其数则始乎诵经，终乎读礼；其义则始乎为士，终乎为圣人。真积力久则入，学至乎没而后止也。故学数有终，若其义则不可须臾舍也。为之，人也；舍之，禽兽也。故《书》者，政事之纪也；《诗》者，中声之所止也；《礼》者，法之大分^2，类之纲纪也。故学至乎《礼》而止矣。夫是之谓道德之极。《礼》之敬文也^3，《乐》之中和也^4，《诗》《书》之博也，《春秋》之微也，在天地之间者毕矣。

【注释】

①恶：疑问代词，哪里，怎么。

②大分：要领，总纲。

③文：文采，花纹，引申指表现义的礼仪制度，如表示等级制度的车制、旗章、服饰、各种礼节仪式等。

④中（zhòng）：不高不低，中等。

【译文】

学习从哪里开始？在哪里结束？君子说：学习的程序，是从诵读《诗》《书》开始，到《礼》终结；做学问的意义，从做一个读书人开始，到成为圣人结束。只有真心真意，日积月累地力行而能持久，才能够入门而有所成就，学习要坚持到死才能够停止。所以，虽说学习的程序是有终点的，若是从学习的意义上说，就一刻也不能停止地学习。这样做的就是堂堂正正的人，不这样做的就和禽兽一样。所以说《尚书》是记载古代政事的，《诗经》是收集了符合乐章标准的诗歌编辑而成的，《礼记》是礼法的总纲，也是各种条例的纲要，所以学习一定要达到《礼》的要求才算到了终点。这就叫做具备了道德的最高境界。《礼》有敬重礼仪的的规则，《乐》使人能够中正和悦，《诗经》《尚书》的内容广博，《春秋》包含微妙的道理，这些典籍把天地间的一切事物都包括殆尽了。

【注释】

①箸：通"著"，附著。

②易：何。

③犊：小牛犊。

④噍（zā）：呶噍。

⑤向（xiàng）：通"响"，回声。

【原文】

君子之学也，入乎耳，箸乎心^1，布乎四体，形乎动静。端而言，蝡而动，一可以为法则。小人之学也，入乎耳，出乎口。口耳之间，则四寸耳，曷足以美七尺之躯哉^2！古之学者为己，今之学者为人。君子之学也，以美其身；小人之学也，以为禽犊^3。故不问而告谓之傲，问一而告二谓之囋^4。傲，非也；囋，非也；君子如向矣^5。

【译文】

君子的学习，要把学到的听到耳朵里，记在心里，融会贯通到整个身心，表现在一举一动上面，即使是极细小的言行，都可以作为别人效法的榜样。小人的学习，把学到的听到耳朵里，又从嘴巴里说出来。嘴巴和耳朵之间，只有四寸的距离，怎么能使自己七尺之躯的品德得到修养而完美呢？古时候的学者，学习是为了自己进德修业；当今的学者学习，是为了向人炫耀。君子的学习，是用来美化自己的身心；小人的学习，只是把学问当做家禽、小牛之类的礼物去讨好别人。所以，别人不问却告诉他，这是急躁。别人问一却答二，就是呶噍。急躁是不对的，呶噍也不正确。君子问一答一，就像回声一样。

【注释】

①说：解说。

②故：事，故事。

③方：通"仿"，比拟，相比。

【原文】

学莫便乎近其人。《礼》《乐》法而不说^1，《诗》《书》故而不切^2，《春秋》约而不速。方其人之习君子之说^3，则尊以遍矣，周于世矣。故曰：学莫便乎近其人。

【译文】

学习的途径没有比接近良师益友更便捷的了。《礼》《乐》记载了法度典章，但没有详尽地阐述其义理；《诗》《书》记载了古代的掌故，但不切合现实，《春秋》简约晦涩，难于使人迅速理解。只有效仿良师益友而学习君子的学说，才能培养崇高的品德，通达世事。所以说，学习没有比接近良师益友更好的了。

【原文】

学之经莫速乎好其人^1，隆礼次之。上不能好其人，下不能隆礼，安特将学杂识志^2，顺《诗》《书》而已耳。则末世穷年，不免为陋儒而已。将原先王^3，本仁义，则礼正其经纬蹊径也。若挈裘领，诎五指而顿之，顺者不可胜数也。不道礼、宪，以《诗》《书》为之，譬之犹以指测河也，以戈春黍也，以锥餐壶也，不可以得之矣。故隆礼，虽未明，法士也；不隆礼，虽察辩，散儒也。

【注释】

①经：通"径"。

②特：只是。

③原：追究根源。

【译文】

学习的途径没有比向良师益友请教更迅速的了，其次便是尊崇礼法。既不能请教良师益友，又不能尊崇礼法，只是支离破碎地读一些杂书，或者根据《诗》《书》的训诂来解释《诗》《书》，那么即使到了老年，也只不过是一个知识浅陋的读书人。如果从古代圣王那里追源溯流，寻找仁义的根本，那么，学习礼法就是一条正确的途径。就像提起衣服的领子，五指弯曲去拉它，被理顺的绒毛就不可胜数了。如果做事不遵守礼法，只空读《诗》《书》，就像是用手指去测量河水的深度，用戈矛去春米，用锥子代替筷子吃饭一样，是不能达到目的的。所以，尊崇礼法虽然不能明白事理，但仍然可以称作是遵循礼法的读书人；不尊崇礼法，即使能够明察善辩，也不过是一个散漫的不自检束的人。

8 | 荀 子

【注释】

①楛（kǔ）：恶劣，不正当。

②瞽：眼睛瞎。

③匪：通"非"，不。交：通"佼"，急。

④予：通"与"，赞许。

【原文】

问楛者^1，勿告也；告楛者，勿问也；说楛者，勿听也；有争气者，勿与辩也。故必由其道至，然后接之；非其道则避之。故礼恭，而后可与言道之方；辞顺，而后可与言道之理；色从而后可与言道之致。故未可与言而言，谓之傲；可与言而不言，谓之隐；不观气色而言，谓之瞽^2。故君子不傲、不隐、不瞽，谨顺其身。诗曰："匪交匪舒^3，天子所予^4。"此之谓也。

【译文】

别人问了不合礼法的事情，不要告诉他；别人告诉了不合礼法的事情，不要去追问；谈论不合礼法的事情，不要去听；态度蛮横、不讲道理的人，不要和他争辩。所以，必须是按照礼仪之道前来请教的人，才接待；不按照礼仪之法前来请教的人，就避而不答。所以，来者恭敬有礼，然后可以同他谈论道义的方法；看他的言辞比较恭顺的，才可以和他谈论道义的原理；见他乐意听从，才和他谈论道义的深义。所以对于那些不可以交谈的人，却偏要与之交谈，这叫做浮躁；对于那些可以与他交谈的人而又不与他谈论，这叫做隐瞒；不看对方的表情而与之谈论，这叫做瞎说。所以，君子不浮躁、不隐瞒、不瞎说，而是谨慎地对待前来请《诗经》说："不急不缓，就会受到上天的赞许。"说的就是这个意思。

【注释】

①伦类：泛指各种事物，事理。

②固：原本，原来。

③涂巷之人：指普通百姓。涂，通"途"，路途。

【原文】

百发失一，不足谓善射；千里跬步不至，不足谓善御；伦类^{1}不通，仁义不一，不足谓善学。学也者，固学一之也^2。一出焉，一入焉，涂巷之人也^3；其善者少，不善者多，桀纣盗跖也；全之尽之，然后学者也。

【译文】

射箭一百次其中有一次没有中的，就不能称为善于射箭；驾车行走千里，只要半步不到，就不能叫做善于驾车；对于天下各种事物不能融会贯通，对于仁义不能完全彻底，就不能称作善于学习。学习，就是应该一心一意地坚持到底。一会儿这样学，一会儿那样学，这只是街头巷尾的普通人；学习善的少，不善的多，就是桀纣盗跖一样的人；学习达到完全彻底，才算得上好的学习的人。

【原文】

君子知夫不全不粹之不足以为美也，故诵数以贯之^1，思索以通之，为其人以处之，除其害者以持养之。使目非是无欲见也，使耳无非是无欲闻也，使口非是无欲言也，使心非是无欲虑也。及至其致好之也，目好之五色，耳好之五声，口好之五味，心利之有天下。是故权利不能倾也^2，群众不能移也，天下不能荡也。生乎由是，死乎由是，夫是之谓德操。德操然后能定，能定然后能应。能定能应，夫是之谓成人。天见其明^3，地见其光^4，君子贵其全也。

【注释】

①诵数：诵说。

②倾：倾倒，此为屈服之意。

③见：同"现"。

④光：同"广"。

【译文】

君子懂得，做学问不完备、不纯正，是不能够被看作是完美的，所以，要不断地诵读诗书，用心思索来融会贯通，把良师益友作为自己的榜样，设身处地去做，除掉有害的东西，培养有益的学识。对于不是这样的事物，眼睛不去看，耳朵不去听，嘴里不去说，内心不去考虑。等到极其爱好学习时，就像眼睛爱看五色，耳朵喜欢听五声，嘴巴喜欢吃五味，心里追求占有天下那样。因此，这样的人，权力不会压制他，人多势众却不能改变他，天下的任何事物都不能动摇他。活着是这样，死后也是这样，这就叫做有好的品德和操守了。具备了这样品德的人才能坚定不移；能够坚定不移，才能够应付自如。既能坚定不移，又能应付自如，可以称得上是完美的人了。天空显现它的光明，大地显露它的广阔，君子最要紧的是人格的完美与纯正。

修 身

【注释】

①修然：整饰的样子。存：省问。

②憱（qiǎo）然：忧惧的样子。

③菑（zāi）：通"灾"，祸害，灾害。

④贼：害人的人。

【原文】

见善，修然必以自存也^1；见不善，愀然必以自省也^2。善在身，介然必以自好也；不善在身，菑然必以自恶也^3。故非我而当者，吾师也；是我而当者，吾友也；谄谀我者，吾贼也^4。故君子隆师而亲友，以致恶其贼。好善无厌，受谏而能诫，虽欲无进，得乎哉？

【译文】

看到好的品性，一定要认真地省察自己有没有这样的好品行；看到不好的品性，一定要怀着忧惧的心情反省自己。自己若是有了好的品行，一定要坚定不移地加以珍视；自己有了错误，一定要想到会因此受害而痛恨自己。所以，批评我而又用适当的方法的人就是我的老师；肯定我而又用适当的方法的人就是我的朋友；对我阿谀奉迎的人，是陷害我的人。所以，君子敬重自己的老师而亲近自己的朋友，痛恨那些陷害自己的人。对好的品行非常喜欢而没有尽头，能接受别人的建议和教训，即使自己没有想着要进步，怎么可能不进步呢？

【注释】

①嘻嘻（xī）：同"吸吸"，吸取。菑菑（zī）：通"啙啙"，诋毁。

【原文】

小人反是，致乱，而恶人之非己也；致不肖，而欲人之贤己也；心如虎狼，行如禽兽，而又恶人之贼己也。谄谀者亲，谏争者疏，修正为笑，至忠为贼，虽欲无灭亡，得乎哉？《诗》曰："嘻嘻菑菑^1，亦孔之哀。谋之其臧，则具是违；谋之不臧，则具是依。"此之谓也。

【译文】

小人却不是这么做的，已经非常混乱了，还厌恶别人责备自己；已经够不好了，却想让他人说自己是个贤者；心思和虎狼一样残暴，所作所为又和禽兽一样凶残，却又不许别人指责自己。亲近那些阿谀奉迎的人，疏远那些敢于直言面谏的人，嘲笑那些帮助自己改正错误的人，把对自己忠心耿耿的人当做陷害自己的人，即使他不想走向灭亡，又怎么能够不灭亡呢？《诗经》上说："既吹吹捧捧，又相互诋毁，这就是一种悲哀啊！为自己出谋献策的，都不去照办；对自己进行陷害的，都照着做。"说的就是这个道理啊！

【原文】

扁善之度^①：以治气养生，则身后彭祖^②；以修身自强，则名配尧、禹。宜于时通，利以处穷，礼信是也。凡用血气、志意、知虑，由礼则治通，不由礼则勃乱提僈^③；食饮、衣服、居处、动静，由礼则和节，不由礼则触陷生疾；容貌、态度、进退、趋行，由礼则雅，不由礼则夷固僻违，庸众而野。故人无礼则不生，事无礼则不成，国家无礼则不宁。《诗》曰："礼仪卒度，笑语卒获。"此之谓也。

【注释】

①扁：通"遍"，到处，普遍。

②彭祖：传说他经历了虞、夏、商、周，活了八百岁。

③勃：通"悖"。提：通"偆"，舒缓。僈：通"慢"。

【译文】

处处符合美德法则的是礼仪法度：用它来调气养生，就能像彭祖那样长寿；用它来修身强壮身心，就会像尧和大禹一样名垂千古。既适应顺境，又善于度过逆境，就是靠礼仪法度。凡是运用血气、意志、智慧和思虑去处理问题，又遵循礼法的就会事事办得通；不遵循礼法，就会混乱松懈；凡是饮食、衣服、居处、一举一动遵循礼法的就能和谐而有节奏，不遵循礼法就毛病百出；凡是容貌、态度、进退、走路，遵从礼法就文雅，不遵从的就傲慢孤僻、庸俗粗野。所以，做人没有礼法就不能生存，做事没有礼法，事情就办不成；国家没有礼法就国无宁日了。《诗经》上说："礼仪恰如其分，言笑恰到时候。"说的就是这个道理。

荀 子

【注释】

①趣：同"趋"，趋向，进取。

②耗：通"眊"，昏味，糊涂。

【原文】

以善先人者谓之教，以善和人者谓之顺；以不善先人者谓之谄，以不善和人者谓之谀。是是、非非谓之知，非是、是非谓之愚。伤良曰谗，害良曰贼。是谓是、非谓非曰直。窃货曰盗，匿行曰诈，易言曰诞。趣舍无定谓之无常^1。保利弃义谓之至贼。多闻曰博，少闻曰浅。多见曰闲，少见曰陋。难进曰偍，易忘曰漏。少而理曰治，多而乱曰耗^2。

【译文】

用善意来教导别人就叫做"教"，用善意去附和别人就叫做"顺"；用恶意去教导别人就叫做"谄"，用恶意去附和别人就叫做"谀"。对于正确的言行加以肯定，对于不正确的言行加以否定，这就是智慧；对正确的言行加以否定，对错误的言行加以肯定，就叫做愚蠢。中伤那些善良的叫做"谗言"，陷害善良的叫做"贼害"。正确的就说正确，错误的就说错误，这是正直。偷别人的东西叫做"盗取"，隐匿自己的行为叫做"欺诈"，信口开河叫做"荒诞"。取舍没有一定的标准叫做"无常"，见利忘义叫做"大贼"。广识多闻叫做"博大"，孤陋寡闻叫做"浅薄"，见识多叫做"娴雅"，见识少叫做"浅陋"，难于进取叫做"迟缓"，健忘叫做"遗漏"。遇事措施简明又条理分明叫做"治辩"，头绪繁多而又杂乱无章叫做"昏赜"。

【注释】

①知：通"智"。渐：通"潜"，城府太深。

②招：通"昭"，明显，显著。

③慤（què）：诚实，谨慎。

【原文】

治气、养心之术：血气刚强，则柔之以调和；知虑渐深^1，则一之以易良；勇毅猛戾，则辅之以道顺；齐给便利，则节之以动止；狭隘褊小，则廓之以广大；卑湿重迟贪利，则抗之以高志；庸众驽散，则劫之以师友；怠慢僄弃，则炤之以祸灾^2；愚款端悫^3，则合之以礼乐，通之以思索。凡治气、养心之术，莫径由礼，莫要得师，莫神一好。夫是之谓治气、养心之术也。

【译文】

调理性情、修养身心的方法：血气方刚的人，用平静的方法来调理；思虑过密城府太深的人，用平易温良的方法来调整；有勇无谋的人，帮助他循规蹈矩；行为轻率的人，就用动静有法来教育他；心底狭隘的人，就扩大他的胸怀；思想卑下的人，就激发他有昂扬的意志；庸庸碌碌的人，就用良师益友来改造他；懒散放荡的人，就晓之以祸害，使他警醒；单纯朴实的人，使他行为符合礼乐，启发他深思熟虑。凡是实行了调理性情的方法，没有比遵循礼法更直接的了，没有比得到良师的指导更重要的了，没有比用心专一更神妙的了。这就叫做调理性情、修身养性的方法。

【原文】

志意修则骄富贵^1，道义重则轻王公；内省而外物轻矣。传^{2}曰："君子役物，小人役于物^2。"此之谓矣。身劳而心安，为之；利少而义多，为之；事乱君而通，不如事穷君而顺焉。故良农不为水旱不耕，良贾不为折阅不市^3，士君子不为贫穷怠乎道。

【注释】

①修：完美，美好。

②传：古书。役：役使，支配。

③折（zhé）阅：亏本。市：做买卖。

【译文】

志向高远的人就会鄙视富贵的人，以道义为重就会藐视王侯大公，注意从内心省察自己的人，就觉得外物轻微了。古书上说："君子支配外界事物，小人则被外界事物所支配。"说的就是这个道理。即使身体劳苦，但内心却安定，就好好去做；虽然利益很少，但意义重大的事，也去做；通过侍奉一个暴君而通达显赫，还不如侍奉穷困的君主而行事随顺。所以，一个好的农民不因为水旱灾就放弃耕种；一个好的商人不会因为一时的亏损就放弃经营，士人君子不会因为贫穷就不在乎操守。

【原文】

体恭敬而心忠信，术礼义而情爱人；横行天下，虽困四夷，人莫不贵；劳苦之事则争先，饶乐之事则能让，端悫诚信，拘守而详，横行天下，虽困四夷，人莫不任。体倨固而心势诈，术顺

【注释】

①术：通"述"，遵循。顺：当作"慎"，指战国思想家慎到。墨：指墨翟。

14 | 荀 子

②偷儒：苟且偷安，懒惰。

③侻：口齿伶俐。此指施展口才不顾一切地争抢。兑：通"锐"，锐利，也指口齿伶俐。不曲：不转弯。指毫不谦让地直取之。

④辟(pì)：通"僻"，邪僻。

⑤程役：通"逞欲"。役，事。

墨而精杂污^1，横行天下，虽达四方，人莫不贱。劳苦之事则偷儒转脱^2，饶乐之事则侻兑而不曲^3，辟违而不慤^4，程役而不录^5，横行天下，虽达四方，人莫不弃。

【译文】

外表恭敬而且内心忠信，以礼仪为法度而且性情友爱，这样的人走遍天下，即使被困在遥远的地方，别人没有不尊重他的；有了劳苦的事情就争先去做，有了享乐的事情就能让别人，端正诚信，谨守法度而又明察事理，这样的人走遍天下，即使困在遥远的地方，人们没有不信任他的。态度傲慢，心术险恶，遵循慎到和墨子的学说，而精神驳杂污秽，这样的人走遍天下，即使显赫四方，人们也没有不轻贱他的；有了劳苦的事情就偷懒畏惧，有了享乐的事情就施展快嘴利舌，毫不谦让地进行争夺的人，即使显赫四方，人们也没有不嫌弃他的。

【原文】

【注释】

①供：通"恭"。冀：当作"翼"，敬。

②击庚：抵触。

行而供冀^1，非渍淳也；行而俯项，非击庚也^2；偶视而先俯，非恐惧也。然夫士欲独修其身，不以得罪于比俗之人也。

【译文】

走路的时候恭谨，并不是由于怕沾染路上的泥淖；走路的时候低着头，不是因为害怕碰撞着东西；与人对视的时候先低下头，并不是由于害怕对方。这是由于士人要独善其身，修养自己的品性，不想因为这得罪那些流俗的人而已。

【原文】

【注释】

①意：同"抑"，选择连词，还是。

②"坚白"：即"离坚白"，是战国时名家公

夫骥一日而千里，驽马十驾则亦及之矣。将以穷无穷，逐无极与？其折骨、绝筋，终身不可以相及也；将有所止之，则千里虽远，亦或迟或速、或先或后，胡为乎其不可以相及也？不识步道者将以穷无穷，逐无极与？意亦有所止之与^1？夫"坚白"、"同异"、"有厚无厚"之察^2，非不察也，然而君子不辩，止之

也；倚魁之行^3，非不难也，然而君子不行，止之也；故学曰："迟彼止而待我，我行而就之，则亦或迟、或速、或先、或后，胡为乎其不可以同至也？"故跬步而不休，跛鳖千里；累土而不辍，丘山崇成^4；厌其源^5，开其渎，江河可竭；一进一退，一左一右，六骥不致。彼人之才性之相县也^6，岂若跛鳖之与六骥足哉？然而跛鳖致之，六骥不致，是无他故焉，或为之，或不为尔！道虽迩，不行不至；事虽小，不为不成。其为人也多暇日者，其出人不远矣。

孙龙的一个命题。"同异"、"有厚无厚"：这是战国时名家惠施的命题。

③倚魁：通"奇傀"，奇怪。

④崇：通"终"。

⑤厌：同"压"，堵塞。

⑥县：通"悬"，距离远，悬殊。

【译文】

千里马一天能行走千里，劣马十天的行程也可以达到。能够用有限来追求无限吗？那样即使断了骨头、筋肉断绝，毕生也不能达到目的。如果行程是有目的地的，那么即使有千里之遥，也将会或迟、或快、或先、或后地到达，怎么会说不能达到呢？不了解人生道路的人，是应该用有限的力量去追求无穷的、没有止境的目的呢？还是应该有一定的范围和止境呢？对所谓"坚白"、"同异"、"有厚无厚"等学说的理解，并不是不能理解的，然而君子不跟他们辩解，因为这些命题有一定的范围限度。那些不合常规的行为，并不是不难做到，但君子却不去做，因为行为有一定的范围限度。所以说："他慢慢停下来等待我，我加快脚步跟上了他，而或慢、或快、或先、或后，为什么不能一同达到目的地呢？"所以，只要一步一步不停地走，即使跛脚的甲鱼也能行走千里；只要一筐一筐不停地堆土，即使是山丘也终将能堆成，堵住水源，开通沟渠，那么即使是长江、黄河也会枯竭。一会儿前进一会儿后退，一会儿向左一会儿向右，即使天子座下的六匹好马，也不能到达目的地。难道人的性格才情的差别能比跛脚的甲鱼和六匹好马的差别更大吗？然而跛脚的甲鱼能够达到的地方，六匹好马却到达不了，这没有别的原因，一个去做一个不做的缘故。道路虽然很近，但不走是永远都不会到达目的地的；事情虽然很小，但是不去做是不可能成功的。那种闲暇时间多的人，他的成就也不会超过常人很多。

荀 子

【原文】

好法而行，士也；笃志而体，君子也；齐明而不竭^1，圣人也。人无法，则倀倀然；有法而无志其义，则渠渠然^2，依乎法而又深其类，然后温温然。

【注释】

①齐：敏捷。

②渠：通"遽"，匆忙。

【译文】

坚持按照礼法来办事，是士人；有坚定的意志而又身体力行，是君子；思虑敏捷而有力行不止，是圣人。一个人不遵守礼法，将无所适从；有了礼法但不理解它的含义，就会局促不安；依照礼法而又深知各种事物，就会得心应手。

【原文】

礼者，所以正身也^1；师者，所以正礼也。无礼，何以正身？无师，吾安知礼之为是也？礼然而然，则是情安礼也；师云而云，则是知若师也^2。情安礼，知若师，则是圣人也。故非礼，是无法也；非师，是无师也。不是师法而好自用^3，譬之是犹以盲辨色，以聋辨声也，舍乱妄无为也。故学也者，礼法也。夫师以身为正仪而贵自安者也。《诗》云："不识不知，顺帝之则^4。"此之谓也。

【注释】

①所以：用来……的东西。

②知：通"智"。若：顺从。

③不是：否定，不遵照。

④帝：上天，自然界。

【译文】

礼法，是用来端正自己的行为的；老师，是为了正确解释礼法的。没有礼法，拿什么来端正自己的行为呢？没有老师，我怎么知道礼法是什么样子呢？礼法如何规定就如何去做，这就是性情习惯于遵礼而行；老师说什么就认同什么，那么知识就如同老师。性情符合礼法，知识如同老师，就是圣人了。所以，没有礼法，就没有法度；违背老师，就是心中没有老师。不遵照老师的教导，喜欢自作主张，就像是让一个盲人来辨别颜色，让一个聋子来辨别声音一样，除了胡作非为以外，再也不会有什么作为了。所以，学习的宗旨就是学习礼法。老师就是以身作则，而且重要的是自己心安理得地遵礼去做。《诗经》上说："看上去不知不觉，实际上顺应上天的法则。"说的就是这个。

【原文】

君子贫穷而志广，富贵而体恭，安燕而血气不惰^1，劳倦而容貌不枯，怒不过夺，喜不过予。君子贫穷而志广，隆仁也；富贵而体恭，杀势也；安燕而血气不惰，東理也^2；劳倦而容貌不枯，好文也；怒不过夺，喜不过予，是法胜私也。《书》曰："无有作好^3，遵王之道；无有作恶，遵王之路。"此言君子之能以公义胜私欲也。

【注释】

①燕：通"宴"，安逸。

②東理：选择合乎礼仪的事去做。

③无：通"毋"，不。

【译文】

君子处境困难而心志宽广，身处富贵而态度恭敬，生活安逸而不懈怠，劳动疲惫而容貌庄重，在盛怒的时候却不惩罚过重，在喜悦的时候却不赏赐过多。君子处境困难而心智宽广，这是由于推崇仁爱的缘故；身处富贵而态度恭敬，这是由于不以权势作威作福；生活安逸的时候精神不懈怠，这是遵礼奉法所致；在劳累疲倦的时候容貌庄重，是由于注重礼节；在盛怒的时候能够惩罚不过重，在喜悦的时候能够赏赐不过多，这是由于礼法战胜了私欲。《尚书》说："没有个人的喜好，只有遵循古代圣王之道；没有个人的憎恶，只有遵循古代先王之路。"这就说君子为什么能够用公理正义战胜私欲。

不 苟

【注释】

①申徒狄：殷朝末年人，因恨道不行而抱石跳河自杀。

②比：相等。

③袭：合。

④钩：通"姁"，妇女。钩有须：妇女生出来的儿子长胡须，说明她体内也有胡须的基因，所以说妇女有胡须。

⑤邓析：春秋时郑国人，刑名学家。

【原文】

君子行不贵苟难，说不贵苟察，名不贵苟传，唯其当之为贵。故怀负石而赴河，是行之难为者也，而申徒狄能之^1；然而君子不贵者，非礼义之中也。山渊平，天地比^2，齐、秦袭^3，人平耳，出乎口，钩有须^4，卵有毛，是说之难持者也，而惠施、邓析能之^5；然而君子不贵者，非礼义之中也。盗跖吟口，名声若日月，与舜、禹俱传而不息；然而君子不贵者，非礼义之中也。故曰：君子行不贵苟难，说不贵苟察，名不贵苟传，唯其当之为贵。《诗》曰："物其有矣，唯其时矣。"此之谓也。

【译文】

君子的行为，不以做了不合乎礼仪的难事为可贵；君子的学说，不以不合乎礼仪的明察为可贵；君子的名声，不以不合乎礼仪的流传为可贵。君子的所作所为一切只以符合礼仪为可贵。所以，怀抱石头投河自杀，这是一般行为所难以做到的事情，但是殷末的申徒狄能够做到；可是君子并不这么做，因为这是不符合礼仪的。高山和深渊是相平的，天和地是一样高，齐国和秦国是相连的，这种话听到耳朵里，从口中说出来。妇女长有胡须，蛋上生有羽毛，这是学说中难以承认的事情，然而惠施和邓析却能这么说；然而君子不这么说，是因为它不符合礼仪。盗跖为民间所传颂，名声好比日月，与舜、禹齐名流传不息；然而君子不看重这样的名声，因为它不符合礼仪。所以说，君子的行为，不以做了不合乎礼仪的难事为可贵；君子的学说，不以不合乎礼仪的明察为可贵；君子的名声，不以不合乎礼仪的流传为可贵。《诗经》上说："多么丰富的物产啊！都是适时而生的啊！"说的就是这种道理。

【原文】

君子易知而难狎^1，易惧而难胁，畏患而不避义死，欲利而不为所非，交亲而不比^2，言辩而不辞。荡荡乎！其有以殊于世也。

【注释】

①狎：亲近而不庄重。

②比：勾结。

【译文】

君子容易了解而难以不庄重地接近，容易使人害怕而难以胁迫，害怕患难但不逃避为仁义去死，追求利益而不为非作歹，和人亲近但不狼狈为奸，言语富有哲理而不华丽。君子的胸怀多么坦坦荡荡啊！君子就是由于这样遗世独立，与世人有所不同。

【原文】

君子能亦好，不能亦好；小人能亦丑，不能亦丑。君子能，则宽容易直以开道人^1，不能，则恭敬缲绌以畏事人^2；小人能，则倨傲僻违以骄溢人，不能，则妒嫉怨诽以倾覆人。故曰：君子能，则人荣学焉，不能，则人乐告之；小人能，则人贱学焉，不能，则人羞告之。是君子小人之分也。

【注释】

①道：通"导"。

②缲：通"檑"，抑制。绌：减损，贬低，使不足。

【译文】

君子有才能了很好，没有才能也是好的；小人有才能是丑陋的，没有才能也是丑陋的。君子有才能就可宽容平和地教导别人，没有能力的也可恭敬地尊重侍奉他人；小人有才能就倨傲不逊对人骄横无礼，没有才能就嫉妒埋怨排挤他人。所以说，君子有才能的就以向他学习为荣，没有才能的别人也乐于教导他；小人有才能的别人以向他学习为卑贱，没有才能的别人也羞于告诉他。这是君子和小人的区别。

【原文】

君子崇人之德，扬人之美，非谄谀也；正义直指^1，举人之过，非毁疵也；言己之光美，拟于舜、禹，参于天地，非夸诞也；与时屈伸，柔从若蒲苇，非慑怯也；刚强猛毅，靡所不信，非骄暴也。以义变应，知当曲直故也。《诗》曰："左之

【注释】

①义：通"议"，议论。

②信：通"伸"，伸展。

左之，君子宜之；右之右之，君子有之。"此言君子以义屈信变应故也^2。

【译文】

君子崇尚别人的道德，宣扬他人的美德，这不是谄媚。匡正正义，勇于指出他人的过错，这不是毁诽。说起自己的道德高尚，可以和舜、禹相比拟，和天地相并列，这不是过于夸大。在时事不利的时候能屈能伸，柔顺得好像芦苇蒲草一样，这不是胆小怯懦。刚强猛毅，勇往直前，任何时候都不屈服，这不是骄傲狂暴。这些都是君子用义来变化适应事情，知道是非曲直的缘故。《诗经》上说："该在左就在左，君子在左无不可；该在右就在右，君子在右也常有。"这就是说君子用义来融会贯通权变的原因。

【原文】

君子、小人之反也^1。君子大心则敬天而道，小心则畏义而节；知则明通而类，愚则端悫而法；见由则恭而止^2，见闭则敬而齐^3；喜则和而理，忧则静而理；通则文而明，穷则约而详。小人则不然，大心则慢而暴，小心则淫而倾；知则攫盗而渐，愚则毒贼而乱；见由则兑而倨^4，见闭则怨而险。喜则轻而翾^5，忧则挫而慢；通则骄而偏，穷则弃而僈^6。传曰："君子两进，小人两废。"此之谓也。

【注释】

①反：与"对"相对。

②见由：被重用。

③见闭：不受重用。

④兑：通"锐"。这里指行动敏捷地向上爬。

⑤翾（xuān）：轻浮，不庄重。

⑥僈（xì）：卑下。

【译文】

君子和小人是相反的。君子大的方面敬天道，小的方面知道义和礼节；有智慧的明白事理，愚笨的端正诚信而遵纪守法；如果被起用，就会恭敬而不放纵；如果不被起用，就会戒慎而约束自己；如果高兴了，就会平和地去治理；如果忧愁了，就会冷静地去处理；如果显贵，就会文雅而明智；如果困窘，就会自我约束而明察事理。小人就不是这样，如果心往大的方面用，就会傲慢而粗暴；如果心往小的方面用，就会邪恶而倾轧别人；如果聪明，就会巧取豪夺而用尽心机；如果愚钝，就会狠毒残忍而作乱；如果被起用，就会高兴而傲慢；如果不被起用，就会怨恨而阴险；如果高兴了，就会轻浮而急躁；如果忧愁了，就会垂头丧气而心惊胆战；如果显贵，就会骄横而不公正；如果困窘，就会自暴自弃而志趣卑下。古书上说："君子在相对的两种情况下都在进步，小人在相对的两种情况下都在堕落。"说的就是这种情况。

【原文】

君子治治^1，非治乱也。曷谓邪？曰：礼义之谓治，非礼义之谓乱也。故君子者，治礼义者也，非治非礼义者也。然则国乱将弗治与？曰：国乱而治之者，非案乱而治之之谓也^2。去乱而被之以治。人污而修之者，非案污而修之之谓也，去污而易之以修。故去乱而非治乱也，去污而非修污也。治之为名，犹曰君子为治而不为乱，为修而不为污也。

【注释】

①第一个"治"：治理，管理。第二个"治"：治理得好，太平。与"乱"相对。

②案：通"按"，依据。

【译文】

君子治理有秩序的国家，不整治混乱的国家。为什么这么说呢？我认为，有了礼仪就会治理得好，没有礼仪就会天下大乱。所以君子就是用礼仪来治理国家的人，不是用非礼仪治理国家的人。既然这样，那么国家混乱的时候将怎么治理呢？我说，国家混乱而去整治它，并不是说在那混乱的基础上去整治它，而是要除去混乱，再给它加上秩序。就像人的外表或思想脏脏了而去整治他一样，并不是说在那脏脏的基础上去整治他，而是要除去脏脏而换上美好的外表或思想。除去混乱并不等于整治混乱，除去脏脏并不等于整治脏脏。整治作为一个概念，就等于说，君子只为秩序地治理而不搞混乱的、只为美好的工作而不搞脏脏的。

【原文】

君子养心莫善于诚，致诚则无它事矣，唯仁之为守，唯义之为行。诚心守仁则形，形则神，神则能化矣。诚心行义则理，理则明，明则能变矣。

变化代兴，谓之天德^1。天不言而人推高焉，地不言而人推

【注释】

①天德：合乎自然规律的德行。改革旧原叫做变，引诱向善叫做化，这种除旧布新的德行

交相为用，就像天道阴阳更替一般，所以称为"天德"。

②嘿：同"默"。

③若：然。

④唯所居以其类至：指天地诚则能化万物，圣人诚则能化万民，父子诚则亲，君上诚则尊。

厚焉，四时不言而百姓期焉；夫此有常，以至其诚者也。君子至德，嘿然而喻^2，未施而亲，不怒而威。夫此顺命，以慎其独者也。善之为道者，不诚则不独，不独则不形，不形则虽作于心，见于色，出于言，民犹若未从也^3，虽从必疑。

天地为大矣，不诚则不能化万物，圣人为知矣，不诚则不能化万民，父子为亲矣，不诚则疏，君上为尊矣，不诚则卑。夫诚者，君子之所守也，而政事之本也，唯所居以其类至^4。操之则得之，舍之则失之。操而得之则轻，轻则独行，独行而不舍则济矣。济而材尽，长迁而不反其初，则化矣。

[译文]

君子修养身心莫过于诚信了，诚信的极致就万事大吉了。只要保持一颗仁爱之心，行为符合道义就行了。真心实意地坚持仁德，仁德就会在行为上表现出来，仁德在行为上表现出来，就显得神明，显得神明就能感化别人了；真心实意地奉行道义，就会变得理智，理智就能明察事理，明察事理就能改造别人了。

改造感化轮流起作用，这叫做天德。上天不说话而人们都推崇它的高远，大地不说话而人们都推崇它的深厚，四季不说话而百姓都知道春、夏、秋、冬变换的时期。这些都是有了常规因而达到真诚的。君子有了极高的德行，虽沉默不言，人们也都明白；没有施舍，人们却亲近他；不用发怒，就很威严：这是因为君子顺从了天道，因而能在独自一人时也谨慎不苟。君子之道是这样改造感化人的：如果不真诚，就不能慎独；不能慎独，道义就不能在日常行动中表现出来；道义不能在日常行动中表现出来，那么即使发自内心，表现在脸色上，发表在言论中，人们仍然不会顺从他；即使顺从他，也一定迟疑不决。

天地是最大的，不真诚就不能化育万物；圣人是明智的，不真诚就不能感化万民；父子之间是亲密的，不真诚就会疏远；君主是尊贵的，不真诚就会受到鄙视。真诚，是君子的操守，也是政事的根本。只有真诚，同类才会聚拢来；保持真诚，才会获得同类；丢掉真诚，就会失去同类。保持真诚而获得了同类，那么感化他们就容易了；感化他们容易了，那么慎独的作风就能流行了；慎独的作风流行了再紧抓不放，那么所作的事情就会成功了。事情成功了，他们的才能就会完全发挥出来，永远前进而不后退，他们就完全被感化了。

【原文】

君子位尊而志恭^1，心小而道大，所听视者近，而所闻见者远。是何邪？则操术然也。故千人万人之情，一人之情是也；天地始者，今日是也；百王之道，后王是也。君子审后王之道，而论于百王之前^2，若端拱而议^3。推礼义之统，分是非之分，总天下之要，治海内之众，若使一人。故操弥约而事弥大^4。五寸之矩，尽天下之方也。故君子不下室堂，而海内之情举积此者，则操术然也。

【注释】

①志恭：心志谦恭。

②沦：通"伦"，比较。

③端拱：端坐拱手，形容从容而不劳神思的样子。

④弥：愈。

【译文】

君子的地位尊贵而内心恭敬；心虽小，但理想却很远大；能听到、能看到的很近，而听见、看见的东西又因其类同而可以达到很远。这是为什么呢？这是由于君子掌握了一定的方法。所以那成千上万人的心情，和一个人的心情是一样的；天地开辟时的情况，和今天是一样的；上百代帝王的统治之道，和后代帝王是一样的。因此君子考察了当代帝王的统治方法，从而再去考查上百代帝王之前的政治措施，就像端正身体拱着手来议论一样，从容不迫。推究礼义的纲领，分清是非，总揽天下的要领，用来治理天下的民众，就像役使一个人一样。所以掌握的方法越简约，能办成的事业就越大。就像拿着只有五寸长的曲尺，能够画出天下所有的方形一样。所以君子不用走出厅堂，而天下的情况就都聚集在他这里了，这是因为他掌握了一定的方法。

【原文】

有通士者，有公士者，有直士者，有悫士者，有小人者。上则能尊君，下则能爱民，物至而应，事起而辨^1，若是，则可谓通

【注释】

①辨：通"办"，治理。

②悫：掩蔽，引申为

隐嘴。

③以：为。甚：通"耻"，特别爱好。

士矣。不下比以暗上，不上同以疾下，分争于中，不以私害之，若是，则可谓公士矣。身之所长，上虽不知，不以悖君^2；身之所短，上虽不知，不以取赏；长短不饰，以情自竭，若是，则可谓直士矣。庸言必信之，庸行必慎之，畏法流俗而不敢以其所独甚^3，若是，则可谓悫士矣。言无常信，行无常贞，唯利所在，无所不倾，若是，则可谓小人矣。

【译文】

有通达事理的人，有公正无私的人，有耿直爽快的人，有拘谨老实的人，还有小人。上能尊敬君主，下能爱抚民众，事情来了能应付，事件发生了能够处理，像这样的就可以称为通达事理的人了。不在下面互相勾结去愚弄君主，不向上迎合君主去残害臣民，有了分歧争执，不因为个人的利益去陷害他人，像这样的就可以称为公正无私的人了。本身的长处，君主即使不知道，也不将它瞒过君主；本身的短处，君主即使不知道，也不靠它骗取奖赏；长处短处都不加掩饰，将真实的情况主动地说出来，像这样的就可以称为耿直爽快的人了。说一句平常的话也一定诚实可信，做一件平常的事也一定小心谨慎，不敢独行而效法流行的习俗，也不敢做自己特别爱好的事，像这样的就可以称为拘谨老实的人了。说话经常不能让人不信服，行为经常不忠贞，唯利是图，没有他不去倾轧的人，像这样就可以称为小人了。

【注释】

①通：通达。

②悖：通"熟"，周密，详细。

③偏：指认识的片面。

【原文】

公生明，偏生暗，端悫生通^1，诈伪生塞，诚信生神，夸诞生惑：此六生者，君子慎之，而禹、桀所以分也。

欲恶取舍之权：见其可欲也，则必前后虑其可恶也者；见其可利也，则必前后虑其可害也者；而兼权之，执计之^2，然后定其欲恶取舍，如是，则常不失陷矣。凡人之患，偏伤之也^3。见其可欲也，则不虑其可恶也者；见其可利也，则不虑其可害也者。是以动则必陷，为则必辱，是偏伤之患也。

【译文】

公正会产生明察，偏私会产生愚昧；端正谨慎会产生通达，欺诈虚伪会产生闭塞；真诚老实会产生神明，大言自夸会产生糊涂。这六种情况，君子要谨慎对待，这也是禹和桀不同的地方。

衡量追求和厌恶、摄取和舍弃的标准：看见那想要追求的东西，就必须前前后后考虑一下它令人厌恶的一面；看到那有利益的东西，就必须前前后后考虑一下它的危害性。权衡两方面的利害，仔细考虑一下，然后决定是追求还是厌恶、是摄取还是舍弃，像这样就往往不会失误了。大多人的祸患，往往是片面性害了他们：看见那想要追求的东西，就不考虑它令人厌恶的一面；看到那可以得利的东西，就不去考虑一下它可能造成的危害。因此行动起来就必然出错，做事就必然受辱，这是片面性造成的祸患。

【原文】

人之所恶者，吾亦恶之。夫富贵者则类傲之^1；夫贫贱者则求柔之^2。是非仁人之情也，是奸人将以盗名于晻世者也^3，险莫大焉。故曰：盗名不如盗货。田仲、史鳅不如盗也。

【注释】

①类：皆，都。

②求：尽，都。

③晻：通"暗"。

【译文】

他人厌恶的，我也厌恶。对那富贵的人一律傲视，对那贫贱的人一味屈就，这并不是仁人应该采取的态度，这只是奸邪的人用来在黑暗的社会里盗取名誉的做法，用心最险恶了。所以说："欺世盗名的不如偷窃财物的。"田仲、史鳅还不如那些偷盗的人呢。

荣 辱

【注释】

①憍(jiāo)：通"骄"，自高自大。泄：通"媟"(xiè)"，轻慢，不庄重。

②倗：同"屏"，屏除。

③布帛：麻布和丝织品，此指衣服。

④薄薄：同"溥博"、"磅礴"，广大无边的样子。

⑤危：高，使……高。危足：踮起脚跟。

【原文】

憍泄者^1，人之殃也；恭俭者，倗五兵也^2，虽有戈矛之刺，不如恭俭之利也。故与人善言，暖于布帛^3；伤人之言，深于矛戟。故薄薄之地^4，不得履之，非地不安也，危足无所履者^5，凡在言也。巨涂则让，小涂则殆，虽欲不谨，若云不使。

【译文】

骄傲轻慢，这是人的祸患；恭敬谦逊，可以摒除杀身之祸，即使有戈矛的尖刺，还不如用恭敬谦逊来感化人对自己有利。所以和别人说话恭敬，比给他穿件衣服还温暖；用恶语伤人，就比矛戟刺得还深。所以磅礴宽广的大地，却不能踩在它上面，并不是因为地面不安稳，踮着脚没有地方可以立足的原因，就在于说话伤了人。大路很拥挤，小路又危险，即使想不谨慎也不可能。

【注释】

①枳(zhì)：嫉恨。

②愈：同"愈"。

③说：通"悦"。

④惮：害怕。

【原文】

快快而亡者，怒也；察察而残者，枳也^1；博而穷者，譬也；清之而俞渝者，口也；豢之而俞瘠者^2，交也；辩而不说者^3，争也；直立而不见知者，胜也；廉而不见贵者，刿也；勇而不见惮者^4，贪也；信而不见敬者，好专行也。此小人之所务，而君子之所不为也。

【译文】

由于一时的痛快却导致灭亡，是忿怒招致的；明察一切却遭到残害，是嫉妒招致的；知识渊博而处境困厄，是毁谤招致的；想要好的名声却名声更坏，是口舌招致的；款待别人而交情越来越淡薄，是待人接物不当招致的；能言善辩而不被人喜欢，是争执招致的；立身正直而不被人理解，是好胜招致的；行为正直而不受人尊重，是尖刻伤人招致的；勇猛无比而不受人敬畏，是贪婪招致的；恪守信用而不受人尊敬，是独断专行招致的。这些都是小人的作为，君子是不做的。

【原文】

斗者，忘其身者也，忘其亲者也，忘其君者也。行其少顷之怒，而丧终身之躯，然且为之，是忘其身也；室家立残^1，亲戚不免乎刑戮，然且为之，是忘其亲也；君上之所恶也，刑法之所大禁也，然且为之，是忘其君也。忧忘其身，内忘其亲^2，上忘其君，是刑法之所不舍也，圣王之所不畜也^3。乳彘不触虎，乳狗不远游，不忘其亲也。人也，忧忘其身，内忘其亲，上忘其君，则是人也，而曾狗彘之不若也。

【注释】

①室家：指妻子儿女。

②内：中间。

③畜：收储，收容。

【译文】

斗殴的人，忘记了自己的身体，忘记了自己的亲人，忘了自己的君主。发泄了自己一时的愤怒，然而却丧失了自己的生命，这便是他忘记了自己的身体；家庭破裂，亲人不免受到刑法的惩罚，这便是忘记了自己的亲人；斗殴是君主厌恶的，也是刑法所不允的，这便是忘记了自己的君主。就可忧虑的事来说，是忘记了自身；从家庭内部来说，是忘记了亲人；对上来说，是忘记了君主；这种人是刑法所不能放过的，也是圣明的帝王所不容的。哺乳的母猪不去触犯老虎，喂奶的母狗不到远处游逛，这是因为它们没忘记自己的亲骨肉。作为一个人，忘记了自身；从家庭来说，忘记了亲人；对上来说，忘记了君主；这种人就连猪狗也不如了。

【原文】

凡斗者，必自以为是而以人为非也。己诚是也，人诚非也，则是己君子而人小人也；以君子与小人相贼害也，下以忘其身，内以忘其亲，上以忘其君，岂不过甚矣哉！是人也，所谓以狐父之戈鑃牛矢也^1。将以为智邪？则愚莫大焉。将以为利邪？则害莫大焉。将以为荣邪？则辱莫大焉。将以为安邪？则危莫大焉。人

【注释】

①狐父：古代地名，在今安徽砀山附近，以出产优质的戈著名。鑃（zhú）：砍。

②属：归于。狂惑疾

病：指精神病人。

③丑：憎恶。

之有斗，何哉？我欲属之狂惑疾病邪^2。则不可，圣王又诛之。我欲属之鸟鼠禽兽邪。则不可，其形体又人，而好恶多同。人之有斗，何哉？我甚丑之^3。

【译文】

凡是打架斗殴的人，一定认为自己是对的而别人是错的。即使自己的确是对的，别人的确是错的，那也是把自己当做君子而把别人当做小人了。以君子的身份去和小人互相残害，是忘记了自身；从家庭来说，是忘记了自己的亲人；对上来说，是忘记了自己的君主；这难道不是错得太厉害了么？这种人，就是平常所说的用狐父出产的利戈来斩牛屎的那种人。能说是明智吗？其实没有比这更愚蠢的了；能说是有好处吗？其实没有比这更有害的了；能说很光荣吗？其实没有比这更耻辱的了；能说安全吗？其实没有比这更危险的了。人们打架斗殴的行为，到底是为了什么呢？我想把这种行为归于疯狂、惑乱等精神病吧，但又不可以，因为圣明的帝王还是要处罚这种行为的。我想把这些人归到鸟鼠禽兽中去吧，但也不可以，因为他们的形体还是人，而且爱憎也和大多人相同。那人们斗殴究竟是为了什么呢？我很鄙视这种行为。

【注释】

①士君子：有志操和学问的人。

②辟：通"避"。

③怦怦（móu）然：眼睛放光非常想要的样子。

【原文】

有狗彘之勇者，有贾盗之勇者，有小人之勇者，有士君子之勇者^1。争饮食，无廉耻，不知是非，不辟死伤^2，不畏众强，怦然唯饮食之见^3，是狗彘之勇也。为事利，争货财，无辞让，果敢而振，猛贪而戾，怦怦唯利之见，是贾盗之勇也。轻死而暴，是小人之勇也。义之所在，不倾于权，不顾其利，举国而与之不为改视，重死，持义而不挠，是士君子之勇也。

【译文】

有狗、猪的勇敢，有商人、盗贼的勇敢，有小人的勇敢，有士君子的勇敢。争喝抢吃，没有廉耻，不懂是非，不顾死伤，不怕众人的强大，贪婪得只看到吃喝，这是狗、猪的勇敢。做事为了利益，争夺财物，没有推让，行动果断大胆而狠毒，凶猛、贪婪而暴戾，只看得见钱财利益，这是商人、盗贼的勇敢。不在乎死亡而且很暴躁，是小人的勇敢。合乎道义的地方，就不屈服于权势，不顾自己的利益，即使整个国家都反对，他也不改变观点，虽然看重生命，但坚持正义而不屈不挠，这是士君子的勇敢。

【原文】

材性知能^1，君子、小人一也；好荣恶辱，好利恶害，是君子、小人之所同也；若其所以求之之道则异矣。小人也者，疾为诞而欲人之信己也，疾为诈而欲人之亲己也，禽兽之行而欲人之善己也。虑之难知也，行之难安也，持之难立也，成则必不得其所好，必遇其所恶焉。

故君子者，信矣，而亦欲人之信己也；忠矣，而亦欲人之亲己也；修正治辨矣^2，而亦欲人之善己也。虑之易知也，行之易安也，持之易立也，成则必得其所好，必不遇其所恶焉。是故穷则不隐，通则大明，身死而名弥白。小人莫不延颈举踵而愿曰："知虑材性，固有以贤人矣^3。"夫不知其与己无以异也。则君子注错之当^4，而小人注错之过也。故熟察小人之知能^5，是以知其有余可以为君子之所为也。譬之越人安越，楚人安楚，君子安雅^6，是非知能材性然也，是注错习俗之节异也。

【译文】

资质、本性、智慧、才能，君子和小人这四个方面是一样的。喜欢光荣而厌恶耻辱，爱好利益而憎恶祸害，这是君子和小人所相同的，至于他们用来求取光荣、利益的途径就不同了。小人做事荒谬却还要别人相信自己，尽力欺诈却还要别人亲近自己，所作所为如禽兽一般却还要别人赞美自己。他们心怀叵测，做起事来诡诈，自己坚持的一套难以站住脚，结果就一定不能得到光荣和利益，而必然会遭受耻辱和祸害。

至于君子，以诚待人，也希望别人相信自己；对别人忠诚，也

【注释】

①知：通"智"。

②辨（bàn）：通"辩"（办），治理。

③贤：胜过。

④注：投。错：通"措"，置。注错：措置，安排处理。

⑤熟：同"熟"。知：通"智"。

⑥雅：通"夏"，华夏，中国（指中原地区）。

希望别人亲近自己；善良正直而处理事务合宜，也希望别人因此赞美自己。他们品行正直，办事稳妥，坚持的主张容易得到别人的认可，结果就一定能得到光荣和利益，一定不会遭受耻辱和祸害；所以他们穷困时名声也不会被埋没，而通达时名声就会十分显赫，死了以后名声会更加辉煌。小人无不伸长了脖子踮起了脚跟而美慕地说："这些人的智慧、思想、资质、本性，肯定有超过别人的地方啊！"其实，他们不知道君子的资质才能与自己并没有什么不同，只是君子将它措置得恰当，而小人将它用错了。所以仔细地考察一下小人的智慧、才能，就能够知道他们是绑绑有余地可以做君子所做的一切的。这好像越国人习惯于越国，楚国人习惯于楚国，君子习惯于华夏，这并不是智慧、才能、资质、本性造成的，这是由于对其资质才能的使用以及习俗节制的不同所造成的。

【注释】

①僈：通"漫"，污。污僈：也作"污漫"，污秽卑鄙的意思。

【原文】

仁义德行，常安之术也，然而未必不危也；污僈突盗^1，常危之术也，然而未必不安也。故君子道其常，而小人道其怪。

【译文】

仁义和道德，这是能得到永久安全的办法，然而不一定就不发生意外；污浊卑鄙、强取豪夺，这是会遭受危险的办法，但是不一定就得不到安全。君子遵循那正常的途径，而小人遵循怪僻的途径。

【注释】

①音声：《礼记·乐记》郑玄注："宫、商、角、徵、羽、杂比曰音，单出曰声。"

②理：皮肤上的纹理。养：通"痒"。

【原文】

凡人有所一同：饥而欲食，寒而欲暖，劳而欲息，好利而恶害，是人之所生而有也，是无待而然者也，是禹、桀之所同也。目辨白黑美恶，耳辨音声清浊^1，口辨酸咸甘苦，鼻辨芬芳腥臊，骨体肤理辨寒暑疾养^2，是又人之所常生而有也，是无待而然者也，是禹、桀之所同也。可以为尧、禹，可以为桀、跖，可以为工匠，可以为农贾，在势注错习俗之所积耳。为尧、禹则常安荣，为桀、跖则常危辱；为尧、禹则常愉佚，为工匠、农贾则常烦劳。然而人力为此而寡为彼，何也？曰：陋也。尧、禹者，非生而具者也，夫起于变故，成乎修，修之为，待尽而后备者也。

【译文】

人们都有一致的地方：饿了就想吃，冷了就想暖和些，劳累了就想休息，喜欢获利而厌恶受害，这是人生来就有的本性，是不需要学习就会这样的，不管是禹还是桀都是完全相同的。眼睛能辨别白与黑、美与丑，耳朵能辨别声音的清浊，口舌能辨别酸咸甜苦的滋味，鼻子能辨别芳香腥臭，身体皮肤能辨别冷热痛痒，这也是人生下来就有的本性，它是不必依靠学习就会这样的，不管是禹还是桀都是完全相同的。人们可以做尧、禹那样的贤君，可以做桀、跖那样的坏人，可以做工匠，可以做农夫、商人，这都在于各人行为习俗的积累，最后才有所成就。做尧、禹那样的人，永远安全而光荣，做桀、跖那样的人，常常危险而耻辱；做尧、禹那样的人，常常愉悦而安逸，做工匠、农夫、商人常常麻烦而劳累。既然这样，人们却往往尽力做这种危辱烦劳的事而很少去做那种光荣愉悦的事，这是为什么呢？要让我说：这是由于浅陋无知的原因。像尧、禹这种人，并不是生下来就具备了当圣贤的条件，而是从各种磨难开始，加上修养品德才成功的，而等到原有的恶劣本性都除去了之后也就成了圣人。

【原文】

人之生，固小人，无师、无法，则唯利之见耳。人之生，固小人，又以遇乱世，得乱俗，是以小重小也，以乱得乱也。君子非得势以临之，则无由得开内焉^1。

【注释】

①内（nà）：通"纳"。

【译文】

人的本性，本来就是性恶的小人，假如没有老师教导，没有法度约束，就只会看到财利。人的本性，本来就是性恶的小人，又因为生在乱世、沾染了恶俗，这样，就在卑鄙的本性上又加上卑鄙，使恶劣的资质又染上了恶劣的习俗。君子如果不用道义来引导他们，那就没有办法打开他们的心智来领导他们向善了。

【注释】

①呺呺：与"冉冉"同源，慢慢地。嚼（jiào）：嚼。

②乡：通"芗"，谷类的香气。

【原文】

今是人之口腹，安知礼义？安知辞让？安知廉耻、隅积？亦呺呺而嚼^①，乡乡而饱已矣^②。人无师、无法，则其心正其口腹也。

【译文】

人们只知道喂饱嘴巴和肠胃，哪懂得什么礼节道义？哪里懂得什么推辞谦让？哪里懂得什么廉耻、局部和整体的道理呢？不过是知道慢吞吞地嚼东西、香喷喷地吃个饱罢了。人若没有老师教导、没有法度约束，那么他的心灵也就完全和他们的嘴巴肠胃一样只知吃喝了。

【注释】

①刍豢：吃草料的牛羊之类称为"刍"，吃粮食的猪狗之类叫做"豢"。"刍豢"泛指家畜，这里指肉食。

②瞷（xuè）然：惊奇的样子。

③臭（xiù）：同"嗅"。嗛（qiàn）：与"慊"、"歉"等同源，不足。

【原文】

今使人生而未尝睹刍豢稻梁也^①，惟菽藿糟糠之为睹，则以至足为在此也，俄而粲然有秉刍豢稻梁而至者，则瞷然视之曰^②："此何怪也！"彼臭之而嗛于鼻^③，尝之而甘于口，食之而安于体，则莫不弃此而取彼矣。

【译文】

现在假如人生下来后从来没有看见过牛羊猪狗等肉食和稻米谷子等细粮，只见过豆叶之类的蔬菜和糟糠之类的粗食，那就会认为最满意的食物就是这些东西了；但是如果忽然有个拿着肉食和细粮的人来到跟前，他就会瞪着眼惊奇地说："这东西多奇怪呀！"他闻闻它，鼻子里闻到好的味道；尝尝它，嘴巴里香香甜甜的；吃了它，身体感到很舒服；那就没有谁不抛弃这豆叶糟糠之类而求取那肉食、细粮了。

【注释】

①相：辅助，帮助。

【原文】

今以夫先王之道，仁义之统，以相群居^①，以相持养，以相藩

饰，以相安固耶？以夫桀、跖之道，是其为相县也^2，几直夫刍稻
粱之县糠糟尔哉！然而人力为此而寡为彼，何也？曰：陋也。陋
也者，天下之公患也，人之大殃大害也。故曰：仁者好告示人。
告之示之，廉之儇之，铉之重之^3，则夫塞者俄且通也，陋者俄且
倗也^4，愚者俄且知也。是若不行，则汤、武在上岂益？桀、纣在
上岂损？汤、武存，则天下从而治；桀、纣存，则天下从而乱。
如是者，岂非人之情固可与如此，可与如彼也哉？

②县：同"悬"。

③廉：磨炼。儇（xuán）：积累。铉（yán）：诱导。

④倗（xiàn）：见识广博，胸襟开阔。

【译文】

现在，我们是用那古代帝王的办法和仁义的纲领，来协调
人们的关系，帮助人们相互照顾，帮助人们得到服饰，帮助人们
得到安定团结呢？还是用桀、跖的办法？这两种办法是相差悬殊
的，它们岂只是那肉食细粮和糠糟的悬殊么？然而人们竭力来运
用桀、跖的方法而很少去运用古代帝王的办法，这是为什么呢？
我说：这是浅陋无知的原因。浅陋无知，是天下人的通病，是人
们的大灾难。所以说：仁德的人喜欢把道理告诉给别人、做榜样
给别人看，使他们顺从，使他们明智，使他们遵循仁义之道，向
他们反复重申，那么那些闭塞的人很快就会开窍，见识浅陋的人
很快就会眼界开阔，愚蠢的人很快就会聪明了。如果不这样做，
那商汤、武王即使处在君位又有什么好处？夏桀、商纣王这样的
暴君处在君位又有什么损害？商汤、武王在，那么天下随之而安
定；夏桀、商纣王在，那么天下就混乱。出现像这样的情况，难道
不是因为人们的性情原来就可以像这样、也可以那样的么？

【原文】

人之情，食欲有刍豢，衣欲有文绣，行欲有舆马，又欲夫余
财蓄积之富也，然而穷年累世不知足，是人之情也。

今人之生也，方知畜鸡狗猪彘，又蓄牛羊，然而食不敢有酒
肉；余刀布，有囷窌^1，然而衣不敢有丝帛；约者有筐箧之藏，
然而行不敢有舆马。是何也？非不欲也，几不长虑顾后而恐无以
继之故也，于是又节用御欲、收敛蓄藏以继之也，是于己长虑顾

【注释】

①囷（qūn）：圆形的谷仓。窌（jiào）：地窖。

②屈：穷尽。安：语助词。

③胔（zì）：通"胔"，未腐烂的尸体。

34 | 荀 子

④分(fèn)：义，道理。
⑤温：通"蕴"。
⑥姚：通"遥"。
⑦孰：同"熟"，熟悉，精通。修：学习研究。
⑧几：尽。

后，几不甚善矣哉!

今夫偷生浅知之属，曾此而不知也，粮食大侈，不顾其后，俄则屈安穷矣^2，是其所以不免于冻饿，操瓢囊为沟壑中瘠者也^3。况夫先王之道，仁义之统，《诗》、《书》、《礼》、《乐》之分乎^4! 彼固为天下之大虑也，将为天下生民之属，长虑顾后而保万世也。其流长矣，其温厚矣^5，其功盛姚远矣^6，非顺孰修为之君子^7，莫之能知也。

故曰：短绠不可以汲深井之泉，知不几者不可与及圣人之言^8。夫《诗》、《书》、《礼》、《乐》之分，固非庸人之所知也。故曰：一之而可再也，有之而可久也，广之而可通也，虑之而可安也，反铃察之而俞可好也，以治情则利，以为名则荣，以群则和，以独则足乐，意者其是邪?

[译文]

人之常情，吃东西希望有美味佳肴；穿衣服希望有绣着彩色花纹的绸缎；出行希望有车马；又希望富裕得拥有绰绰有余的财产积蓄；然而即使这样，他们一年到头、世世代代都觉得财物还是不足，这就是人之常情。

人们活着，刚刚知道畜养鸡狗猪，又懂得畜养牛羊，但是吃饭时却不敢有酒肉；钱币有余，又有粮仓地窖，但是穿衣却不敢穿绸缎；节约的人拥有一箱箱的积蓄，但是出行却不敢用车马。这是为什么呢？这并不是他不想这么做，而是从长远打算、顾及以后而怕没有什么东西来继续维持生活的缘故。于是他们又进一步节约费用、抑制欲望、收聚财物、贮藏粮食以便继续维持以后的生活，这种为了自己的长远打算、顾及今后生活，岂不是很好的么？

那些苟且偷生、浅陋无知的人，竟连这种道理都不懂。他们过分地浪费粮食，不顾自己以后的生活，不久就消费得精光而陷于困境了。这就是他们不免受冻挨饿的原因，最后只好拿着讨饭的瓢儿、背着布袋沿街乞食，最终成为山沟中的饿死鬼。他们连怎样过日子都不懂，更何况是那些古代圣王的思想，仁义的纲领，《诗》、《书》、《礼》、《乐》的道理呢！那些原则、纲领之类本来就是治理天下的重大谋略，是要为天下所有的人民从长考虑、照顾到以后的生计从而永保长治久安的；源远流长，它蕴意丰富，它们的丰功伟绩传之后世。如果不是那些谨慎、精通、学习它的君子，是不能够理解它的。

所以说：短绳不可以用来汲取深井中的泉水，智慧达不到的人就不能和他论及圣人的言论。《诗》、《书》、《礼》、《乐》的道理，本来就不是平庸的人所能理解的。所以说：精通了其一，就可以精通其二；掌握了它们，就可以长期运用；将它们推而广之，就可以触类旁通；按照它们去谋划，就可以平安无事；反复遵循它们去考察事物，就会把事情做好。用它们来调理性情，就能得到好处；用它们来成就名声，就会荣耀；用它们来和众人相处，就能和睦融洽；即使用它们来独善其身，也能心情愉快。大概就是这样的吧？

【原文】

夫贵为天子，富有天下，是人情之所同欲也，然则从人之欲，则势不能容^1，物不能赡也^2。故先王案为之制礼义以分之，使有贵贱之等，长幼之差，知愚，能不能之分，皆使人载其事而各得其宜。然后使谷禄多少厚薄之称，是夫群居和一之道也。

【注释】

①因为天子只能有一个，所以说"势不能容"。

②因为只有天子才能拥有天下，所以说"物不能赡"。

【译文】

高贵得做天子，富裕得拥有天下财富，这是人心所共同追求的；但如果顺从人们的欲望，那么从权势上来说是不能容许的，从物质上来说是不能满足的。所以古代圣明的帝王给人们制定了礼义来区别他们，使他们有高贵与低贱的等级，有年长与年幼的差别，有聪明与愚蠢、贤能与无能的分别，使他们每人都承担自己的工作而各得其所，然后使俸禄的多少厚薄与他们的地位和工作相称，这就是使整个社会和谐一致的办法。

【原文】

故仁人在上，则农以力尽田，贾以察尽财，百工以巧尽械

【注释】

①柝（tuò）：巡夜打

更用的椰子。击柝：打更。

②斩：通"儳（chán）"：不整齐，指有等级差别。齐：指有条不紊的社会秩序。

③枉：曲，委曲，指人们受到礼义的约束。

④不同：指职分不同。

⑤共：法，也作"拱"。

器。士大夫以上至于公侯莫不以仁厚知能尽官职。夫是之谓至平。故或禄天下，而不自以为多，或监门、御旅、抱关、击柝而不自以为寡^①。故曰："斩而齐^②，枉而顺^③，不同而一^④。"夫是之谓人伦。《诗》曰："受小共大共^⑤，为下国骏蒙。"此之谓也。

【译文】

所以仁德的人处在统治者的地位，而农民就把自己的力量全部用在种地上，商人就把自己的精明全都用在理财上，各种工匠就把自己的技巧全都用在制造器械上，士大夫以上直到公爵、侯爵没有不将自己的仁慈宽厚聪明才能都用在履行公职上，这种情况称之为大治。所以有的人富有天下，也不认为自己拥有的多；有的人看管城门、招待旅客、守卫关卡、巡逻打更，也不认为自己所得的少。所以说："有了参差才能达到整齐，有了枉曲才能归于顺，有了不同才能统于一。"这就叫做人的伦常关系。《诗经》上说："接受小法与大法，庇护各诸侯国。"说的就是这个道理。

非 相

【原文】

相人，古之人无有也，学者不道也。古者有姑布子卿^1，今之世，梁有唐举^2，相人之形状颜色而知其吉凶妖祥，世俗称之。古之人无有也，学者不道也。

【注释】

①姑布子卿：春秋时郑国人，曾看过孔丘和赵襄子的相。

②梁：即魏国。唐举：战国时看相的人，曾看过李兑、蔡泽的相。

【译文】

以人的体形、容貌来判断人的命运，古代是没有的，有学问的人也不谈论这种事情。古代有个叫做姑布子卿的人，现在魏国有个叫做唐举的人，都声称会根据人的体形、容貌来推算此人的祸福凶吉，世人都称道他们的相术。古代是没有的，有学问的人也不谈论的。

【原文】

故相形不如论心^1，论心不如择术^2。形不胜心，心不胜术^3。术正而心顺之，则形相虽恶而心善，无害为君子也。形相虽善而心术恶，无害为小人也。君子之谓吉，小人之谓凶。故长短，小大，善恶形相，非吉凶也。古之人无有也，学者不道也。

【注释】

①论：察。

②择：区别，引申为鉴别。

③心不胜术：荀子认为人性本恶，必须经常用礼义之道（术）来改造思想（心），所以说"心不胜术"。

【译文】

所以，观察一个人的相貌不如考察他的思想，考察他的思想不如鉴别他立身处世的方法。相貌不如思想重要，思想不如立身处世方法重要。立身处世方法正确而思想又顺应了它，那么形体相貌即使丑陋而思想和立身处世方法是好的，也不会妨碍他成为君子；形体相貌即使好看而思想与立身处世方法不正确，也不能掩盖他成为小人。君子可以说是吉，小人可以说是凶。所以高矮、大小、美丑等形体相貌上的特点，并不是吉凶的标志。古代的人没有这种事，有学识的人也不谈论这种事。

荀 子

【注释】

①文王：周文王，姓姬，名昌，商朝时周部落的领袖，周武王之父，以贤明著称。

②仲尼：即儒家学派的创始者孔子，名丘，字仲尼。

③子弓：孔子的弟子，姓冉，名雍，字仲弓。

④卫灵公：名元，春秋时卫国国君。

⑤颜：通"颜"，额。

⑥轩：卿、大夫乘坐的车子。较：车箱两旁的横木，跨于车旁人所倚之木上者。

【原文】

盖帝尧长，帝舜短；文王长^①，周公短；仲尼长^②，子弓短^③。昔者，卫灵公有臣曰公孙吕^④，身长七尺，面长三尺，焉广三寸^⑤，鼻、目、耳具，而名动天下。楚之孙叔敖，期思之鄙人也，突秃长左，轩较之下^⑥，而以楚霸。叶公子高，微小短瘠，行若将不胜其衣然。然白公之乱也，令尹子西、司马子期皆死焉；叶公子高入据楚，诛白公，定楚国，如反手尔，仁义功名善于后世。故士不揣长，不絜大，不权轻重，亦将志乎尔，长短、大小、美恶形相，岂论也哉?

【译文】

据说帝尧个子高，帝舜个子矮；周文王个子高，周公旦个子矮；孔子个子高，冉雍个子矮。从前，卫灵公有个臣子叫公孙吕，身高七尺，脸长三尺，额宽三寸，但鼻子、眼睛、耳朵都很平常，而他却名动天下。楚国的孙叔敖，是期思地方的乡下人，头发短而秃顶，左手长，坐在轩车上还没有车前的横木高，但他却使楚国称霸诸侯。叶公子高，弱小矮瘦，走路时好像还撑不住自己的衣服似的，但是白公作乱的时候，令尹子西、司马子期都死在白公手中，叶公子高却领兵入楚，杀掉白公，安定楚国，就像把手掌翻过来似的一样容易，他的仁义功名被后人所赞美。所以对于士人，不是去看个子的高矮，不是看他的胖瘦，不是去称量身体的轻重，而只能看他的志向。高矮、大小、美丑等形体相貌方面的问题，哪能用来评判人呢?

【注释】

①焉：通"颜"，额。

②蒙：蒙上，戴上。

③菑（zī）：通"橛"，立着的枯树。

④闳（hóng）天：周文王的臣子。文王被纣

【原文】

且徐偃王之状，目可瞻焉^①；仲尼之状，面如蒙倛^②；周公之状，身如断菑^③。皋陶之状，色如削瓜。闳天之状^④，面无见肤；傅说之状^⑤，身如植鳍^⑥；伊尹之状，面无须麋。禹跳，汤偏，尧、舜参眸子。从者将论志意、比类文学邪？直将差长短，辨美恶，而相欺傲邪?

非 相 | 39

【译文】

而且徐偃王的相貌奇特，眼睛可以向上看到前额；孔子的脸好像蒙上了一个丑恶难看的驱邪鬼面具；周公旦的身体好像一棵折断的枯树；皋陶的脸色就像削去了皮的瓜那样呈青绿色；闳天髯须多得看不见皮肤；傅说的身体好像竖着的柱子；伊尹的脸上没有胡须眉毛。禹瘸着腿走路，汤半身偏枯，舜的眼睛里有两个并列的瞳仁。相面的人是考察他们的志向思想、比较他们的学问呢？还是区别他们的高矮、分辨他们的美丑来互相欺骗、互相傲视呢？

因于羑里时，他曾设法解救。

⑤傅说（yuè）：商王武丁的相。

⑥植：立。橦：通"橦"，柱。

【原文】

古者，桀、纣长巨姣美，天下之杰也；筋力越劲，百人之敌也。然而身死国亡，为天下大僇^1，后世言恶，则必稽焉^2。是非容貌之患也，闻见之不众，论议之毕尔！

【注释】

①僇（lù）：同"戮"，耻辱。

②稽：考，引证。

【译文】

古时候，夏桀、商纣魁梧英俊，是天下出众的身材；他们的体魄强壮，足可对抗上百人。但是他们被人杀死，国家也灭亡了，成为天下最可耻的人，后世说到坏人，就一定会拿他们做例证。这显然不是容貌造成的祸患，而是见识浅陋、行为卑下所致。

【原文】

今世俗之乱君，乡曲之儇子^1，莫不美丽、姚冶、奇衣、妇饰^2，血气态度拟于女子；妇人莫不愿得以为夫，处女莫不愿得以为士^3，弃其亲家而欲奔之者，比肩并起。然而中君羞以为臣^4，中父羞以为子，中兄羞以为弟，中人羞以为友，俄则束乎有司而戮乎大市，莫不呼天啼哭，苦伤其今而后悔其始。是非容貌之患也，闻见之不众，论议之毕尔！然则从者将孰可也？

【注释】

①儇（xuān）：轻薄巧慧。

②姚冶：妖艳。

③士：这里指未婚夫。

④中：普通的，一般的。下同。

荀 子

【译文】

现在世上犯上作乱的人，乡里的轻薄少年，没有不是长得美丽妖艳的，他们穿着奇装异服，像妇女那样装饰打扮自己，神情态度都和女人相似。妇女没有谁不想得到这样的人做丈夫，姑娘没有谁不想得到这样的人做未婚夫，甚至抛弃了自己的家庭而想和他们私奔的女人比肩接踵。但是一般的国君都羞于把这种人作为臣子，一般的父亲都羞于把这种人当做儿子，一般的哥哥都羞于把这种人当做弟弟，一般的人都羞于把这种人当做朋友。不久，当这种人被官吏绑了去而在大街闹市中杀头时，追随他们的妇女无不呼天喊地号啕大哭，都痛心自己今天的下场而后悔自己当初的行为。这并不是容貌造成的祸患啊！而是见识浅陋、行为卑下所致。那么在以相貌论人与以思想论人两者之间将选择哪一种意见呢？

【原文】

【注释】

①乡：通"向"，面对面。若：顺。

②有：通"又"。县：同"悬"。

③知：通"智"。明：尊。

④雨：动词，下。濞（biāo）濞：雪大的样子。

⑤宴：通"晏"，天晴日出。聿（yù）：语助词。

人有三不祥：幼而不肯事长，贱而不肯事贵，不肖而不肯事贤，是人之三不祥也。人有三必穷：为上则不能爱下，为下则好非其上，是人之一必穷也；乡则不若^1，偝则谩之，是人之二必穷也；知行浅薄，曲直有以相县矣^2，然而仁人不能推，知士不能明^3，是人之三必穷也。人有此三数行者，以为上则必危，为下则必灭。《诗》曰："雨雪瀌瀌^4，宴然聿消^5。莫肯下隧，式居屡骄。"此之谓也。

【译文】

人有三种不吉利的事：年幼的不肯侍奉年长的，卑贱的不肯侍奉尊贵的，没有德才的不肯侍奉贤能的，这是人的三种祸害。人有三种必然会陷于困厄的事：做了君主却不能爱护臣民，做了臣民却喜欢非议君主，这是人们使自己必然陷于困厄的第一种情况；当面不顺从，背后又毁谤，这是人使自己必然陷于困厄的第二种情况；知识浅陋，德行不厚，辨别是非曲直的能力又与别人相差悬殊，但对仁爱之人却不能推崇，对明智之士却不能尊重，这是人们使自己必然陷于困厄的第三种情况。人有了这三不祥、三必穷的行为，当君主就必然危险，做臣民就必然灭亡。《诗经》上说："下雪纷纷满天飘，太阳一出来便融消。人却不肯自引退，在位经常要骄傲。"说的就是这种情况。

【原文】

人之所以为人者，何已也^1？曰：以其有辨也。饥而欲食，寒而欲暖，劳而欲息，好利而恶害，是人之所生而有也，是无待而然者也，是禹、桀之所同也。然则人之所以为人者，非特以二足而无毛也，以其有辨也。今夫猩猩形笑亦二足而无毛也^2，然而君子啜其羹，食其窗^3。故人之所以为人者，非特以其二足而无毛也，以其有辨也。夫禽兽有父子而无父子之亲，有牝牡而无男女之别^4。故人道莫不有辨^5。

【注释】

①已：同"以"。

②笑：通"肖"，似。

③窗：肉。

④牝（pìn）：雌性禽兽。

⑤人道：做人的根本道理。

【译文】

人之所以成为人，到底是根据什么来定的呢？回答：这是因为人对各种事物的界限都有所区别。饿了就想吃饭，冷了就想取暖，累了就想休息，喜欢得利而厌恶受害，这是人生来就有的本性，它是无须依靠学习就会这样的，它是禹与桀所相同的方面。然而人之所以成为人，并不只是因为他有两只脚而且脚底没有毛，而是因为对各种事物的界限都有所区别。猩猩的形状与人相似，也是两只脚而脚底无毛，可是人们却啜它的肉羹，吃它的肉。所以人之所以成为人，并不只是因为他们两只脚而脚底没有毛，而是因为他们对各种事物的界限都有所区别。禽兽有父有子，但没有父子之间的亲情；禽兽有雌有雄，但没有男女之间的界限。而作为人类社会的根本原则就在于对所有的事物界限都有所区别。

【原文】

辨莫大于分^1，分莫大于礼，礼莫大于圣王。圣王有百，吾孰法焉？故曰^2：文久而息^3，节族久而绝^4，守法数之有司极礼而褫^5。故曰：欲观圣王之迹，则于其粲然者矣，后王是也。彼后王者，天下之君也，舍后王而道上古，譬之是犹舍己之君而事人之

【注释】

①分：名分。

②故：则。

③文：文采，花纹，引申指表现义的礼仪制

度，如表示等级制度的车制、旗章、服饰、各种礼节仪式等。

④族（zòu）：通"奏"。

⑤极：远。极礼：远于礼。褫（chǐ）：脱漏。

君也。故曰：欲观千岁，则数今日；欲知亿万，则审一二；欲知上世，则审周道；欲知周道，则审其人所贵君子。故曰："以近知远，以一知万，以微知明。"此之谓也。

【译文】

人们之间的区别没有比等级名分更重要的了，等级名分没有比礼法更重要的了，礼法没有比圣明的帝王更重要的了。圣明的帝王有上百个，我们效法哪一个呢？所以说：礼仪制度因为年代久远而湮没了，音乐的节奏因为年代久远而失传了，掌管礼法条文的有关官吏也因与制定礼法的年代相距久远而使礼法有所脱节了。所以说：想要考察圣明帝王的事迹，就得观察其中清楚明白的事物，这就是后代的帝王实施的治国之道。所谓后代的帝王，就是现在统治天下的君王，舍弃了后代的帝王而去称道上古的帝王，这就好像舍弃了自己的君主去侍奉别国的君主。所以说：要想考察千年的往事，那就要仔细审视现在；要想知道各种各样的事物，那就要弄清楚一两件事物；要想知道上古的社会情况，那就要审察现在周王朝的治国之道；要想知道周王朝的治国之道，那就要审察他们所尊重的君子。所以说：根据近在眼前的事情可以知道遥远的事情，从一件事物可以了解上万件事物，由隐微的东西可以了解明显的东西。说的就是这个意思。

【原文】

【注释】

①其：指代"古今"。妄人之言，旨在是古非今，反对"法后王"，故荀子非之。

②无度：不会分析思考。度：揣度，思考。

夫妄人曰："古今异情，其所以治乱者异道^1。"而众人惑焉。彼众人者，愚而无说，陋而无度者也^2。其所见焉，犹可欺也，而况于千世之传也！妄人者，门庭之间，犹诬欺也，而况于千世之上乎！

【译文】

那些狂妄无知的人说："古今情况不同，所以古代安定、现在混乱，是因为治国之道不同。"于是一般人就糊涂了。一般人才性愚昧而说不出道理，见识浅陋而不会判断是非。他们亲眼看见的东西，尚且会受人欺骗更何况是那些几千年前的传闻呢！那些狂妄无知而胡言乱语的人，就是近在大门与庭院之间的事，这些尚且可以欺骗人，更何况是几千年之前的事情呢！

【原文】

圣人何以不欺？曰：圣人者，以己度者也。故以人度人，以情度情，以类度类，以说度功，以道观尽，古今一也。类不悖，虽久同理，故乡^{①}平邪曲而不迷，观乎杂物而不惑，以此度之。

五帝之外无传人^②，非无贤人也，久故也；五帝之中无传政，非无善政也，久故也；禹、汤有传政而不若周之察也，非无善政也，久故也。传者久则论略，近则论详。略则举大，详则举小。愚者闻其略而不知其详，闻其细而不知其大也。是以文久而灭，节族久而绝。

【注释】

①乡：通"向"。

②五帝：古代的典籍中所谓五帝所指不一，这里当指伏羲（太昊）、神农（炎帝）、黄帝、尧、舜。

【译文】

圣人为什么不能被欺骗呢？这是因为：圣人是根据自己的切身体验来推断事物的人。所以，根据自己的情况去推断其他的人，根据现代的情况去推断古代的情况，根据某一类事物去推断同类的事物，根据言论去推断个人的功业，根据事物的普遍规律去观察一切事物，这些不管是在古代还是现代，情况是一样的。只要是同类而不互相违背的事物，那么即使相隔很久，它们的基本性质还是相同的，所以圣人面对着邪说歪理也不会被迷惑，观察复杂的事物也不会糊涂，这是因为他能按照这种道理去衡量它们。

在伏羲、神农、黄帝、尧、舜这五位帝王之前没有流传到后世的人和事，并不是那时没有贤能的人，而是因为时间太久未能流传下来的缘故；在这五位帝王之中没有流传到后世的政治措施，并不是他们没有好的政治措施，而是因为时间太久未能流传下来的缘故；夏禹、商汤虽然有流传到后世的政治措施，但不及周代的清楚，并不是他们没有好的政治措施，而是因为时间太久未能流传下来的缘故。流传的东西时间一长，谈起来就简略了；近代的事情，谈起来才详尽。简略的，就只能列举它的大概；详尽的，才能列举它的细节。愚蠢的人听到了简略的论述就不再去了解那详尽的情况，听到了详尽的细节就不再去了解它的大概情况。因此礼仪制度便由于年代久远而湮没了，音乐的节奏也由于年代久远而失传了。

【注释】

①观：使动用法，使……看。

②黼（fǔ）黻（fú）

文章：古代礼服上的彩色花纹，黑白相间的叫黼，青黑相间的叫黻，青赤相间的叫文，赤白相间的叫章。

③埤：通"卑"，低下。佣：通"庸"。

④括：结扎。

【原文】

凡言不合先王，不顺礼义，谓之奸言，虽辩，君子不听。法先王，顺礼义，党学者，然而不好言，不乐言，则必非诚士也。故君子之于言也，志好之，行安之，乐言之。故君子必辩。凡人莫不好言其所善，而君子为甚。故赠人以言，重于金石、珠玉；观人以言^①，美于黼黻文章^②；听人以言，乐于钟鼓琴瑟。故君子之于言无厌。鄙夫反是，好其实，不恤其文，是以终身不免埤污、佣俗^③。故《易》曰："括囊^④，无咎无誉。"腐儒之谓也。

【译文】

只要说的话不符合古代圣王的道德原则、不遵循礼义的，就叫做邪说，即使说得动听，君子也不会听从。效法古代圣王，遵循礼义，亲近有学识的人，但是不喜欢谈论，不乐意谈论，那也一定不是个真诚的学士。所以君子对于正确的学说，心里喜欢它，行动上一心遵循它，乐意谈论它。所以君子一定是能言善辩的。人们没有不喜欢谈论自己认为是好的东西，而君子更是这样。所以君子把道理赠送给别人，觉得比赠送金石珠玉还要贵重；把道理展示给别人看，觉得比让人观看礼服上的彩色花纹还要华美；把道理讲给别人听，觉得比让人听钟鼓琴瑟还要快乐。所以君子对于道理的谈论永不厌倦。鄙陋的小人与此相反，他们只注重实惠，而不顾及文采，因此一辈子也免不了卑陋庸俗。所以《周易》说："就像扎住了口的袋子，既没有责怪，也没有赞誉。"说的就是这种迂腐的儒生。

【注释】

①缪：通"谬"。

【原文】

凡说之难：以至高遇至卑，以至治接至乱。未可直至也，远举则病缪^1，近世则病佣。善者于是闲也，亦必远举而不缪，近世而不佣，与时迁徙，与世偃仰，缓急、赢绌^2，府然若渠堰、檃栝之于己也^3，曲得所谓焉，然而不折伤。

②赢：通"盈"，盈余。绌：不足。

③府：通"俯"。檃栝：矫正曲木的工具。

【译文】

凡劝说的难处是：用最高深的思想去劝说那些最卑鄙的人，用治世的道理去改变最混乱的局面，这是不能直截了当达到目的的。举远古的事例容易荒谬毫无根据，举近代的事例容易流于庸俗，但是善于劝说的人在这两者之间，一定会做到举远古的事例而不发生谬误，举近代的事例又不显得庸俗；随着时代的发展而变动，随着世俗的变化而抑扬；言语缓急、多寡，都能应付自如，像阻拦流水的渠坝、矫正竹木的工具那样控制自己；婉转得当，把所要说的话都说给了对方听，但是又不挫伤对方。

【原文】

故君子之度己则以绳^1，接人则用抴^2。度己以绳，故足以为天下法则矣；接人用抴，故能宽容，因众以成天下之大事矣。故君子贤而能容罢^3，知而能容愚，博而能容浅，粹而能容杂，夫是之谓兼术。《诗》曰："徐方既同^4，天子之功。"此之谓也。

【注释】

①度：法度，规范。此用作动词。

②抴（yè）：通"枻（yì）"，短桨，这里指船。

③罢：通"疲"，疲弱无能。

④徐方：徐国，诸侯国名，地处今安徽泗县一带。

【译文】

所以，君子律己像木工用墨线来取直一样，待人用心引导，像梢公用舟船来接客一样。用墨线似的准则来律己，所以能够使自己成为天下人效法的榜样；用舟船似的胸怀待人，所以能够对他人宽容，也就能依靠他人来成就治理天下的大业了。君子贤能而容纳无能的人，聪明而容纳愚昧的人，知识丰富而容纳孤陋寡闻的人，道德纯洁而容纳品行驳杂的人，这叫做兼容并蓄。《诗经》上说："徐方国已经来顺从，这是天子的大功。"说的就是这个道理。

【原文】

谈说之术：矜庄以莅之，端诚以处之，坚强以持之，譬称以

【注释】

①芗（xiàng）：通

"香"。芬芬：芳香，引申指和气。

②说：通"悦"，使……喜悦。

喻之，分别以明之，欣欢、芬芬以送之^1，宝之，珍之，贵之，神之。如是则说常无不受^2。虽不说人，人莫不贵。夫是之谓能贵其所贵。传曰："唯君子为能贵其所贵。"此之谓也。

【译文】

谈话劝说的方法是：以矜持庄重的态度去面对他，以端正真诚的心地去对待他，以坚定刚强的信心去扶持他，用浅近比喻的方法来使他通晓，用条分缕析的方法来使他明晓，热情、和气地向他灌输，使自己的话显得宝贵、珍奇、重要、神妙。像这样的劝说他人，那么就往往不会不被接受，即使不去讨好别人，别人也没有不尊重的。这叫做能使别人重视自己觉得珍贵的东西。古书上说："只有君子才能使自己所重视的东西得到重视。"说的就是这种情况。

【原文】

【注释】

①讷：同"讷"，不善于讲话，言语迟钝。

②见：同"现"，显示。

③分：名分，此指身份、资格、地位。

君子必辩。凡人莫不好言其所善，而君子为甚焉。是以小人辩言险，而君子辩言仁也。言而非仁之中也，则其言不若其默也，其辩不若其讷也^1。言而仁之中也，则好言者上矣，不好言者下也。故仁言大矣。起于上所以道于下，政令是也；起于下所以忠于上，谋救是也。故君子之行仁也无厌。志好之，行安之，乐言之，故言君子必辩。小辩不如见端^2，见端不如见本分。小辩而察，见端而明，本分而理。圣人、士君子之分具矣^3。

【译文】

君子一定是能说会道的。人们没有不喜欢谈论自己认为是好的东西，而君子更胜过一般人。小人能说会道，是具有险恶的用心；而君子能说会道，是怀有仁义之心。说起话来如果不符合仁爱之道，那么开口说话还不如沉默不语，能说会道还不如笨嘴拙舌；说起话来如果符合仁爱之道，那么喜欢谈说的人就是上等的了，而不喜欢谈说的人就是下等的。所以合乎仁爱之道的言论是十分重要的。这种言论产生于君主而用来指导臣民的，就是政策与命令；产生于臣民而用来效忠于君主的，就是建议与劝阻。所以君子奉行仁爱之道从不厌倦，心里喜欢它，行动上遵循它，乐意谈论它，所以说君子一定是能说会道的。辩论细节不如揭示头绪，揭示头绪不如揭示固有的名分。辩论细节能发现问题，揭示头绪能说明问题，根据固有的本分能够做到有条理，那么就起到圣人、士君子的作用了。

【原文】

有小人之辩者，有士君子之辩者，有圣人之辩者。不先虑，不早谋，发之而当，成文而类^①，居错迁徙^②，应变不穷，是圣人之辩者也；先虑之，早谋之，斯须之言而足听，文而致实^③，博而党正^④，是士君子之辩者也。听其言则辞辩而无统，用其身则多诈而无功，上不足以顺明王，下不足以和齐百姓，然而口舌之均，噡唯则节^⑤，足以为奇伟，偃却之属^⑥：夫是之谓奸人之雄。圣王起，所以先诛也，然后盗贼次之。盗贼得变，此不得变也。

【译文】

有小人式的辩说，有士君子式的辩说，有圣人式的辩说。不预先考虑，不早作谋划，一发言就很得当，既富有文采，又合乎礼法，措辞和改换话题，都能随机应变而不会穷于应答，这是圣人式的辩说。预先考虑好，及早谋划好，仓促之间的发言也值得一听。既有文采又细密实在，既渊博又公正，这是士君子式的辩说。听他说话则夸夸其谈而没有系统，任用他做事则诡诈多端而没有功效；上不能顺从英明的帝王，下不能团结百姓；但是他讲话很有分寸，或夸夸其谈，或唯唯诺诺，调节得宜；这类人足以靠口才而自夸自傲，可称为坏人中的奸雄。圣明的帝王一上台，这种人是首先要杀掉的，镇压盗贼还在其次。因为盗贼还能够转变，而这种人是不可能悔过自新的。

【注释】

①成：通"盛"。

②居错：通"举措"，举起与安置，即采取措施。此指措辞。迁徙：变动。

③致：细密。

④党：通"谠"，正直的话。

⑤噡：同"谵""詹"，多言。唯：唯诺，少言。节：有节制，适度。

⑥偃却：同"偃蹇"，高举，引申为出众。

非十二子

【注释】

①假今之世：如今之世，指战国时代。假，如。

②枭：通"挠"，扰。

③乔宇：诡诈。鬼：怪辩，奸诈。琐：猥琐。

【原文】

假今之世^1，饰邪说，文奸言，以枭乱天下^2，矞宇鬼琐^3，使天下混然不知是非治乱之所存者有人矣。

【译文】

如今这个时代，以粉饰邪恶的说法和美化奸诈的言论来搅乱天下，用那些诡诈、夸大、怪异、猥琐的言论，使天下人混混沌沌地不知道是非标准、治乱原因的，这样的人有很多。

【注释】

①淡唯：任意作为。

②全文通治：符合礼义，达到国家的治理。

③它嚣：人名，生平无考。

【原文】

纵情性，安恣唯^1，禽兽行。不足以合文通治^2，然而其持之有故，其言之成理，足以欺惑愚众。是它嚣、魏牟也^3。

【译文】

放纵性情，恣肆放荡而又心安理得，行为像禽兽一样。谈不上遵循礼义，也达到治国的目的，但是他们立论时却有根有据，解说论点时又头头是道，足以欺骗蒙蔽愚昧的民众。它嚣、魏牟就是这种人。

【注释】

①綦（qí）：即一只腿瘸了而踮着走路。黪：通"蹊"，小路。利：通"离"。跂：通"企"，踮起脚跟。

②苟：苟且，不正当，指不合礼义。

【原文】

忍情性，綦黪利跂^1，苟以分异人为高^2，不足以合大众，明大分^3；然而其持之有故，其言之成理，足以欺惑愚众。是陈仲、史鳅也。

【译文】

抑制本性人情，偏离大道，离世独行，不循礼法，追求标新立异，不能和广大民众打成一片，不能彰明忠孝的大义；但是他们立论时却有根有据，解说论点时又头头是道，足以欺骗蒙蔽愚昧的民众。陈仲、史鳅就是这种人。

【原文】

不知壹天下、建国家之权称^1，上功用、大俭约而慢差等^2，曾不足以容辨异，县君臣；然而其持之有故，其言之成理，足以欺惑愚众。是墨翟、宋钘也。

【注释】

①权：秤锤。称：同"秤"。权称：等于说"权衡"，即秤，喻指法度。

②上：同"尚"。大：重。俭：轻慢。

【译文】

不懂得统一天下、建立国家的法度，崇尚功利实用，重视节俭而轻慢等级差别，甚至不容许人与人之间有分别和差异的存在，也不让君臣之间有上下的悬殊；但是他们立论时却有根有据，解说论点时又头头是道，足够用来欺骗蒙蔽愚昧的民众。墨翟、宋钘就是这种人。

【原文】

尚法而无法，下修而好作，上则取听于上，下则取从于俗，终日言成文典，反纆察之^1，则倜然无所归宿^2，不可以经国定分；然而其持之有故，其言之成理，足以欺惑愚众。是慎到、田骈也^3。

【注释】

①纆：通"巡"。纆察：反复考察。

②倜然：远离的样子，此形容迂阔而远离实际。

③田骈：战国时齐国人，与慎到同一学派。

【译文】

推崇法治但又没有法度，卑视贤能的人而喜欢自作主张，上则听从君主，下则依从世俗，整天谈论制定礼义法典，但反复考察这些典制，就会发现它们遥远得不切实际，不能用来治理国家、确定名分；但是他们立论时却有根有据，解说论点时又头头是道，足够用来欺骗蒙蔽愚昧的民众。慎到、田骈就是这种人。

【原文】

不法先王，不是礼义，而好治怪说，玩琦辞^1，甚察而不

【注释】

①琦：通"奇"。

②惠：恩惠，好处。

惠^2，辩而无用，多事而寡功。不可以为治纲纪；然而其持之有故，其言之成理，足以欺惑愚众。是惠施、邓析也。

【译文】

不效法古代圣明的帝王，不遵循礼义，而喜欢钻研奇谈怪论，玩弄奇异的词语，这种理论非常精辟但毫无用处，雄辩动听但不切实际，做了很多事但功效却很少，不可以作为治国的纲领；但是他们立论时却有根有据，解说论点时又头头是道，足够用来欺骗蒙蔽愚昧的民众。惠施、邓析就是这种人。

【注释】

①材：通"才"。剧：繁多。

②案：通"按"。

③五行：即五常，指仁、义、礼、智、信。

④案：语助词。祗（zhī）：恭敬。

⑤沟替（mào）：通"怡慈"。喑喑（huàn）然：喧嚣的样子。

【原文】

略法先王而不知其统，然而犹材剧志大^1，闻见杂博。案往旧造说^2，谓之五行^3，其辟违而无类，幽隐而无说，闭约而无解。案饰其辞而祗敬之曰^4：此真先君子之言也。子思唱之，孟轲和之，世俗之沟替儒嚾嚾然不知其所非也^5，遂受而传之，以为仲尼、子弓为兹厚于后世。是则子思、孟轲之罪也。

【译文】

大致上能够效法古代圣明的帝王，然而却不知道他们的要领，还自以为才气横溢、志向远大、见闻丰富广博。根据传统的旧学说来创建新说，把它称为"五行"，非常乖辟背理而不合礼法，幽深隐微而难以讲说，晦涩难懂而无从解释，却还粉饰他们的言论而郑重其事地说："这真正是先师孔子的言论啊！"子思倡导，孟轲附和，社会上那些愚昧无知的儒生七嘴八舌地称颂而不知道他们的错误，于是就接受了这种学说而传授它，以为是孔子、子弓立此学说，被后代所推崇。这就是子思、孟轲的罪过了。

【注释】

①顺：理。

②奥：屋子里的西南角。窔（yào）：屋子

【原文】

若夫总方略，齐言行，壹统类，而群天下之英杰，而告之以大古，教之以至顺^1；奥窔之间^2，簟席之上^3，敛然圣王之文章具焉，佛然平世之俗起焉^4；则六说者不能入也，十二子者不能亲

也；无置锥之地，而王公不能与之争名，在一大夫之位，则一君不能独畜^5，一国不能独容，成名况乎诸侯^6，莫不愿以为臣。是圣人之不得执也。仲尼、子弓是也。

【译文】

至于总括治国的方针策略，统一人们的言行，统一治国的纲纪法度，从而汇聚天下的英雄豪杰，把上古帝王的业绩告诉给他们，教导他们最高的治国道理；在室堂之内、竹席之上，圣明帝王的礼义制度集中地具备于此，蓬勃地兴起太平时代的风俗。上述六种学说是不能进入这讲堂的，那十二个人是不能接近这讲席的。这样的人虽然贫困没有立锥之地，但天子诸侯不能与之竞争名望；他们虽然只是处在一个大夫的职位上，但不是一个诸侯国的国君所能单独任用的，不是一个诸侯国所能单独容纳的，他们的盛名比同于诸侯，各国诸侯无不愿意让他们来当自己的臣子。这是圣人中没有得到权势的人，孔子、子弓就是这种人。

【原文】

一天下，财万物^1，长养人民，兼利天下，通达之属^2，莫不从服，六说者立息，十二子者迁化^3，则圣人之得势者，舜、禹是也。

【译文】

统一天下，管理万物，养育人民，使天下人都得到好处；凡权力能到达的地方，没有人不服从，上述六种学说立刻销声匿迹，那十二个人也弃邪从正。这是圣人中得到了权势的人，舜、禹就是这种人。

【原文】

今夫仁人也，将何务哉？上则法舜、禹之制，下则法仲尼、子弓之义，以务息十二子之说。如是，则天下之害除，仁人之事毕，圣王之迹著矣^1。

里的东南角。

③覃（diàn）：竹席。

④佛：通"勃"。平世：政治清明的时代。

⑤畜：养，任用。

⑥成：通"盛"。况：比。

【注释】

①财：通"裁"，控制，安排。

②通达之属：指整个天下。

③迁化：随着发生变化。

【注释】

①著：明显。

52 | 荀 子

【译文】

当今仁德的人该怎么做呢？上应该学习舜、禹的政治制度，下应该学习仲尼、子弓的道义，以求消除上述十二个人的学说。这样一来，那么天下的祸害除去了，仁德的人的任务完成了，圣明帝王的事迹也就彰明了。

【注释】

①故：犹"夫"，发语词。

②为：通"伪"，诡诈。

③辟：通"僻"，邪僻，邪恶。

④操辟：指上文所说的"治怪说，玩琦辞"。

⑤淫：过分，放荡。大：同"太"、"泰"、"汰"、"汏"，过分，骄奢。

【原文】

信信，信也；疑疑，亦信也。贵贤，仁也；贱不肖，亦仁也。言而当，知也；默而当，亦知也。故知默犹知言也。故多言而类^1，圣人也；少言而法，君子也；多言无法，而流湎然，虽辩，小人也。故劳力而不当民务，谓之奸事；劳知而不律先王，谓之奸心；辩说譬谕，齐给便利，而不顺礼义，谓之奸说。此三奸者，圣王之所禁也。知而险，贼而神，为诈而巧^2，言无用而辩，辩不惠而察，治之大殃也。行辟而坚^3，饰非而好，玩奸而泽，言辩而逆，古之大禁也。知而无法，勇而无惮，察辩而操辟^4，淫大而用乏^5，好奸而与众，利足而迷，负石而坠，是天下之所弃也。

【译文】

相信可信的东西，是诚实；怀疑可疑的东西，也是诚实。尊重贤能的人，是仁爱；鄙视不贤的人，也是仁爱。说话说得恰当，是明智；沉默得恰当，也是明智。所以懂得在什么场合下沉默等于懂得说话。话说得多而又合乎法度，就是圣人；话说得少而又合乎法度，就是君子；说得多，都不合乎法度而滔滔不绝，即使能言善辩，也是个小人。用尽力气而不合民众的需求，就叫做奸邪的政务；费尽心思而不以古代圣王的法度为准则，就叫做奸邪的心机；辩说比喻起来迅速敏捷而不遵循礼义，就叫做奸邪的辩说。这三种奸邪的东西，是圣明的帝王所禁止的。生性聪明而险恶，手段狠毒而高明，行为诡诈而巧妙，言论不切实际而雄辩动听，辩说毫无用处而明察入微，这些是政治方面的大祸害。为非作歹而又坚决，文过饰非而似完美，玩弄奸计而圆滑，能言善辩而违反常理，这些是古代特别加以禁止的。聪明而不守法度，勇敢而肆无忌惮，明察善辩而所持论点怪僻不经，荒淫骄奢而刚愎自用，喜欢搞阴谋诡计而同党众多，这就像善于奔走而误入迷途、背着石头而失足往下摔，这些都是天下人所厌弃的行为。

【原文】

兼服天下之心：高上尊贵不以骄人；聪明圣知不以穷人；齐给速通不争先人；刚毅勇敢不以伤人；不知则问，不能则学虽能必让，然后为德。遇君则修臣下之义，遇乡则修长幼之义，遇长则修子弟之义，遇友则修礼节辞让之义，遇贱而少者则修告导宽容之义。无不爱也，无不敬也，无与人争也，恢然如天地之苞万物^1。如是，则贤者贵之，不肖者亲之。如是而不服者，则可谓讠夸怪狡猾之人矣^2，虽则子弟之中，刑及之而宜。《诗经》上说："匪上帝不时，殷不用旧^3。虽无老成人^4，尚有典刑。曾是莫听，大命以倾^5。"此之谓也。

【译文】

使天下人对自己心悦诚服的办法是：高高在上、身份尊贵，但不因此而傲视别人；聪明睿智、通达事理，但不因此而使人难堪；才思敏捷、领悟迅速，但不在别人面前抢先逞能；刚强坚毅、勇敢大胆，但不因此而伤害别人。不懂就请教，不会就学习；即使能干也一定谦让，这样才算有道德。看到君主就奉行做臣子的道义，看到乡亲就讲求长幼之间的道德标准，看到父母兄长就遵行子弟的规矩，看到朋友就讲求礼节谦让的行为规范，看到地位卑贱而年纪又小的人就实行教导宽容的原则。无所不爱，无所不敬，从不与人争执，心胸宽广得就像天地包容万物那样。这样，就会使贤能的人尊重你，不贤的人亲近你。如果这样还不对你心悦诚服的，那就可以称之为怪异奸滑的人了，即使他在你的亲属子弟之中，刑罚加到他身上也是应该的。《诗经》上说："并非上天不善良，是纣王不用旧典章。虽然没有老成之臣，还有法典可依循。竟连这个也不听，王朝因此而断送。"说的就是这个道理。

【注释】

①恢然：广大的样子。苞：同"包"。

②讠夸：通"妖"，怪异邪恶。

③殷：商，此指商纣王。

④老成人：经历多、做事稳重之臣，像伊尹（商汤的相）之类。

⑤大命：指国家的命运，政权。倾：倾覆。

荀 子

【注释】

①士仕：与下"处士"对应，当作"仕士"。指做官的人。

②乐富贵：荀子赞成当官者应乐富贵。

③污漫：指行为肮脏、丑恶。

【原文】

古之所谓士仕者^1，厚敦者也，合群者也，乐富贵者也^2，乐分施者也，远罪过者也，务事理者也，羞独富者也。今之所谓士仕者，污漫者也^3，贼乱者也，恣睢者也，贪利者也，触抵者也，无礼义而唯权势之嗜者也。

【译文】

古代所说的当官的，都是朴实厚道的人，是和群众打成一片的人，是乐于富贵的人，是乐意施舍的人，是远离罪过的人，是努力按事理来办事的人，是以独自富裕为羞耻的人。现在所说的当官的，都是污秽卑鄙的人，是破坏捣乱的人，是恣肆放荡的人，是贪图私利的人，是触犯法令的人，是不顾礼义而只贪求权势的人。

【注释】

①著：通"著"，明显。

②伪：通"为"。强高言：硬要自我吹嘘。

③离纵：离开正道。纵，同"踪"，指正道。

【原文】

古之所谓处士者，德盛者也，能静者也，修正者也，知命者也，箸是者也^1。今之所谓处士者，无能而云能者也，无知而云知者也，利心无足而佯无欲者也，行伪险秽而强高言谨悫者也^2，以不俗为俗，离纵而跂訾者也^3。

【译文】

古代所说的隐士，是品德高尚的人，是能恬淡安分的人，是善良正派的人，是乐天安命的人，是彰明正道的人。现在所说的隐士，是没有才能而自吹自擂的人，是没有智慧而自吹有智慧的人，是贪得之心永不能满足而又假装清心寡欲的人，是行为阴险肮脏而又硬要吹嘘自己谨慎老实的人，是把不同于世俗作为自己的习俗、背离世俗而自命清高的人。

【注释】

①修：善，指品德高尚。

②见：被。

【原文】

士君子之所能不能为：君子能为可贵，而不能使人必贵己；能为可信，而不能使人必信己；能为可用，而不能使人必用己。故君子耻不修^1，不耻见污^2；耻不信，不耻不见信；耻不能，不耻不见用。是以不诱于誉，不恐于诽，率道而行^3，端然正己，不为物倾侧^4，夫是之谓诚君子。《诗经》云："温温恭人，维德之基。"此之谓也。

③率道：遵循礼义的大道。

④倾侧：倾斜，这里指动摇。

【译文】

士君子所能做到的和不能做到的是：君子能够做到品德高尚而可以被人尊重，但不能强迫别人来尊重自己；能够做到诚信老实而可以被人相信，但不能强迫别人相信自己；能够做到多才多艺而可以被人任用，但不能强迫别人任用自己。所以君子把自己的品德不好看作耻辱，而不把被人污蔑看作耻辱；把自己不诚实看作耻辱，而不把不被信任看作耻辱；把自己无能看作耻辱，而不把不被任用看作耻辱。因此，君子不被荣誉所诱惑，也不被诽谤所吓退，遵循道义来做事，严肃地端正自己，不被外界事物弄得神魂颠倒，这叫做真正的君子。《诗经》上说："温柔谦恭的人们，是以道德为根本的。"说的就是这种人。

【原文】

士君子之容：其冠进^1，其衣逢，其容良；俨然，壮然，祺然，蕼然，恢恢然，广广然，昭昭然，荡荡然，是父兄之容也。其冠进，其衣逢，其容悫；俭然，恎然^2，辅然，端然，訾然^3，洞然，缀缀然，瞀瞀然，是子弟之容也。

【注释】

①进：通"峻"，高耸状。

②恎（chī）然：依赖长者的样子。

③訾（zī）：同"孳"，柔弱貌。而"孳"通"孜"，又有勤勉意。

【译文】

士君子的仪容是：帽子戴得高高的，衣服宽宽大大的，面容和蔼可亲，庄重、伟岸、安泰、洒脱、宽宏、开阔、明朗、坦荡，这是做父兄的仪容。帽子高高竖起，衣服宽宽大大，面容谨慎诚恳、谦虚、温顺、亲热、端正、勤勉、恭敬，追随左右而不敢正视，这是做子弟该有的仪容。

【原文】

吾语汝学者之觋容：其冠绖^1，其缨禁缓^2，其容简连；填填

【注释】

①绖："俯（fǔ）"字

之谓，"偄"同"偬"。

②禁：同"襟"、"衿"，结，系。

③狄:通"趯"，跳跃。

④圉：不怕别人议论。

⑤谡诟（xī gòu）：辱骂。诟，同"诟"，骂。

然，狄狄然^3，莫莫然，瞡瞡然，瞿瞿然，尽尽然，盱盱然，酒食声色之中，则瞒瞒然，暝暝然，礼节之中则疾疾然，营营然，劳苦事业之中，则慵慵然，离离然，偷儒而罔^4，无廉耻而忍谡诟^5。是学者之鬼也。

【译文】

我来告诉你那些学者的怪模样：他的帽子向前而低俯，帽带来得很松；他的面容傲慢自大，自满自足，时而跳来跳去，时而一言不发，或眯起眼睛东张西望，或睁大眼睛盯着不放，似乎要一览无余的样子。在吃喝玩乐的时候，就神情迷乱，沉溺其中；在行礼节的时候，就面有怨色，口出怨言；在劳苦的工作之中，就懒懒散散，躲躲闪闪，苟且偷安而无所顾忌，没有廉耻之心而能忍受污辱谩骂。这就是那些学者的怪样。

【注释】

①弟佗（tuí）：颓唐，陨落的样子。

②神禅：通"冲淡"，平淡。

③著：同"嗜"。

【原文】

弟佗其冠^1，神禅其辞^2，禹行而舜趋，是子张氏之贱儒也。正其衣冠，齐其颜色，嗛然而终日不言，是子夏氏之贱儒也。偷儒惮事，无廉耻而著饮食^3，必曰"君子固不用力"，是子游氏之贱儒也。

【译文】

帽子戴得歪歪斜斜，话说得平淡无味，学习大禹的跛行和舜的低头快走，这是子张一派的贱儒。衣冠整齐，表情严肃，沉默不言，这是子夏一派的贱儒。苟且偷懒怕事，没有廉耻之心而热衷于吃喝，总是说"君子本来就不用从事体力劳动"，这是子游一派的贱儒。

【注释】

①佚：同"逸"。

②偋：同"慢"。

③宗原：遵守根本的原则。

【原文】

彼君子则不然。佚而不惰^1，劳而不僈^2，宗原应变^3，曲得其宜^4，如是，然后圣人也。

【译文】

那些真正的君子就不是这样。他们虽然安逸却不懒惰，即使劳苦也不懈怠，尊奉那根本的原则来应付各种事变，各方面处理得都很恰当，像这样才可以成为圣人。

④曲：全。

仲 尼

【注释】

①尺：战国时一尺合今0.231米。

②则：表示对比的连词。

③般（pán）：大乐。

④郰（zhū）：古国名，即"邹"，在今山东邹县一带。莒（jǔ）：古国名，在今山东莒县一带。

【原文】

仲尼之门人，五尺之竖子^1，言羞称乎五伯。是何也？曰：然！彼诚可羞称也。齐桓，五伯之盛也，前事则杀兄而争国^2；内行则姑姊妹之不嫁者七人，闺门之内，般乐奢汰^3，以齐之分奉之而不足；外事则诈邾袭莒^4，并国三十五。其事行也若是其险污淫汰也。彼固易足称乎大君子之门哉？

【译文】

仲尼的门下，即使是五尺高的童子，说起话来都以称道五霸为耻。这是为什么呢？回答说：这样是因为那五霸的确不值得称道。齐桓公，是五霸中最负盛名的，但他没有继位前，是杀了他的哥哥来争夺国家的政权；在家庭之内，姑姑、姐姐、妹妹中没出嫁的有七个；在宫门之内，他纵情作乐、奢侈放纵，用齐国税收的一半供养他还不够；对外，他欺骗邾国、袭击莒国，吞并国家三十五个。他的所作所为如此的险恶肮脏、放荡奢侈，他怎么能够在伟大的孔圣人门下得到称道呢？

【注释】

①於乎：同"呜呼"。

②倓（tán）然：形容安然不疑。

③本朝：朝廷。朝廷是立国之本，故称"本朝"。

④距：通"拒"。

【原文】

若是而不亡，乃霸，何也？曰：於乎^1！夫齐桓公有天下之大节焉，夫孰能亡之？倓然见管仲之能足以托国也^2。是天下之大知也。安忘其怒，出忘其雠，遂立为仲父，是天下之大决也。立以为仲父，而贵戚莫之敢妒也；与之高，国之位，而本朝之臣莫之敢恶也^3；与之书社三百，而富人莫之敢距也^4；贵贱长少，秩秩焉，莫不从桓公而贵敬之，是天下之大节也。诸侯有一节如是，则莫之能亡也。桓公兼此数节者而尽有之，夫又何可亡也！其霸也，宜哉！非幸也，数也。

【译文】

既然齐桓公如此的不遵古道，为什么他却没有死亡，竟然还能称霸天下呢？回答说：哎呀！那齐桓公掌握了治理天下的重要关键，谁还能灭掉他呢？一见到管仲，就坚定不移地相信他的才能，把整个国家大事完全托付给他，这是天下最大的明智。他当上了齐国君主后，能忘掉自己危急时的愤怒，逃出险境后就忘掉了自己对管仲的仇恨，最终把管仲尊称为仲父，这是天下最大的决断。把管仲尊称为仲父，国君的内外亲族没有人敢嫉妒他；给他高氏、国氏那样的尊贵地位，朝廷上的大臣没有谁敢怨恨他；给他三百社的封地，富有的人没有谁敢抗拒的；高贵的、卑贱的、年长的、年轻的，都秩序井然，没有谁不顺从桓公去尊敬他；这些都是治理天下的重要关键。诸侯只要掌握了像这样的一个关键，就没有人能灭掉他；桓公全部掌握了这些关键，又怎么可能被灭掉呢？他称霸诸侯，是理所当然的啊！并不是由于幸运，而是必然性的。

【原文】

然而仲尼之门，五尺之竖子，言羞称乎五伯，是何也？曰：然。彼非本政教也，非致隆高也，非綦文理也^1，非服人之心也。乡方略^2，审劳佚^3，畜积、修斗而能颠倒其敌者也^4。诈心以胜矣。彼以让饰争，依乎仁而蹈利者也，小人之杰也，彼固足称乎大君子之门哉！

【注释】

①綦（qí），极。文理：区别等级的礼议制度。

②乡：通"向"，趋向，追求。

③佚：通"逸"。

④畜：通"蓄"。

【译文】

然而仲尼的门下，即使是五尺高的童子，说起话来都以称道五霸为羞耻。这是为什么呢？回答说：这是因为五霸没有把政治教化作为立国之本，没有把礼仪推崇到应有的高度，没有使礼仪制度井井有条，没有使人心悦诚服；他们只是注重方法策略、注意使民众有劳有逸、积蓄财物、加强战备因而能颠覆打败敌人，是依靠诡诈的心计来取胜的。他们以谦让来掩饰争夺、依靠仁爱之名来追求实利，可以算是小人中的佼佼者，他们怎么能够在伟大的孔圣人门下得到称道呢？

【注释】

①委然：安详的样子。

②安：语助词。

③缪：通"谬"。

④载：行。

⑤雠人：仇敌，此指秦国。楚怀王困死于秦，其子楚顷襄王又受制于秦国，因此楚以秦为仇人。

【原文】

彼王者则不然：致贤而能以救不肖，致强而能以宽弱，战必能殆之而羞与之斗，委然成文以示之天下^1，而暴国安自化矣^2。有灾缪者^3，然后诛之。故圣王之诛也，暴省矣。文王诛四，武王诛二，周公卒业，至于成王，则安以无诛矣。故道岂不行矣哉！文王载之^4，百里地而天下一；桀纣舍之，厚于有天下之势而不得以匹夫老。故善用之，则百里之国足以独立矣；不善用之，则楚六千里而为雠人役^5。故人主不务得道而广有其势，是其所以危也。

【译文】

那些称王天下的人就不是这样：他们最贤能却能够去救助不贤的人；自己最强大却能够宽容弱者；打起仗来一定能够使对方危亡，而耻于诉诸武力；安详地制定了礼仪制度并把它们昭示于天下，而暴虐的国家就自然感化了；如果还有犯上作乱、行为乖庚的，然后再去诛灭他。所以圣明帝王的诛杀乱党，是极少的。周文王只讨伐了四个国家，周武王只诛杀了两个人，周公旦完成了称王天下的大业，到了周成王的时候就没有杀伐了。那礼义之道难道就不能实行了么？文王实行了礼义之道，虽然在占有百里见方的国土，但天下被他统一了；夏桀、商纣王抛弃了礼义之道，虽然掌握了统治天下的权力，却不能像平民百姓那样寿终正寝。所以若是善于利用礼义之道，那么百里见方的国家完全可以独自存在下去了；而不善于利用礼义之道，那么就是像楚国那样有了六千多里的国土，也还是被仇敌所役使。所以，君主不致力于掌握礼义之道而只求扩展他的势力，这就是他危险而招致灭亡的原因。

【原文】

持宠、处位、终身不厌之术：主尊贵之，则恭敬而僔^1；主信爱之，则谨慎而嗛^2；主专任之，则拘守而详；主安近之，则慎比而不邪^3；主疏远之，则全一而不倍；主损纟由之^4，则恐惧而不怨。贵而不为夺，信而不处谦^5，任重而不敢专；财利至则善而不及也，必将尽辞让之义然后受；福事至则和而理，祸事至则静而理，富则施广，贫则用节。可贵可贱也，可富可贫也，可杀而不可使为奸也：是持宠、处位、终身不厌之术也。虽在贫穷徒处之势，亦取象于是矣。夫是之谓吉人^6。《诗》曰："媚兹一人，应侯顺德，永言孝思，昭哉嗣服^7。"此之谓也。

【注释】

①僔：同"撙"，抑制。

②嗛：同"谦"。

③慎：通"顺"。

④损：贬损，指降职。纟由：通"黜"，罢免。

⑤谦：通"嫌"。

⑥吉人：指道德高尚而有地位的君子。

⑦服：事，指文王代纣的事业。

【译文】

保持尊宠、守住官位、终身不被君主厌弃的方法是：君主重视你，你就恭敬而谦退；君主信任喜爱你，你就谨慎而谦虚；君主一心一意任用你，你就谨慎守职而仔细地了解所托付的事情；君主亲近你，你就小心地依顺而不搞歪门邪道；君主疏远你，你就忠心耿耿而不背叛；君主贬损罢免你，你就戒慎恐惧而不埋怨。地位高贵时，不奢侈过度；得到君主信任时，不忘记回避嫌疑；担负重任时，不能独断专行；财物利益来临时，若是自己的善行还够不上得到它，就一定要尽到推让的礼节；有福之事来临时，就安和地去对待它，灾祸之事来临时，就冷静地去处理它；富裕了就广泛施舍，贫穷了就节约费用。能上、能下，可富、可贫，可以杀身成仁却不可以被迫使做奸邪的事；这些就是保持尊宠、守住官位、终身不被君主厌弃的方法。即使处在贫穷孤立的境况，也能按照这种方法来立身处世，那就可称为吉祥之人。《诗经》上说："用心服侍一个人，顺应祖先的德行，永远想着要孝敬，继承父业多贤明！"说的就是这种人。

【原文】

求善处大重、理任大事、擅宠于万乘之国^1，必无后患之术：

【注释】

①重：权，此指重要

的官位。理：顺。

②耐：通"能"，能够。

③节：适当、适度的意思。

④儇：通"竞"，完毕。

⑤墮（huī）：同"隳"，毁。

莫若好同之，援贤博施，除怨而无妨害人。能耐任之^2，则慎行此道也；能而不耐任，且恐失宠，则莫若早同之，推贤让能，而安随其后。如是，有宠则必荣，失宠则必无罪。是事君者之宝而必无后患之术也。故知者之举事也，满则虑嗛，平则虑险，安则虑危，曲重其豫，犹恐及其祸，是以百举而不陷也。孔子曰："巧而好度，必节^3；勇而好同，必胜；知而好谦，必贤。"此之谓也。

愚者反是：处重擅权，则好专事而妒贤能，抑有功而挤有罪，志骄盈而轻旧怨；以客蓄而不行施道乎上，为重招权于下以妨害人；虽欲无危，得乎哉？是以位尊则必危，任重则必废，擅宠则必辱，可立而待也，可立而儇也^4。是何也？则墮之者众而持之者寡矣^5。

【译文】

寻求妥善地身居要位、顺利地担任要职、在万乘大国独自拥有君主的恩宠，绝不会有后患的方法是：最好的办法莫过于和君主同心协力，引进贤能的人，广泛地施舍，消除对别人的怨恨，不去想办法妨害别人。若是自己的能力能够担负起的职务，那就小心谨慎地奉行这种方法；若是自己的能力不能够胜任职务，而害怕因此而失去君主对自己的宠爱，那就不如及早和君主同心同德，推荐贤能的人，把职务让给他，而自己则心甘情愿地追随在后面。像这样做，拥有了君主的恩宠就必定会荣耀，失去了君主的宠爱也一定没有罪过。这是侍奉君主的法宝，也是决没有后患的方法。所以聪明人办事，圆满时考虑不足，顺利时考虑艰难，安全时考虑危险，周到地从多方面加以防范，仍然怕遭到祸害，所以办了上百件事也不会失误。孔子说："灵巧而又遵循法度，就一定能做得恰到好处；勇敢而又善于和别人合作，就一定能胜利；聪明而又比较谦虚，就一定会有德才。"说的就是这个道理。

愚蠢的人正好与此相反：他们身居要职、独揽大权的时候，就独断跋扈、嫉贤妒能，压制有功的人，排挤打击有罪过的人，内心骄傲自满，歧视与自己有旧怨的人，吝啬而不施舍，独揽大权，以致妨害了别人。这种人即使希望平安无事，可能吗？所以，他们身居高位却十分危险，职位过高而必定被废，独受宠幸却一定会遭到耻辱，这种情景稍立片刻就可以等到，只要烧一顿饭的工夫就可以了。这是为什么呢？就是因为毁害他的人多而扶持他的人少。

【原文】

天下之行术，以事君则必通，以为仁则必圣^①，立隆而无贰也。然后恭敬以先之，忠信以统之，慎谨以行之，端悫以守之^②，顿穷则疾力以申重之。君虽不知，无怨疾之心；功虽甚大，无伐德之色^③；省求多功^④，爱敬不倦：如是则常无不顺矣。以事君则必通，以为仁则必圣，夫之谓天下之行术。

【注释】

①仁：通"人"。

②端悫（què）：端正诚实。

③伐德：自夸功德。

④省：少。

【译文】

有一种走遍天下都能行得通的办法，用它来侍奉君主就一定会通达，用它来做人就必定会圣明。确立礼义作为崇高的标准而不动摇，然后用恭敬的态度来引导，以忠信来贯通，小心谨慎地实行，端正诚实地捍卫，即使困厄的时候也尽力反复强调它；君主即使不了解、重用自己，也没有怨恨的心情；功劳即使很大，也没有夸耀的表情；要求少而功劳多，敬爱君主永不厌倦。像这样，那就永远没有不顺利的时候了。用它来侍奉君主就一定会通达，用它来做人就一定会圣明，这就叫做走遍天下都能行得通的办法。

【原文】

少事长，贱事贵，不肖事贤，是天下之通义也。有人也，势不在人上，而差为人下，是奸人之心也。志不免乎奸心，行不免乎奸道，而求有君子、圣人之名，辟之是犹伏而咶天^①，救经而引其足也，说必不行矣，俞务而俞远^②。故君子时诎则诎，时伸则伸也。

【注释】

①咶：通"舑"，舔喻。咶（shì）：通"舐"。

②俞：通"愈"。

荀 子

【译文】

年轻的侍奉年长的，卑贱的侍奉高贵的，不贤的侍奉贤能的，这是天下的普遍规律。而有的人，地位不在别人之上，却盖于处在人下，这是奸邪的人的想法。心理上没有除掉邪念，行动上没有离开邪道，却想要求有君子、圣人的名声，就好像是趴在地上去舔天、挽救上吊的人却拉他的脚一样，一定行不通的，越是用力从事，就离目标越远。所以君子在形势需要自己屈从忍耐时就屈从忍耐，在时势容许自己施展抱负时才施展抱负。

儒 效

【原文】

大儒之效：武王崩^①，成王幼，周公屏成王而及武王以属天下^②，恶天下之倍周也^③。履天子之籍^④，听天下之断，偃然如固有之，而天下不称贪焉；杀管叔，虚殷国，而天下不称戾焉；兼制天下，立七十一国，姬姓独居五十三人，而天下不称偏焉。教海开导成王，使谕于道，而能掩迹于文、武。周公归周，反籍于成王，而天下不辍事周，然而周公北面而朝之。天子也者，不可以少当也，不可以假摄为也。能则天下归之，不能则天下去之。是以周公屏成王而及武王以属天下，恶天下之离周也。成王冠，成人，周公归周，反籍焉，明不灭主之义也。周公无天下矣。

乡有天下，今无天下，非擅也；成王乡无天下，今有天下，非夺也；变势次序节然也。故以枝代主而非越也，以弟诛兄而非暴也；君臣易位而非不顺也。因天下之和，遂文武之业，明枝主之义，抑亦变化矣，天下厌然犹一也。非圣人莫之能为。夫是之谓大儒之效。

【注释】

①崩：古代天子死叫"崩"。

②屏（bǐng）：摒除。及：继承。属：使……归属，统制。

③恶：等于说"患"，担心。倍：通"背"。

④履：践。籍：通"阼"，帝位。

【译文】

大儒的作用：周武王驾崩的时候，继位的成王还年幼，周公旦庇护成王而继承武王之位来统辖天下，是因为他担心天下人欺负成王年幼无知而背叛周家王朝。他登上了天子之位，处理天下的决策，心安理得地就像他本来就拥有这样的权力似的，而天下人并不说他贪婪；他杀了管叔，使殷国国都成了废墟，但天下人并不说他残暴；他全面控制了天下，设置了七十一个诸侯国，其中姬姓诸侯就占了五十三个，但天下人并不说他偏私。他教海、开导成王，使成王明白礼义之道，从而能继承文王、武王的事业。周公把周家的天下和王位归还给成王，而天下人并没有停止事奉周王朝，然后周公才回到臣位上，北面而朝拜成王。天子之位，不可以让年幼的人掌管，也不可以由别人代理行使。能负担起这个重任，天下人就会归顺他；不能，天下人就会背离他。因此周公庇护成王而继承武王之位来统辖天下，是怕天下人背叛周王朝。成王行了冠礼，已经成人，周公便把周家的天下和王位归还给成王，以此来表明他不灭掉嫡长子的道义。于是周公就没有统治天下的权力了。

他过去拥有天下，现在没有天下，这并不是禅让；成王过去没有天下，现在拥有了天下，这并不是暴夺；这是君权更替的法定次序，受礼法节制而有根据实际情况来变通的结果。所以周公以旁支的身份来代替嫡长子执政并不算超越本分，以弟弟的身份诛杀兄长管叔也不算残暴，君与臣变换了位置也不算不顺。周公凭借天下人的同心协力，完成了文王、武王的事业，彰明了庶子与嫡长子之间的关系准则，虽然有了这样的变化，但天下却依然安稳。除了圣人没有人能够做到这一点，这就是大儒所起的作用。

【注释】

①比：顺。中：正，不偏不倚，无过无不及。

②道：遵行。

【原文】

先王之道，仁之隆也，比中而行之^1。易谓中？曰：礼义是也。道者，非天之道，非地之道，人之所以道也^2，君子之所道也。

【译文】

古代圣明帝王的治国之道，是仁德的最高体现，因为他们是顺着中正之道来实行它的。什么叫做中正之道呢？回答：礼义就是中正之道。这里所说的道，不是指上天的运动规律，也不是指大地的变化规律，而是指人类所要遵行的准则，是君子所遵循的原则。

【注释】

①知：通"智"。

②序：次序，指合理安排，不失农时。五种：

【原文】

君子之所谓贤者，非能遍能人之所能之谓也；君子之所谓知者^1，非能遍知人之所知之谓也；君子之所谓辩者，非能遍辩人之所辩之谓也；君子之所谓察者，非能遍察人之所察之谓也：有所止矣。相高下，视土尧肥，序五种^2，君子不如农人；通货财，相美恶，辩贵 贱，君子不如贾人；设规矩^3，陈绳墨，便备用，君子不如工人；不恤是非、然不然之情，以相荐搏^4，以相耻怍，君子不若惠施、邓析。若夫谲德而定次^5，量能而授官，使贤不肖皆得其位，能不能皆得其官，万物得其宜，事变得其应，慎、墨不得进其谈，惠施、邓析不敢窜其察^6。言必当理，事必当务，是然后君子之所长也。

即"五谷"，指黍、覆、豆、麦、稻，一说指黍、覆、豆、麦、麻，此泛指各种庄稼。

③设：措置，此指使用。

④荐：通"践"。

⑤谲：同"商"，计量，估量。

⑥窜：使……得到容纳。

【译文】

君子所说的贤能的人，并不是能够全部做到别人所能做到的一切；君子的所谓的智慧，并不是能够知道别人所知道的一切；君子所谓的善辩，并不是能够全部分析别人所辩论的一切；君子的所谓的明察，并不是能够详察到别人所观察的一切。其实，君子的能力也是有一定限度的。观察地势的高低，识别土质的贫瘠与肥沃，安排各种庄稼的种植季节，这个方面君子不如农民；使财物流通，鉴别货物的好坏，区别货物的价值，君子在这个方面不如商人；使用圆规和矩尺，弹划墨线，完善各种器具，君子在这个方面不如工匠；不顾是与非、对与不对的实际情况，互相贬抑，互相污辱，君子实在不如能说会道的惠施、邓析。至于评估德行来确定等级，衡量才能来授予官职，使有德与无德的人都得到应有的地位，有才能与没有才能的人都得到应有的职分，使各种事物都各归其位，妥善处理各种突发事件，使慎到、墨翟不能推出他们的言论，惠施、邓析锐似明察的诡辩没有立足之地，说话必定合理，做事符合要求，这些才是君子所擅长的方面。

【原文】

凡事行，有益于理者，立之；无益于理者，废之：夫是之谓中事。凡知说，有益于理者，为之；无益于理者，舍之：夫是之谓中说。事行失中谓之奸事；知说失中谓之奸道。奸事、奸道，治世之所弃，而乱世之所从服也。若夫充虚之相施易也^1，"坚白"、"同异"之分隔也，是聪耳之所不能听也，明目之所不能

【注释】

①施：通"移"。

②倭：通"厉"，快速。

③慧（zhuàng）：淳朴而愚鑫。陋：见闻少，知识浅薄。

④蜮（yù）：短狐，传说中一种能含沙射人的动物。

⑤醜：姑，面貌丑恶妖媚的样子。

⑥视：通"示"，给人看。周：无。极：尽，指看穿。

见也，辩士之所不能言也，虽有圣人之知，未能僂指也^2。

不知，无害为君子；知之，无损为小人。工匠不知，无害为巧；君子不知，无害为治。王公好之则乱法，百姓好之则乱事。而狂惑、慧陋之人^3，乃始率其群徒，辩其谈说，明其辟称，老身长子，不知恶也。夫是之谓上愚，曾不如好相鸡狗之可以为名也。《诗》曰："为鬼为蜮^4，则不可得！有醜而目^5，视人罔极^6。作此好歌，以极反侧。"此之谓也。

【译文】

所有的事情和行为，有益于治理的就做它，无益于治理的就不做它，这叫做正确地处理事情。所有的知识和学说，有益于治理的就实行它，无益于治理的就废除它，这叫做正确地对待学说。事情和行为不得当，就叫做奸邪的事情；知识和学说不得当，就叫做奸邪的学说。奸邪的事情和奸邪的学说，是太平盛世所废弃不用的，却是混乱的社会所依从的。至于天地间盈和虚的互相转化，"坚白"、"同异"的分辨，这是耳朵灵敏的人也不能听懂的，眼睛明亮的人也不能看清楚的，能言善辩的学者也不能说明白的，即使有了圣人的智慧，也不能很快地将它们理解清楚。

但是，不知道这些学说，君子还是君子；懂了这些学说，小人还是小人。工匠不了解这些，不影响他们掌握技巧；士大夫不懂得这些，不影响他们从事政治。帝王、诸侯爱好这些学说，就会乱了法度；百姓喜欢这些学说，就会把各项工作搞乱。但是那些狂妄糊涂、愚蠢浅陋的人，却率领着他们的一伙门徒，辩护他们的主张学说，阐明他们的比喻引证，一直到老，儿子都长大了，还不知道放弃那一套。这就叫做极端的愚蠢，还不如爱好鉴别鸡狗的优劣倒可以出名。《诗经》上说："你是鬼还是短狐，让人无法看清楚；你的面目这样丑陋，给人看就看不透？作此好歌唱一唱，用来揭穿你的反复无常。"说的就是这种人。

【注释】

①晋：疏，空。廪：

【原文】

我欲贱而贵，愚而智，贫而富，可乎？曰：其唯学乎！彼学者：行之，曰士也；敦慕篇，君子也；知之，圣人也。上为圣人，下为君子，孰禁我哉！乡也，混然涂之人也，俄而并乎尧、禹，岂不贱而贵矣哉！乡也，效门室之辨，混然曾不能决也，俄而原仁义，分是非，图回天下于掌上而辩白黑，岂不愚而知矣哉！乡也，胥靡之人^1，俄而治天下之大器举在此，岂不贫而富矣哉！今有人于此，屑然藏千溢之宝^2，虽行贷而食^3，人谓之富矣。彼宝也者：衣之，不可衣也；食之，不可食也；卖之，不可偻售也^4。然而人谓之富，何也？岂不大富之器诚在此也？是杵杵亦富人已^5，岂不贫而富矣哉！

【译文】

我想由下贱变成高贵，由愚昧变成明智，由贫穷变成富裕，可以吗？回答：那就只有学习了。那些学习的人，能将学到的东西付诸实践，就可称为士人；能勤奋努力的，就是君子；能将学到的东西融会贯通，就是圣人。最高可以成为圣人，至少也可以成为士人、君子，谁还能阻止我呢？过去一个路上的无知之人，一会儿就可以和尧、禹这样的贤君并列在一起，这难道不是由下贱变得高贵了吗？过去考查对门外和室内的礼节有什么分别，他还糊涂得不能判断，一会儿就能追溯仁义的本源，分辨是非，运转天下事于手掌之中就像辨别黑与白一样容易，这难道不是由愚昧变得明智了吗？过去只是个一无所有的人，一会儿治理天下的重要手段都在他手中了，这难道不是由贫穷变得富裕了吗？现在如果在这儿有这么一个人，他收藏着价值千金的珍宝，那么即使他靠外出乞讨来糊口，人们也还是说他富有。那些珍宝，穿它又不能穿，吃它又不能吃，卖它又不能很快地出售。但是人们却说他富有，为什么呢？难道不是因为最值钱的宝器确实在他这儿吗？这样看来，那知识广博的学者也就是富有了，这岂不是由贫穷变得富有了么？

【原文】

故君子无爵而贵，无禄而富，不言而信，不怒而威，穷处

【注释】

无。胥靡：空无所有。

②溢：同"镒"，古代重量单位，先秦以黄金二十两或二十四两为一镒。

③行贷（tè）：乞讨为生。竞，乞，讨。

④偻售：迅速地出售。

⑤杵（yū）杵：广大，充足。

【注释】

①比周：结党营私。

②诚此：指认真刻苦地学习上述道理。

③皋：沼泽。

而荣，独居而乐！岂不至尊、至富、至重、至严之情举积此哉！故曰：贵名不可以比周争也^1，不可以夸诞有也，不可以势重胁也，必将诚此然后就也^2。争之则失，让之则至，遵道则积，夸诞则虚。故君子务修其内，而让之于外；务积德于身，而处之以遵道。如是，则贵名起如日月，天下应之如雷霆。故曰：君子隐而显，微而明，辞让而胜。《诗》曰："鹤鸣于九皋^3，声闻于天。"此之谓也。

【译文】

所以君子即使没有爵位也地位尊贵，没有俸禄也很富裕，不用言语也让人信任，不怒而威，处境穷困也荣耀，孤独地住着也快乐，难道不是因为那最尊贵、最富裕、最庄重、最威严的东西都聚集在这种学习之中了吗？所以说：尊贵的名声，不可能靠结党营私来争得，不可能靠自吹自擂来拥有，不可能靠权势地位来胁迫得到，一定要真正地在学习上下了工夫，然后才能得到。争夺名誉就会丧失名誉，谦让才会得到；遵循正确的原则就能积累，夸耀吹牛就会落得一场空。所以君子致力于自己内在的思想修养，在外表和行动上要谦让；致力于在自身德行的修养，遵循正确的原则来处世。这样，那么尊贵的名声就会有如日月悬空，天下人就会像雷霆那样轰轰烈烈地响应他。所以说：君子即使隐居也显赫，即使地位卑微也荣耀，即使退让也会胜过别人。《诗经》上说："鹤在九曲沼泽叫，声音直传到云霄。"说的就是这种情况。

【注释】

①誉：通"与"，亲近的意思。愈：通"愈"。

②鄙争：用不正当的手段相争。

【原文】

鄙夫反是：比周而誉俞少^1；鄙争而名愈辱^2，烦劳以求安利其身愈危。《诗》曰："民之无良，相怨一方，受爵不让，至于己斯亡。"此之谓也。

【译文】

卑贱的人与此相反，他们结党营私求取名誉，但是名誉更差；用卑鄙的手段争夺名誉，但名声更加受污；挖空心思去追求安逸与利益，自身却更加危险。《诗经》上说："一个人存心不良，只知埋怨对方，接受爵禄丝毫不谦让，事关私利就忘记礼仪。"说的就是这种情况。

【原文】

故能小而事大，辟之是犹力之少而任重也^1，舍粹折无适也^2。身不肖而诬贤，是犹伛伸而好升高也，指其顶者愈众。故明主谱德而序位^3，所以为不乱也；忠臣诚能然后敢受职，所以为不穷也。分不乱于上，能不穷于下，治辩之极也^4。《诗》曰："平平左右^5，亦是率从。"是言上下之交不相乱也。

【注释】

①辟：通"譬"。

②粹：通"碎"。

③谱：通"决"，决断。

④辩：通"辦"（办），治理。

⑤平（piàn）平：又作"便便"，长于口才、办事能干的样子。

【译文】

所以能力小而去做大事，就好像是力气小而担子重，除了伤筋断骨，也就没有别的下场了。自己不贤却妄称贤能，这就好像是驼背却喜欢升高一样，指着他的头顶而笑话他的人就会更多。所以英明的君主评定各人的德行来安排官职，是为了防止混乱；忠诚的臣子确实有能力胜任，然后才敢接受官职，是为了不使自己陷入困境。君主安排的职分不混乱，大臣才会有能力胜任而不至于陷入困境：这是政治的最高境界了。《诗经》上说："左右臣子很能干，遵从君命不违反。"这就是说君上和臣下的交往不互相错乱。

【原文】

以从俗为善，以货财为宝，以养生为己至道，是民德也。行法至坚，不以私欲乱所闻：如是，则可谓劲士矣。行法至坚，好修正其所闻，以矫饰其情性^1；其言多当矣，而未谕也；其行多当矣，而未安也；其知虑多当矣，而未周密也；上则能大其所隆，下则能开道不己若者^2；如是，则可谓笃厚君子矣。修百王之法，若辨白黑；应当时之变，若数一二；行礼要节而安之^3，若生四枝^4；要时立功之巧，若诏四时；平正和民之善^5，亿万之众而搏若一人^6；如是，则可谓圣人矣。

【注释】

①饰：通"饬"，整治。

②道：通"导"。

③要（yāo）：会，迎合。

④生：通"伸"。枝：通"肢"。

⑤平：治理。正：通"政"。

⑥抟(tuán)：聚集。

【译文】

把顺从习俗看作美德，把货物钱财看作宝贝，把保养身体作为自己最高的行为准则，这是老百姓的德行。坚定不移地遵从法度，不因为个人的私欲而歪曲所听到的东西，这样，就可以称为正直的士人了。坚定不移地遵从法度，喜欢修正自己所听到的东西来矫正自己的性情；所说过的话多半是恰当的，但还没有完全揭示道理；行为多半是恰当的，但还没有完全妥当；智慧和思考多半是恰当的，但还不够周密；上能推崇自己所尊重的人，下能开导不如自己的人，这样，就可以称为忠诚厚道的君子了。遵循历代帝王的法度，就像分辨黑白一样清楚；应付当前的变化，就像数一二那样容易；行动符合礼法而习以为常，就像平时伸展四肢一样自如；善于适时地抓住机会建立功勋，就像预告四季的到来一样准确；处理政事、协调百姓的善政，使亿万群众因而团结得像一个人一样。这样，就可以称为圣人了。

【注释】

①敬己：使自己受尊敬，指别人不能用不礼貌的态度去侵犯他。

②分分：是"介介"之误。

③跈跈（yàn）：通"厌厌"，或作"厌厌"，也作"懕懕"，心满意足而安详和悦的样子。

④殄：通"息"。

⑤炤（zhào）：同"照"，照射，明白地照见。

【原文】

井井兮其有理也，严严兮其能敬己也^1。分分兮其有终始也^2，跈跈兮其能长久也^3。乐乐兮其执道不殄也^4，炤炤兮其用知之明也^5。修修兮其统类之行也，缓缓兮其有文章也。熙熙兮其乐人之减也。隐隐兮其恐人不当也。如是，则可谓圣人矣，此其道出乎一。

【译文】

井井有条啊做事有条不紊，威风凛凛啊使自己受人尊敬，坚定不移啊始终如一，怡然自得啊长久不息，满腔热忱啊执行原则毫不懈怠，洞察一切啊运用智慧是那样明明白白，一丝不苟啊符合礼仪法度，安泰自若啊文采风流，温文尔雅啊那样喜欢别人的善言善行，忧心忡忡啊担心别人不守名分。像这样，就可以称为圣人了，因为他的道德品质始终如一。

儒 效

【原文】

曷谓一？曰：执神而固。曷谓神？曰：尽善挟治之谓神^1。曷谓固？万物莫足以倾之之谓固。神固之谓圣人。

圣人也者，道之管也^2。天下之道管是矣^3，百王之道一是矣；故《诗》、《书》、《礼》、《乐》之道归是矣^4。《诗》言是，其事也；《书》言是，其志也；《礼》言是，其行也；《乐》言是，其和也；《春秋》言是，其微也。故《风》之所以为不逐者^5，取是以节之也；《小雅》之所以为小雅者，取是而文之也；《大雅》之所以为大雅者，取是而光之也；《颂》之所以为至者，取是而通之也。天下之道毕是矣。乡是者臧^6，倍是者亡。乡是如不臧，倍是如不亡者^7，自古及今，未尝有也。

【注释】

①挟（jiā）：通"浃"，周遍，通，透。

②道：指根本性的政治原则与思想学说。

③管：枢纽，关键，事物相互联系的中心环节。

④是：指儒家的学说。

⑤逐：追赶，指赶时髦而追随歪风邪气。

⑥乡：通"向"，迎合。

⑦如：通"而"。

【译文】

什么叫做专一？回答：对事物掌握的完美而又坚定不移。什么叫做"神"？答案是：能使天下尽善尽美叫做"神"。什么叫做"固"？世间的一切都不能够使他动心叫做"固"。做到了"神"与"固"就叫做圣人。

所谓的圣人，就是思想道德的枢纽。天下的思想原则都集中在他这里了，历代圣王的思想原则也统一在他这里了，所以《诗》、《书》、《礼》、《乐》也都归属到他这里了。《诗》说的是圣人的心意；《书》说的是圣人的政事；《礼》说的是圣人的行为；《乐》说的是圣人的和谐心情；《春秋》说的是圣人微妙的语言和精辟的道义。因此，《国风》之所以不失于流荡的作品，是因为它所选取的诗篇是有节制的；《小雅》之所以为小雅，是因为它所选取的文章文采斑斓；《大雅》之所以为大雅，是因为它所选取的诗篇是待人推广的；《颂》之所以成为登峰造极的作品，是因为它所选取的诗篇能贯穿人的精神。天下的思想原则全在这里了。顺从它的就会有好结果，背离它的就会灭亡。顺从它而没有得到好结果、违背它而不灭亡的，从古到今，还不曾有过。

荀 子

【注释】

①庪（yī）：宫殿中门和窗之间的屏风。天子接见诸侯时，背靠这屏风而面向南。

②兵忌：古代迷信，出兵要选择吉日，在忌日出师则不利。

③迎：逆。

④汜（sì）：汜水，在今河南汜水县西。

⑤怀：地名，在今河南焦作附近。

⑥共头：山名，在今河南辉县。隧：通"坠"。

【原文】

客有道曰：孔子曰："周公其盛乎！身贵而愈恭，家富而愈俭，胜敌而愈戒。"应之曰：是殆非周公之行，非孔子之言也。武王崩，成王幼，周公屏成王而及武王，履天子之籍，负庪而立^①，诸侯趋走堂下。当是时也，夫又谁为恭矣哉！兼制天下，立七十一国，姬姓独居五十三人焉；周之子孙，苟不狂惑者，莫不为天下之显诸侯。孰谓周公俭哉！武王之诛纣也，行之日以兵忌^②，东面而迎太岁^③，至汜而泛^④，至怀而坏^⑤，至共头而山隧^⑥。霍叔惧曰："出三日而五灾至，无乃不可乎？"周公曰："刳比干而囚箕子，飞廉、恶来知政，夫又恶有不可焉！"遂选马而进，朝食于戚，暮宿于百泉，厌旦于牧之野。鼓之而纣卒易乡，遂乘殷人而诛纣。盖杀者非周人，因殷人也。故无首虏之获，无蹈难之赏，反而定三革，偃五兵，合天下，立声乐，于是《武》、《象》起而《韶》、《护》废矣。四海之内，莫不变心易虑以化顺之。故外阖不闭，跨天下而无蕲。当是时也，夫又谁为戒矣哉！

【译文】

有个人说："孔子说：'周公可以算得上是圣人了！他身份高贵而更加谦逊有礼，家里富裕而更加节约俭朴，战胜了敌人而更加戒备警惕。'"荀子回答："这大概不是周公的行为，也不是孔子的话。武王驾崩时，成王还很年幼，周公庇护成王而继承武王，登上了天子之位，背靠屏风而立，诸侯在堂下有礼貌地小步快跑前来朝见。在这个时候，他又对谁谦逊有礼了呢？他全面控制了天下，设置了七十一个诸侯国，其中姬姓诸侯就独占了五十三个；周族的子孙，只要不是发疯糊涂的人，无不成为天下显贵的诸侯。谁说周公谦让节俭呢？武王讨伐纣王的时候，出发的那天是兵家禁忌的日子，向东进军，冲犯了太岁，到达汜水时河水泛滥，到达怀城时城墙倒塌，到达共头山时山岩崩落。霍叔恐惧地说：'出兵三天已遇到了五次灾害，恐怕不行吧？'周公说：'纣王将比干剖腹挖心，还囚禁了箕子，奸臣飞廉、恶来当政，又有什么不可以呢？'于是挑选了良马继续前进，早晨在戚地吃饭，晚上在百泉宿营，等二天黎明来到牧地的郊野。战鼓一响，纣王的士兵就掉转方向倒戈起义了，于是就凭借殷人的力量而诛杀了纣王。原来杀纣王的并不是周国的人，而是依靠了殷人，所以周国的将士没有斩获的首级和俘房的缴获，也没有因为冲锋陷阵而得到的奖赏。周国的军队回去以后不再动用铠甲、头盔与盾牌，放下了各种兵器，统一天下，创作了乐曲，从此《武》、《象》兴起而《韶》、《护》被废弃了。四海之内，无不转变思想，因为这种教化而归顺周王朝。因此，外户不闭，走遍天下也没有什么边界。在这个时候，他又戒备谁呢？"

【原文】

造父者^1，天下之善御者也，无舆马则无所见其能^2；羿者，天下之善射者也，无弓矢则无所见其巧；大儒者，善调一天下者也^3，无百里之地则无所见其功。舆固马选矣，而不能以至远，一日而千里，则非造父也。弓调矢直矣，而不能射远、中微^4，则非羿也；用百里之地而不能以调一天下、制强暴^5，则非大儒也。

【注释】

①造父：周穆王的车夫，善于驾驭车马。

②见：同"现"。

③调一：协调一致。

④中微：射中微小的目标。

⑤用：治理。

【译文】

造父，是天下善于驾驭车马的人，如果没有车马就没法表现他的才能；后羿，是天下善于射箭的人，如果没有弓箭就没法表现他的技巧；大儒，是善于整治统一天下的人，如果没有百里见方的国土就没有办法显示他的功用。如果车子坚固、马匹精良，却不能用它来到达远方，日行千里，那就不是造父了；弓调顺、箭硬直，却不能用它来射到远处的东西、命中微小的目标，那就不是后羿了；统辖百里见方的领土，却不能靠它来整治一统天下、制伏强暴的国家，那就不是大儒了。

【原文】

彼大儒者，虽隐于穷阎漏屋，无置锥之地，而王公不能与之争名；用百里之地，而千里之国莫能与之争胜；笞棰暴国^1，齐一天下，而莫能倾也：是大儒之征也。其言有类，其行有礼，其举

【注释】

①笞（chī）：用鞭子、竹板抽打。棰：用木棍打。

事无悔，其持险，应变曲当^2；与时迁徙，与世偃仰，千举万变，其道一也：是大儒之稽也^3。其穷也，俗儒笑之；其通也，英杰化之，鬼琐逃之^4，邪说畏之，众人愧之。通则一天下，穷则独立贵名。天不能死，地不能埋，桀、跖之世不能污，非大儒莫之能立，仲尼、子弓是也。

②持险：处理危险的局势。曲当：各方面都适当。

③稽：考核。这里是考核的标准。

④鬼琐：行为奸诈卑劣的人。

【译文】

那些大儒，即使隐居在偏僻的里巷与简陋的房子里，贫困得无立锥之地，但天子诸侯也没有能力和他竞争名望；他统辖的虽然只是百里见方的封地，那千里见方的诸侯国没有哪一个能与他争胜；他鞭挞强暴的国家，统一天下，也没有谁能推翻他：这就是伟大的儒者所具有的特征。他说话符合法度，行动符合礼义，做事没有因失误而引起的悔恨，处理危机、应付突发的事变处处都恰当；顺应时世，因时制宜，即使采取上千种措施，不管外界千变万化，但他奉行的原则始终如一。这是大儒的考核标准。在他穷困失意的时候，庸俗的儒者讥笑他；在他显达得志的时候，英雄豪杰都受到他的感化，怪诞鄙陋的人都逃避他，持异端邪说的人都害怕他，一般民众在他面前都自惭形秽。他得志了就统一天下，不得志就卓然独处而博得高贵的名声。上天不能使他死亡，大地不能把他埋葬，桀、跖的时代不能污染他，不是大儒就没有谁能这样立身处世，仲尼、子弓就是这样的人。

【注释】

①雅：正。

②逢：蓬松宽大。浅带：指宽阔的腰带。圆带子束衣服束得很浅，所以称"浅带"。

③解果：亦作"蟹螺"、"盘保"、"蟹裸"，高的意思。

【原文】

故有俗人者，有俗儒者，有雅儒者^1，有大儒者。

不学问，无正义，以富利为隆，是俗人者也。

逢衣浅带^2，解果其冠^3，略法先王，而足乱世；术缪学杂^4，不知法后王而一制度，不知隆礼义而杀诗书；其衣冠行伪已同于世俗矣^5，然而不知恶者^6；其言议谈说已无异于墨子矣，然而明不能别；呼先王以欺愚者而求衣食焉，得委积足以掩其口，则扬扬如也；随其长子，事其便辟^7，举其上客，僔然若终身之虏而不敢有他志，是俗儒者也。

法后王，一制度，隆礼义而杀诗书；其言行已有大法矣，然而明不能齐法教之所不及⑧，闻见之所未至，则知不能类也；知之曰知之，不知曰不知，内不自以诬，外不自以欺，以是尊贤畏法，而不敢怠傲，是雅儒者也。

法后王，统礼义，一制度，以浅持博，以今持古，以一持万，苟仁义之类也，虽在鸟兽之中，若别白黑；倚物怪变，所未尝闻也，所未尝见也，卒然起一方，则举统类而应之，无所疑诈，张法而度之，则晻然若合符节，是大儒者也。

故人主用俗人，则万乘之国亡；用俗儒，则万乘之国存；用雅儒，则千乘之国安；用大儒，则百里之地久，而后三年，天下为一，诸侯为臣；用万乘之国，则举错而定，一朝而伯。

④缪（miù）：通"谬"。

⑤伪：通"为"。

⑥者：犹"之"。

⑦便嬖：通"便壁"，君主左右的宠信小臣

⑧齐：通"济"，补救。

教：教令，诸侯的命令。

【译文】

所以，有庸俗的人，有庸俗的儒者，有高雅的儒者，有伟大的儒者。

不学习知识，不讲求正义，把求取财富利益当作自己的最高目标，这是庸俗的人。

穿着宽大的衣服，束着宽阔的腰带，戴着中间高起的帽子，粗略地效法古代圣明的帝王，实际上只能扰乱当时的社会秩序；学说荒谬，论述杂乱，不懂得效法后代的帝王去统一制度，不懂得把礼义置于最高地位而轻视诗书的作用；他的穿戴行为已经与社会上的流俗相同了，但还不知道厌恶它；他的言谈议论已经和墨子没有什么两样了，但是他的智慧却不能分辨儒家和墨家的分界；他称道古代圣王来欺骗愚昧的人而向他们求取衣食，得到别人的一点赏赐够用来糊口，就得意洋洋了；跟随君主的太子，侍奉君主的宠信小臣，吹捧他们的贵客，心甘情愿好像是终身没入官府的奴隶而不敢有其他的志愿。这是庸俗的儒者。

效法后代的帝王来统一制度，推崇礼义而轻视诗书的作用；他的言论和行为基本符合法规了，但是他的智慧却不能补救礼法教育没有涉及的地方，自己没有听见、看见的地方还不能触类旁通；懂就说懂，不懂就说不懂，对内不自欺，对外不欺人，根据这种观念而尊重贤人、畏惧法令、不敢懈怠傲慢。这是雅正的儒者。

效法古代的圣明帝王，以礼义为纲领而统一制度，根据浅近的知识推测博大精深的知识，根据古代的情况把握现在的情况，根据一件事物把握上万件事物；如果是合乎仁义的事情，即使存在于鸟兽之中，也能像辨别黑白一样把它辨认出来；奇特的事物、怪异的变化，虽然从来没有听闻过，从来没有看到过，突然在某一地方发生，也能应付自如而没有迟疑和惭愧的表现，用礼仪法度来衡量它，还是完全一致，就像合乎符节一样。这是大儒。

所以，君主如果任用庸俗的人，那么万乘之国也会灭亡。如果任用了庸俗的儒者，那么万乘之国仅能保存。如果任用了雅正的儒者，那么就是拥有千辆兵车的小国也能安定。如果任用了伟大的儒者，那么即使只有百里见方的国土也能长久，三年之后，天下就能够统一，诸侯就会成为臣属；如果是治理万乘之国，那么一采取措施就能平定天下，一日之间就能称霸天下。

【注释】

①毫厘：古代长度单位，十丝为一毫，十毫为一厘，十厘为一分，十分为一寸。"毫厘"比喻微小的数量。

②已：止。

③识（zhì）：记住。

【原文】

不闻不若闻之，闻之不若见之，见之不若知之，知之不若行之。学至于行之而止矣。行之，明也，明之为圣人。圣人也者，本仁义，当是非，齐言行，不失毫厘^①，无他道焉，已乎行之矣^②。故闻之而不见，虽博必谬；见之而不知，虽识必妄^③；知之而不行，虽敦必困。不闻不见，则虽当，非仁也，其道百举而百陷也。

【译文】

没有听到不如听到，听到不如见到，见到不如知道，知道不如付诸实践。学习到了付诸实践也就到头了。付诸实践，才能明白事理，明白了事理就是圣人。圣人这种人，以仁义为根本，能恰当地判断是非，能使言行保持一致而不差丝毫，这并没有其他的原因，就在于他能把学到的东西付诸行动罢了。所以听到了而没有见到，即使听到了很多，也必然有谬误；见到了而不理解，即使记住了，也必然虚妄；理解了而不付诸实践，即使知识丰富，也必然会陷入困惑。不去聆听教诲，不去实际考察，即使偶尔做对了，也不算是仁德，这种办法运用一百次会失败一百次。

【原文】

故人无师无法而知，则必为盗；勇，则必为贼；云能^1，则必为乱；察，则必为怪；辩，则必为诞。人有师有法而知，则速通^2，勇，则速畏；云能，则速成；察，则速尽；辩，则速论^3。故有师法者，人之大宝也；无师法者，人之大殃也。

【注释】

①云：有。

②速通：很快地通达显赫。

③论：论定。这里指决断疑难。

【译文】

所以，人要是没有老师、不懂法度，如果有智慧，就一定会偷窃；如果勇敢，就一定会抢劫；如果有才能，就一定会作乱；如果明察，就一定会搞奇谈怪论；如果善辩，就一定会大言欺诈。人要是有了老师、懂了法度，如果有智慧，就会很快通达事理；如果勇敢，就会很快变得威武；如果有才能，就会很快成功；如果明察，就能很快理解一切；如果善辩，就能很快论断是非。所以有老师、懂法度，是人们的一大宝物；没有老师、不懂法度，是人们的一大祸害。

【原文】

人无师法，则隆性矣；有师法，则隆积矣；而师法者，所得乎情^1，非所受乎性，不足以独立而治^2。性也者，吾所不能为也，然而可化也；积也者，非吾所有也，然而可为也。注错习俗，所以化性也；并一而不二，所以成积也。习俗移志，安久移质。并一而不二，则通于神明，参于天地矣。

【注释】

①情：指合乎礼义的高尚情操。

②不足以独立而治：指老师、法度不可能自我完善，也得依靠礼义来完善自己。

【译文】

人要是没有老师的教育，不懂法度，就会任性胡为；有了老师的教育，懂了法度，就会注重后天学习的积累；而老师、法度，是从后天的学习中得来的，并不是由先天的本性得来的，所以也不能够独立地得到完善。本性，是我们所不能选择的，却可以通过教育来改变；学习的积累，不是我们形成的，却可以通过后天加以造就。人的生活方式以及习惯风俗，是可以改变本性的；专心致志地学习而不三心二意，是用来形成知识积累的。风俗习惯能改变人的思想，保持一种习俗的时间长了就会改变人的本质；学习时专心致志而不三心二意，就能通于神明，与天地相并存了。

【原文】

故积土而为山，积水而为海，且暮积谓之岁，至高谓之天，至下谓之地，宇中六指谓之极^1，涂之人百姓^2，积善而全尽谓之圣人。彼求之而后得，为之而后成，积之而后高，尽之而后圣。故圣人也者，人之所积也。人积耨耕而为农夫，积斫削而为工匠，积反货而为商贾^3，积礼义而为君子。工匠之子莫不继事，而都国之民安习其服。居楚而楚，居越而越，居夏而夏，是非天性也，积靡使然也^4。

【注释】

①宇：空间。指：指向，延伸。

②涂：通"途"。

③反：通"贩"。

④靡（mó）：通"摩"、"磨"，接触，磨炼，指受外力的影响。

【译文】

所以，堆积泥土就能成为山，积聚水流就能汇集成大海，一朝一夕积累起来就叫做年，最高的叫做天，最低的叫做地，空间之中朝六个方向延伸到最后叫做极，路上的普通老百姓积累善行而达到了尽善尽美的程度就叫做圣人。这些都是努力追求以后才得到的结果，努力做了以后才成功的，不断积累以后才高超的，尽善尽美以后才圣明的。所以圣人，实际上是普通人德行的积累罢了。人积累了锄草耕地的本领就成为农夫，积累了砍削的技巧就成为工匠，积累了贩卖货物的经验就成为商人，积累了符合礼义的德行就成为君子。工匠的儿子无不继承父亲的事业，而国都里的居民都安心习惯于本地的习俗，居住在楚国就像楚国人一样生活，居住在越国就像越国人一样生活，居住在中原各国就像中原各国的人一样生活。这不是天生的本性，而是后天的学习和感染使他们这样的。

【注释】

【原文】

故人知谨注错^1，慎习俗，大积靡，则为君子矣；纵性情而不足问学，则为小人矣。为君子则常安荣矣，为小人则常危辱矣。凡人莫不欲安荣而恶危辱，故唯君子为能得其所好，小人则日徼其所恶^2。《诗》曰："维此良人，弗求弗迪^3；唯彼忍心，是顾是复。民之贪乱，宁为荼毒？"此之谓也。

①故：通"顾"，但是。

②徼（yāo）：通"邀"，求取，招致。

③迪：进用，任用。

【译文】

所以，人懂得行为举止谨慎，认真地对待风俗习惯，加强德行的积累和感染，就成为君子了；如果放纵本性而不重视学习，就成为小人了。成为君子，就会得到永久的安宁与光荣了；成为小人，就会遇到永远的危险和耻辱了。所有人没有不希望安宁、光荣而厌恶危险、耻辱的，但是只有君子才能得到他所喜欢的，小人却是天天在招致他所厌恶的。《诗经》上说："这些贤良之人，不访求也不进用；那些狠心残忍者，你却照顾又看重。民众一心想作乱，怎么甘愿被残害？"说的就是这个道理。

【原文】

人论^1：志不免于曲私，而冀人之以己为公也；行不免于污漫，而冀人之以己为修也；甚愚陋沟瞀^2，而冀人之以己为知也：是众人也。志忍私然后能公，行忍情性然后能修，知而好问然后能才，公、修而才，可谓小儒矣。志安公，行安修，知通统类：如是则可谓大儒矣。大儒者，天子三公也^3。小儒者，诸侯大夫士也^4；众人者，工农商贾也。礼者，人主之所以为群臣寸、尺、寻、丈检式也^5。人伦尽矣。

【注释】

①论：通"伦"，类。

②沟瞀：通"构惑"，愚昧无知。

③三公：辅助君主掌握军政大权的最高官员，各个朝代名称不同，周朝的三公为大师、大傅、大保。

④士：官名，有上士、中士、下士三等，其位次于大夫。

⑤检、式：都是法度、准则的意思。

【译文】

人的类别及等级分为：思想没有脱离私心杂念，却希望别人认为自己大公无私；行为没有脱离污秽肮脏，却希望别人认为自己品行美好；极其愚昧浅陋，却希望别人认为自己聪慧明智。这样的人是一般的民众。思想上克制了私心，然后才能大公无私；行动上抑制了邪恶的本性，然后才能品行美好；聪明而又喜欢请教他人，然后才能多才多艺。去私为公、行为美好又有才干，可以称为小儒了。思想上习惯于公正无私，行动上习惯于善良，智慧能够精通礼仪，像这样的就是大儒了。大儒，可以担任天子的三公；小儒，可以当诸侯的大夫或士；民众，只能当工匠、农夫、商人。礼仪，是君主用来鉴定群臣等级的标准，人的关系伦常也就在其中了。

【原文】

君子言有坛宇^1，行有防表^2，道有一隆。言道德之求^3，不下于安存：言志意之求，不下于士；言道德之求，不二后王。道过三代谓之荡，法二后王谓之不雅。高之、下之、小之、巨之，不外是矣，是君子之所以骋志意于坛宇、宫廷也^4。故诸侯问政，不及安存，则不告也；匹夫问学，不及为士，则不教也；百家之说，不及后王，则不听也：夫是谓君子言有坛宇，行有防表也。

【注释】

①坛：殿堂的基础。宇：屋檐。坛宇：引申指界限。

②防：提防，引申指限度。表：标志、标准。

③道德：当作"政治"。

④骋：尽情施展，充分活动。

【译文】

君子说话有一定的界限，行动有一定的标准，主张有一定的重点。说到政治的要求，不低于使国家得以安定和生存；说到思想的要求，不低于做一个有德才的士大夫；说到道德的要求，是不背离当代的帝王。治国之道超过了夏、商、周三代便叫做渺茫不可信，法度背离了当代的帝王便叫做不正。使自己的主张或高、或低、或小、或大，都不超越这个范围，君子是在这个范围内发挥和阐述自己的思想的。所以诸侯询问政治，如果不涉及如何使国家安定而存在下去，就不告诉他；一般人来求学，如果不涉及如何做一个有德才的学士，就不教他；各家的学说，如果不涉及当代的帝王，就不用听它。这就叫做君子说话有一定的界限、行动有一定的标准。

王 制

【原文】

请问为政？曰：贤能不待次而举，罢不能不待须而废^1，元恶不待教而诛，中庸不待政而化。分未定也则有昭缪。虽王公士大夫之子孙也，不能属于礼义^2，则归之庶人。虽庶人之子孙也，积文学，正身行，能属于礼义，则归之卿相士大夫。故奸言、奸说、奸事、奸能、遁逃反侧之民，职而教之，须而待之，勉之以庆赏，惩之以刑罚，安职则畜，不安职则弃。五疾^3，上收而养之，材而事之，官施而衣食之^4，兼覆无遗。才行反时者死无赦。夫是之谓天德，是王者之政也。

【译文】

请问怎样从事政治？回答：对于有德才的人，不依级别次序而破格提拔；对于无德无能的人，不用等待马上罢免；对于罪魁祸首，不需教育而马上诛杀；对于普通民众，不靠行政手段而进行教育感化。在名分还没有确定的时候，就应该像宗庙有昭穆那样来排列臣民的等级次序。即使是帝王公侯士大夫的子孙，如果不能遵循礼义，就把他们归入平民。即使是平民的子孙，如果积累了古代文献经典方面的知识，品行端正，能遵循礼义，就把他们归入卿相士大夫。对于那些散布邪恶的言论、鼓吹邪恶的学说、做邪恶的事情、有邪恶的才能、逃亡流窜、不守本分的人，就安排强制性的工作并教育他们，静待他们转变；用奖赏的方式去激励他们、用刑罚去惩处他们；安心工作的就留用，不安心工作的就流放出去。对患有五种残疾的人，政府应当收养他们，根据他们的才能来安排适当的工作，根据才能任用并供给他们吃穿，全部加以照顾而不遗漏。对那些用才能和行为来反对现行制度的人，坚决处死，绝不赦免。这叫做天德，是圣王的政治。

【注释】

①罢（pí）：通"疲"，疲乏，没有德才。须：须臾，一会儿。

②属（zhǔ）：系结，归附。

③五疾：五种残疾，即哑、聋、瘸、骨折、身材异常矮小。

④官：职事。施：施设，安排。衣（yì）：给……穿。食（sì）：给……吃。

荀 子

【注释】

①假：宽容。道：由，从。

②遂：通"坠"，失落。

③锋：通"蜂"。

【原文】

听政之大分：以善至者待之以礼，以不善至者待之以刑。两者分别，则贤不肖不杂，是非不乱。贤不肖不杂则英杰至，是非不乱则国家治。若是，名声日闻，天下愿，令行禁止，王者之事毕矣。凡听：威严猛厉，而不好假道人^1，则下畏恐而不亲，周闭而不竭；若是，则大事殆乎弛，小事殆乎遂^2。和解调通，好假道人，而无所凝止之，则奸言并至，尝试之说锋起^3。若是，则听大事烦，是又伤之也。

【译文】

在朝廷上听取奏报处理政事的要领是：对那些带着好的建议而来的人，就以礼相待；对那些怀着恶意而来的人，就用刑罚对待他。把这两种情况区别开来对待，那么有德才的人和没有德才的人就不会混杂在一起，是非也就不会混淆。有德才的人和没有德才的人不混杂，那么英雄豪杰就会到来；是非不混淆，那么国家就能得到治理。像这样做下去，名声就会一天天传扬出去，天下的人就会仰慕向往，就能做到有令必行、有禁必止，这样，圣王的事业也就完成了。凡是在处理政事的时候，威严凶猛而不喜欢宽容地善待别人，那么臣下就会害怕恐惧而不敢亲近，就会隐瞒真相而不把心里话全部说出来；像这样做下去，那么大事恐怕会废弛，小事也会落空。如果一味随和，喜欢宽容地顺从别人而漫无限度，那么奸邪的言论就会纷至沓来，试探性的谈说就会蜂拥而起；像这样下去，那么听到的事情就会细小烦琐而政事也就繁多了，这就又对处理政事有害了。

【注释】

①故：犹"夫"，发语词。

②队：通"坠"。

③职：当是"听"字之误。

【原文】

故法而不议^1，则法之所不至者必废。职而不通，则职之所不及者必队^2。故法而议，职而通^3，无隐谋，无遗善，而百事无过，非君子莫能。故公平者，听之衡也^4，中和者^5，听之绳也。其有法者以法行，无法者以类举，听之尽也。偏党而无经，听之辟也。故有良法而乱者，有之矣；有君子而乱者，自古及今，未尝闻也。传曰："治生乎君子，乱生乎小人。"此之谓也。

④衡：秤，引申指准则。

⑤中和：适中和谐，指处理政事时宽严适中，有适当的分寸。

【译文】

所以，制定了法律而不听取臣下的意见，那么法律没有涉及的事情就一定会出差错。规定了各级官吏的职权范围而不彼此沟通，那么职权范围涉及不到的地方就必然会落空。所以，制定了法律而又依靠臣下的讨论研究，规定了各级官吏的职权范围而又彼此沟通，那就不会有隐藏的图谋，不会有没发现的善行，而各种工作也就不会有失误了，不是君子是不能做到这样的。公平，是处理政事的准则；宽严适中，是处理政事的准绳。那些有法律依据的就按照法律来办理，没有法律条文可遵循的就按照类推的办法来办理，这就可以使政事得到全面的处理。偏颇而没有原则，政事就难免处理得不公正。所以，有了良好的法制仍然可能产生动乱；但有了德才兼备的君子而国家动乱的，从古到今，还不曾听说过。古书上说："国家的安定产生于君子，国家的动乱来源于小人。"说的就是这种情况。

【原文】

分均则不偏^1，势齐则不壹，众齐则不使。有天有地而上下有差；明王始立而处国有制。夫两贵之不能相事，两贱之不能相使，是天数也。势位齐，而欲恶同，物不能澹则必争^2，则必乱，乱则穷矣。先王恶其乱也，故制礼义以分之，使有贫、富、贵、贱之等，足以相兼临者^3，是养天下之本也^4。《书》曰："维齐非齐。"此之谓也。

【注释】

①偏：部属。这里用作动词，表示"使……成为部属"，即统率、指挥对方的意思。

②澹：通"赡(shàn)"，满足。

③相：单指"兼临"的对象，这里指被统治者。

④养：养育，引申指统治。

【译文】

名分相等了就谁也不能统率谁，势位权力相等了就谁也不能归属谁，众人平等了就谁也不能役使谁。自从有了天有了地，就有了上和下的差别；英明的帝王一登上王位，治理国家就有了一定的等级制度。两个同样高贵的人不能互相侍奉，两个同样卑贱的人不能互相役使，这是合乎自然的道理。如果人们的权势地位相等，而爱好与厌恶又相同，那么由于财物不能满足需要，就一定会发生争夺；一发生争夺就一定会混乱，社会混乱就会陷于困境了。古代的圣王痛恨这种混乱，所以制定了礼义来使他们有所分别，使人们有贫穷与富裕、高贵与卑贱的差别，使自己能够凭借这些来全面统治他们，这是统治天下的根本原则。《尚书》上说："要全社会统一意志就不能让人人都平等。"说的就是这个道理。

【注释】

①弟（tì）：同"悌"。

②大节：关系存亡安危的大事，重要关键。

③无：通"毋"，不要的意思。无观其余：是因为已经可以断定这君主属于下等。

【原文】

马骇舆，则君子不安舆；庶人骇政，则君子不安位。马骇舆，则莫若静之；庶人骇政，则莫若惠之。选贤良，举笃敬，兴孝弟^1，收孤寡，补贫穷，如是，则庶人安政矣。庶人安政，然后君子安位。传曰："君者，舟也；庶人者，水也；水则载舟，水则覆舟。"此之谓也。故君人者欲安，则莫若平政爱民矣；欲荣，则莫若隆礼敬士矣；欲立功名，则莫若尚贤使能矣；是君人之大节也^2。三节者当，则其余莫不当矣。三节者不当，则其余虽曲当，犹将无益也。孔子曰："大节是也，小节是也，上君也。大节是也，小节一出焉，一人焉，中君也。大节非也，小节虽是也，吾无观其余矣^3。"

【译文】

马在拉车时受惊了狂奔，君子就不能稳坐车中；老百姓在政治上受惊了，君子就不能稳坐江山。马在拉车时受惊了，那就没有比使它安静下来更好的了；老百姓在政治上不满，那就没有比给他们恩惠更好的了。选用有贤能的人，提拔忠厚恭谨的人，提倡孝顺父母、敬爱兄长，收养孤儿寡妇，救助贫穷的人，像这样做，老百姓就会安于政治了。老百姓安于政治，这样以后君子才能安居上位。古书上说："君主，好比是船；百姓，好比是水。水能载船，水也能使船倾翻。"说的就是这个道理。所以，统治人民的君主，要想政治安定，就没有比实行好政策、爱护人民更好的了；要想得到荣耀，就没有比尊崇礼义、敬重文人更好的了；要想建立功业和名望，就没有比推崇贤人、使用能人更好的了。

这些是当君主的关键。这三个关键都做得恰当，那么其余的就没有什么值得忧虑的了。这三个关键做得不恰当，那么其余的即使处处恰当，还是于事无补。孔子说："大节对，小节也对，这是上等的君主。大节对，小节有些出入，这是中等的君主。大节错了，小节即使对，我也不用再看其余的了。"

【原文】

成侯、嗣公聚敛计数之君也^1，未及取民也；子产取民者也^2，未及为政也；管仲为政者也，未及修礼也。故修礼者王，为政者强，取民者安，聚敛者亡。故王者富民^3，霸者富士，仅存之国富大夫，亡国富箧篓，实府库。箧篓已富，府库已实，而百姓贫，夫是之谓上溢而下漏；入不可以守，出不可以战，则倾覆灭亡可立而待也。故我聚之以亡，敌得之以强。聚敛者，召寇、肥敌、亡国、危身之道也，故明君不蹈也。

【注释】

①成侯：战国时卫国国君。嗣公：即卫嗣君。

②子产：姓公孙，名侨，字子产，春秋时郑国政治家。

③故：犹"夫"，发语词。

【译文】

卫成侯、卫嗣公，是善于搜刮民财、精打细算的国君，没能得到民心；子产是取得民心的人，却没能处理好政事；管仲是善于从理政事的人，但没能遵循礼义。遵循礼义的能成就帝王大业，善于处理政事的能使国家强大，取得民心的能使国家安定，搜刮民财的会使国家灭亡。称王天下的君主使臣民富足，称霸诸侯的君主使战士富足，勉强生存的国家使大夫富足，亡国的君主只是富了自己的箱子、充实了政府的仓库。自己的箱子已装满了，仓库已充实了，而老百姓则贫困了，这就好像上面漫出来而下面漏得精光。这样的国家，内不能防守国土，外不能抵御强敌，它的垮台灭亡简直指日可待了。所以，自己搜刮民财以致灭亡，敌人得到这些财物因而富强。搜刮民财，实是招致贼寇、养肥敌人、灭亡本国、危害自身的绝路，所以贤明的君主是不走这条路的。

【原文】

王夺之人^1，霸夺之与^2，强夺之地。夺之人者臣诸侯^3，夺

【注释】

①之：指代他国。可

以看作为同接宾语，也可以解为"其"。

②与：指友邻国家。

③臣：使……为臣。

之与者友诸侯，夺之地者敌诸侯。臣诸侯者王，友诸侯者霸，敌诸侯者危。

【译文】

王者争夺民心，霸主争夺同盟国，好战的强国争夺土地。争夺民心的王者可以使诸侯成为自己的臣子，争夺同盟国的霸者可以使诸侯成为自己的朋友，争夺土地的强国就会使诸侯成为自己的敌人。使诸侯臣服的能称王天下，同诸侯友好的能称霸诸侯，和诸侯为敌的就危险了。

【注释】

①怀交：相互结交。接怨：指心怀怨恨的诸侯国相互联合。

②承：通"乘"，趁。敝：疲惫，衰败。

③殆：危险。

【原文】

用强者，人之城守，人之出战，而我以力胜之也，则伤人之民必甚矣。伤人之民甚，则人之民必恶我甚矣。人之民恶我甚，则日欲与我斗。人之城守，人之出战，而我以力胜之，则伤吾民必甚矣。伤吾民甚，则吾民之恶我必甚矣。吾民之恶我甚，则日不欲为我斗。人之民日欲与我斗，吾民日不欲为我斗，是强者之所以反弱也。地来而民去，累多而功少，虽守者益，所以守者损，是以大者之所以反削也。诸侯莫不怀交接怨而不忘其敌^1，伺强大之间，承强大之敝^2，此强大之殆时也^3。

【译文】

逞强黩武的君主，别国或者据城守卫，或者出城迎战，而即使自己用武力去战胜了他们，那么伤害别国的民众一定很厉害。伤害别国的民众很厉害，那么别国的民众对自己的怨恨也必然很厉害。别国的民众怨恨自己很厉害，那就会天天想和自己战斗。别国或者据城守卫，或者出城迎战，而自己用武力去战胜他们，那么伤害自己的民众必然很厉害。伤害自己的民众很厉害，那么自己的民众对自己的怨恨也必然很厉害。自己的民众怨恨自己很厉害，那就天天不想为自己战斗。别国的民众天天想和自己战斗，而自己的民众天天不想为自己战斗，这就是强国反而变弱的原因。土地夺来了而民众离心离德了，忧患很多而功劳很少，虽然需要守卫的土地增加了，而用来守卫土地的民众却减少了，这就是大国反而被割削的原因。诸侯无不互相结交、连结那些对强国心怀怨恨的国家而不忘记他们的敌人，他们窥伺强国的可趁之际，趁着强大之国的困顿来进攻，这就是强大之国的危险时候了。

【原文】

知强大者不务强也，虑以王命全其力^1，凝其德^2。力全则诸侯不能弱也，德凝则诸侯不能削也，天下无王霸主，则常胜矣。是知强道者也。

【注释】

①虑：考虑，打算。

②凝：凝聚，巩固。引申为完成。

【译文】

懂得强国之道的君主不会逞强黩武，而是考虑用天子的命令来保全自己的实力、积聚自己的威望。实力保全了，那么各国诸侯就不能使他衰弱了；威望积聚了，那么各国诸侯就不能削弱他了；天下如果没有能成就王业、霸业的君主，那么他就能立于不败之地了。这是懂得强国之道的君主。

【原文】

彼霸者则不然，辟田野，实仓廪，便备用^1，案谨募选阅材伎之士^2，然后渐庆赏以先之^3，严刑罚以纠之。存亡继绝^4，卫弱禁暴，而无兼并之心，则诸侯亲之矣。修友敌之道，以敬接诸侯，则诸侯说之矣^5。

所以亲之者，以不并也；并之见，则诸侯疏矣。所以说之者，以友敌也；臣之见，则诸侯离矣。故明其不并之行，信其友敌之道，天下无王霸主，则常胜矣。是知霸道者也。

【注释】

①便：改进。备用：设备器用。

②案：语助词。阅：容纳。材：通"才"。伎：同"技"。

③渐（jiān）：加重。先：引导。

④继绝："继绝世"的省称，使断绝了的后代继承关系得以继续，指让亡国之君的后代继续祭祀其祖先，使其香火不断。

【译文】

那些奉行霸道的君主就不是这样。他开垦田野荒地，充实粮仓，加强军备，并且严格谨慎地招募、选择、接纳有才能、有技艺的士人，之后加重奖赏来诱导他们，加重刑罚来纠正他们；他保存将要灭亡的国家，延续已经灭绝的国家，让其后代能够延续

90 | 荀 子

⑤说（yuè）：通"悦"。

⑥见（xiàn）：同"现"。

香火，保护弱小的国家，制止残暴的国家，但是并没有吞并他国的野心，那么各国诸侯就会乐意亲近他了。他与别的国家搞好关系，对别国采取恭敬的态度，那么诸侯就喜欢他了。

各国诸侯之所以亲近他，是因为他不吞并别国；一旦吞并别国的野心暴露出来，那么各国诸侯就会疏远他了。各国诸侯之所以喜欢他，是因为他和别的国家非常友好；一旦暴露出来征服别国的意图，那么各国诸侯就会背离他了。所以，表明自己不会有吞并别国的行为，信守自己和别的国家友好相处的原则，天下如果没有成就王业的君主，这奉行霸道的君主就能立于不败之地了。这是懂得称霸之道的君主。

【原文】

闵王毁于五国^1，桓公劫于鲁庄，无它故焉，非其道而虑之以王也^2。

【注释】

①闵王：齐闵王，战国时齐国国君。

②其道：指王天下之道，即统一天下的道。

【译文】

齐闵王时的齐国被燕、秦、魏、韩、赵五国联军摧毁，齐桓公被鲁庄公的臣子劫持，这没有其他的缘故，就是因为他们实行的不是王道却想靠它来称王。

【注释】

①眇：高。

②三具：指上文所述或强、或霸、或王的条件。

【原文】

彼王者不然，仁眇天下^1，义眇天下，威眇天下。仁眇天下，故天下莫不亲也。义眇天下，故天下莫不贵也。威眇天下，故天下莫敢敌也。以不敢之威，辅服人之道，故不战而胜，不攻而得，甲兵不劳而天下服，是知王道者也。知此三具者^2，欲王而王，欲霸而霸，欲强而强矣。

【译文】

那些奉行王道的君主就不是这样。他的仁爱高于天下各国，道义高于天下各国，威势高于天下各国。仁爱高于天下各国，所以天下没有谁不亲近他。道义高于天下各国，所以天下没有谁不尊重他。威势高于天下各国，所以天下没有谁敢与他为敌。他拿不可抵挡的威势去辅助使人心悦诚服的仁义之道，所以不战而胜，不攻而得，不费一兵一卒天下就归服了，这是懂得称王之道的君主。哪个君主如果懂得了上述或王、或霸、或强的条件，他就可以想要称王就称王，想称霸就称霸，想强大就强大。

【原文】

王者之人^①，饰动以礼义^②，听断以类，明振毫末，举措应变而不穷，夫是之谓有原。是王者之人也。

【注释】

①人：指辅佐大臣。

②饰：通"饬"，整治，端正。

【译文】

奉行王道而成就王业的君主所拥有的辅佐大臣：能用礼义来端正自己的行动，按照法度来处理决断政事，明察得能发现毫毛末端般的细微小事，能随各种变化而采取相应的措施，不会穷于应付。这叫做掌握了根本。这就是奉行王道的君主所拥有的辅佐大臣。

【原文】

王者之制：道不过三代，法不二后王；道过三代谓之荡，法二后王谓之不雅。衣服有制，宫室有度，人徒有数，丧祭械用皆有等宜^①。声，则凡非雅声者举废；色，则凡非旧文者举息^②；械用，则凡非旧器者举毁^③。夫是之谓复古，是王者之制也。

【注释】

①宜：通"仪"，法度，标准。

②旧：指夏、商、周三代的旧制。

③旧器：指珍奇玩物之类。

【译文】

奉行王道的君主所实行的制度：奉行的政治原则不超出夏、商、周三代，实行的法度不背离当代的帝王。政治原则古得超过了三代便叫做荒诞，法度背离了当代的帝王便叫做不正。不同等级的人衣服各有规格，住房各有标准，随从人员各有一定的数目，丧葬祭祀用的器具各有相称的规定。音乐，凡是不合乎正声雅乐的全部废除；色彩，凡是不合乎原色文彩的全部禁止；器具，凡是不同于原来器具的全部毁掉。这叫做复古。这就是奉行王道的君主所实行的制度。

荀 子

【注释】

①论：审察及处理。

②愿：通"僞"，狡诈。

③幽：暗中。

【原文】

王者之论^1，无德不贵，无能不官，无功不赏，无罪不罚。朝无幸位，民无幸生。尚贤使能，而等位不遗；折愿禁悍^2，而刑罚不过。百姓晓然皆知夫为善于家而取赏于朝也。为不善于幽而蒙刑于显也^3。夫是之谓定论，是王者之论也。

【译文】

奉行王道的君主对臣民的审察处理：没有德行的不让他显贵，没有才能的不让他当官，没有功劳的不给奖赏，没有罪过的不加处罚。朝廷上没有无德无功而侥幸获得官位的，百姓中没有游手好闲而侥幸获得生存的。崇尚贤德，任用才能，授予的等级地位各与德才相当而没有疏失；制裁狡诈，禁止凶暴，施加的刑罚各与罪行相当而不过分。老百姓都明明白白地知道：即使在家里行善修德，也能在朝廷上取得奖赏；即使在暗地里为非作歹，也会在光天化日之下受到惩处。这叫做确定不变的审处。这就是奉行王道的君主对臣民的审察处理。

【注释】

①等：使……有等级。

②政：通"正"，治。

③几：通"讥"，检查，查看。

④衰（cuī）：差异。政：通"征"。

⑤理：分别。

⑥归（kuì）：通"馈"，供给。移：运输。

⑦无：犹"虽"。

【原文】

王者之法，等赋^1，政事^2，财万物，所以养万民也。田野什一，关市几而不征^3，山林泽梁，以时禁发而不税。相地而衰政^4，理道之远近而致贡^5，通流财物粟米，无有滞留，使相归移也^6，四海之内若一家，故近者不隐其能，远者不疾其劳，无幽闲隐僻之国^7，莫不趋使而安乐之。夫是之谓人师。是王者之法也。

【译文】

奉行王道的君主的法度：规定好赋税等级，管理好民众事务，管理好万物，这是用来养育亿万民众的。对于农田，按收入的十分之一征税；对于关卡和集市，进行检查而不征税；对于山林湖堤，按时封闭和开放而不收税。考察土地的肥瘠来分别征税，区别道路的远近来收取贡品。使财物、粮米流通，没有滞留积压；使各地互通有无来供给对方，四海之内就像一家人一样。所以近处的人不隐藏自己的才能，远处的人不厌恶奔走的劳苦，即使是幽远偏僻的国家，也无不乐于前来归附而听从役使。这种君主可以叫做人民的师表。这就是奉行王道的君主所实行的法度。

【原文】

北海则有走马吠犬焉^1，然而中国得而畜使之。南海则有羽翮、齿革、曾青、丹干焉^2，然而中国得而财之^3。东海则有紫绁、鱼盐焉^4，然而中国得而衣食之。西海则有皮革、文旄焉，然而中国得而用之。故泽人足乎木，山人足乎鱼，农夫不斫削、不陶冶而足械用，工贾不耕田而足畜粟。故虎豹为猛矣，然君子剥而用之。故天之所覆，地之所载，莫不尽其美，致其用^5，上以饰贤良^6，下以养百姓而安乐之^7。夫是之谓大神^8。《诗》曰："天作高山，大王荒之；彼作矣，文王康之。"此之谓也。

【注释】

①北海：特指北方边远地区。

②曾（céng）青：矿产品，是铜的化合物，色青，可供绘画及熔化黄金，产于四川西昌一带。丹干：同"丹矸"，朱砂，又叫丹砂，即硫化汞。

③财：通"裁"，指根据情况安排使用。

④绁："絺"字之误。絺（xī）：粗葛布。

⑤致：极，尽。

⑥饰：装饰，指装饰车服。

⑦养：供养，指供给衣食。

⑧神：治。

【译文】

北海有善于奔走的马和善于吠叫的狗，而中原各国可以得到并畜养役使它们。南海有羽毛、象牙、犀牛皮、曾青、朱砂，而中原各国可以得到并使用它们。东海有紫色的粗麻布、鱼、盐，而中原各国可以得到并穿着、食用它们。西海有皮革和色彩斑斓的牦牛尾，而中原各国可以得到并使用它们。所以湖边打鱼的人会有足够的木材，山上伐木的人会有足够的鲜鱼；农民不砍削、不烧窑冶炼而有足够的器具，工匠、商人不种地而有足够的粮食。虎、豹要算是凶猛的了，但是君子能够剥下它们的皮来使用。所以苍天所覆盖的，大地所承载的，没有什么东西不充分发挥它们的优点、竭尽它们的效用，上用来装饰贤良的人、下用来养活老百姓使他们都安乐。这叫做大治。《诗经》上说："天生高大的岐山，太王使它大发展；太王已经造此都，文王使它长平安。"说的就是这个意思。

【原文】

以类行杂^1，以一行万^2：始则终，终则始，若环之无端也，

【注释】

①类：同一类事物的

法则，即同类事物所共有的规律。这里用作复数。行：做，治理。

②一：指统括一切之道，此文指礼义。

③与夺：给予、剥夺，指赏罚。

舍是而天下以衰矣。天地者，生之始也；礼义者，治之始也；君子者，礼义之始也。为之，贯之，积重之，致好之者，君子之始也。故天地生君子，君子理天地。

君子者，天地之参也，万物之总也，民之父母也。无君子，则天地不理，礼义无统，上无君师，下无父子，夫是之谓至乱。君臣、父子、兄弟、夫妇，始则终，终则始，与天地同理，与万世同久，夫是之谓大本。故丧祭、朝聘、师旅一也。贵贱、杀生、与夺一也^{③}。君君、臣臣、父父、子子、兄兄、弟弟一也。农农、士士、工工、商商一也。

[译文]

用各类事物的法则去治理各种纷繁复杂的事务，用统括一切的法则去治万事万物，从始到终，周而复始，就像圆环一样无始无终。如果舍弃了这个原则，那么天下就要衰微了。天地，是生命的本源；礼义，是天下大治的本源；君子，是礼义的本源。学习研究礼义，熟悉贯通礼义，积累增多礼义方面的知识，极其爱好礼义，这是做君子的开始。所以天地生养君子，君子治理天地。

君子，是天地的参赞、万物的总管、人民的父母。没有君子，那么天地就不能治理，礼义就没有头绪，上没有君主、师长的尊严，下没有父子之间的伦理道德，这叫做极其混乱。君臣、父子、兄弟、夫妻之间的伦理关系，从始到终，从终到始，它们与天地有上下之分是同样的道理，与千秋万代同样长久，这叫做最大的根本。所以丧葬祭祀的礼仪、诸侯定期朝见天子的礼仪、军队中的礼仪，其道理是一样的。使人高贵或卑贱、将人处死或赦免、给人奖赏或处罚，其道理是一样的。君主要像个君主、臣子要像个臣子、父亲要像个父亲、儿子要像个儿子、兄长要像个兄长、弟弟要像个弟弟，其道理是一样的。农民要像个农民、读书人要像个读书人、工人要像个工人、商人要像个商人，其道理是一样的。

【原文】

水火有气而无生^1，草木有生而无知，禽兽有知而无义，人有气、有生、有知，亦且有义，故最为天下贵也。力不若牛，走不若马，而牛马为用，何也？曰：人能群，彼不能群也^2。人何以能群？曰：分^3。分何以能行？曰：义。故义以分则和，和则一，一则多力，多力则强，强则胜物；故宫室可得而居也。故序四时^4，裁万物，兼利天下，无它故焉，得之分义也。

【注释】

①气：古代哲学概念，指构成宇宙万物的基因，它是一种物质性的东西。

②群：合群，组织起来的意思。

③分：指等级名分。

④序四时：安排一年四季的活动。

【译文】

水火有气却没有生命，草木有生命却没有知觉，禽兽有知觉却不讲道义；人有气、有生命、有知觉，而且讲究道义，所以人最为天下所尊崇。人的力气不如牛，奔跑不如马，但牛、马却被人役使，为什么呢？就是因为人能结合成社会群体，而它们不能结合成社会群体。人为什么能结合成社会群体？就是因为有等级名分。等级名分为什么能实行？就是因为有道义。所以，根据道义确定了名分，人们就能和睦协调；和睦协调，就能团结一致；团结一致，力量就大；力量大了，就强盛；强盛了，就能战胜外物。正因为如此，人才有可能在房屋中安居。所以，人才能依次排列四季，管理好万事万物，使天下都得到利益，这并没有其他的缘故，而是从名分和道义中得来的。

【原文】

故人生不能无群^1，群而无分则争，争则乱，乱则离，离则弱，弱则不能胜物；故宫室不可得而居也，不可少顷舍礼义之谓也。能以事亲谓之孝，能以事兄谓之弟，能以事上谓之顺，能以使下谓之君。君者，善群也^2。群道当，则万物皆得其宜^3，六畜皆得其长^4，群生皆得其命。故养长时，则六畜育；杀生时，则草木殖。政令时，则百姓一，贤良服。

【注释】

①故：犹"夫"发语词。

②这里以"群"来解释"君"，在训诂学上叫作声训，即以语音相近的字来训释，它往往揭示了词汇之间的同源现象。

③其：指意之所属，即

【译文】

人要正常生活就不能没有社会群体，但结合了社会群体而合乎理想的。

④六畜：六种家畜，即猪、羊、牛、马、鸡、狗。长：抚养。

没有等级名分的限制就会发生争夺，一发生争夺就会产生动乱，一产生动乱就会离心离德，离心离德就会使力量削弱，力量弱了就不能胜过外物，所以也就不能在房屋中安居了，也就是说人不能片刻舍弃礼义。能够按礼义来侍奉父母叫做孝，能够按礼义来侍奉兄长叫做悌，能够按礼义来侍奉君主叫做顺，能够按礼义来役使臣民叫做君。所谓君，就是善于把人组织成社会群体的意思。组织社会群体的原则恰当，那么万物都能得到应有的合宜安排，六畜都能得到应有的生长，一切生物都能得到应有的寿命。所以饲养适时，六畜就生育兴旺；砍伐种植适时，草木就繁殖茂盛；政策法令适时，老百姓就能被统一起来，有德才的人就会乐于为社会服务。

【注释】

①滋：生长。硕：大。

②鼋（yuán）：大鳖，背青黄色，头有疙瘩，俗称癞头鼋。鼍（tuó）：扬子鳄，俗称猪婆龙。别：指离别母体，即生育。

③污池：蓄水的池塘。污，停积不流的水。渊：深水潭。沼：水池。川：河流。泽：湖泊。

【原文】

圣王之制也：草木荣华滋硕之时^1，则斧斤不入山林，不夭其生，不绝其长也。鼋、鼍、鱼、鳖、鳅、鳝、鳣孕别之时^2，罔罟、毒药不入泽，不夭其生，不绝其长也；春耕、夏耘、秋收、冬藏，四者不失时，故五谷不绝，而百姓有余食也；污池渊沼、川泽^3，谨其时禁，故鱼鳖优多，而百姓有余用也；斩伐养长不失其时，故山林不童，而百姓有余材也。

【译文】

圣明帝王的制度是：草木正在开花长大的时候，砍伐的斧头不准进入山林，这是为了使它们的生命不夭折，使它们不断生长；鼋、鼍、鱼、鳖、泥鳅、鳝鱼、鳣鱼等产卵的时候，鱼网、毒药不准投入湖泽，这是为了使它们的生命不夭折，使它们不断生长。春天耕种、夏天锄草、秋天收获、冬天储藏，这四件事都不丧失时机，所以五谷不断地生长而老百姓有多余的粮食；池塘、水潭、河流、湖泊，严格禁止在规定时期内捕捞，所以鱼、鳖丰饶繁多而老百姓有多余的资财；树木的砍伐与培育养护不错过季节，所以山林不会光秃秃而老百姓有多余的木材。

【原文】

圣王之用也：上察于天，下错于地^1，塞备天地之间，加施万物之上；微而明，短而长，狭而广，神明博大以至约^2。故曰：一与一是为人者^3，谓之圣人。

【注释】

①错：通"措"，处置，采取措施。

②以：而。至约：极其简约，指礼义而言。

③一：指统括一切之道，此文指礼义。

【译文】

圣明帝王的作用是：上能明察天时的变化，下能安排好土地的开发；他们的作用充满了天地之间，施加到万物之上；说起来隐微而实际上效用明显，认识的时间短暂而获得的真理长久，生活看起来狭窄而心胸极为广阔；人类文明圣明博大，但本质却又极其简要。所以说：从礼义到礼义，这样做人的，就叫做圣人。

【原文】

序官：宰爵知宾客祭祀飨食牺牲之牢数^1。司徒知百宗城郭立器之数^2。

司马知师旅甲兵乘白之数^3。修宪命，审诗商^4，禁淫声，以时顺修，使夷俗邪音不敢乱雅，大师之事也^5。

修堤梁，通沟浍，行水潦，安水藏，以时决塞；岁虽凶败水旱，使民有所耘艾，司空之事也。

相高下，视肥土尧，序五种，省农功，谨蓄藏，以时顺修，使农夫朴力而寡能，治田之事也。

修火宪，养山林薮泽草木鱼鳖百索，以时禁发，使国家足用而财物不屈，虞师之事也。

顺州里，定廛宅，养六畜，闲树艺，劝教化，趣孝弟，以时顺修，使百姓顺命，安乐处乡，乡师之事也。

论百工，审时事，辨功苦，尚完利，便备用，使雕琢文采不敢专造于家，工师之事也。

相阴阳，占祲兆，钻龟陈卦，主攘择五卜，知其吉凶妖祥，伛巫跛击之事也。

修采清，易道路，谨盗贼，平室律，以时顺修，使宾旅安而货财通，治市之事也。

【注释】

①宰：主管。爵：古代一种酒器，这里泛指饮食器具。知：掌管。飨：用酒食招待人。与"宾客"相应。牢：作祭品用的牛、羊、猪的计量单位。

②司徒：官名，掌管民政工作与教化。

③司马：官名，掌管军队。乘：量词，包括一辆战车、四匹战马、三个甲士、七十二个步兵。白：通"伯"，古代军队的编制，十人为什，百人为伯。

④商：通"章"，乐章。

⑤大师：乐官之长。

折愿禁悍，防淫除邪，戮之以五刑，使暴悍以变，奸邪不作，司寇之事也。

本政教，正法则，兼听而时稽之，度其功劳，论其庆赏，以时慎修，使百吏免尽，而众庶不偷，冢宰之事也。

论礼乐，正身行，广教化，美风俗，兼覆而调一之，辟公之事也。

全道德，致隆高，綦文理，一天下，振毫末，使天下莫不顺比从服，天王之事也。故政事乱，则冢宰之罪也；国家失俗，则辟公之过也；天下不一，诸侯俗反，则天王非其人也。

【译文】

论列官职：宰爵掌管接待宾客和祭祀时供给酒食和祭品的数量。司徒掌管宗族、修筑城郭和管理各种器械的数量。司马掌管军队和铠甲、兵器、车马、士兵的数量。

修订法令，审查诗歌乐章，禁止淫荡的音乐，根据时势去整治，使歪邪的风俗和邪恶的音乐不敢扰乱正声雅乐，这是太师的职事。

修理堤坝桥梁，疏通沟渠，排除积水，修固水库，根据时势来放水堵水；即使是饥荒歉收、旁灾旱灾不断的凶年，也使民众能够继续耕耘有所收获，这是司空的职事。

观察地势的高低，识别土质的肥沃与贫瘠，合理地安排各种庄稼的种植季节，检查农事，认真储备，根据时势去整治，使农民质朴地尽力耕作而不求兼有其他技能，这是农官的职事。

制订禁止焚烧山泽的法令，养护山林、湖泊中的草木、鱼鳖，满足人们的各种需求，根据时节来禁止与开放，使国家有足够用的物资而不匮乏，这是虞师的职事。

治理乡里，划定各店铺与民居的区域，使百姓饲养六畜，熟习种植，劝导人们接受教育感化，促使人们孝顺父母、敬爱兄长，根据时势去整治，使百姓服从命令，安乐地住在乡里，这是乡师的职事。

考查各个工匠的手艺，审察各个时节的生产事宜，辨别产品质量的好坏，提倡产品的坚固好用，使设备用具便于使用，雕刻图案的器具与有彩色花纹的礼服不敢私家制造，这是工师的职事。

观察阴阳的变化，视云气来预测吉凶，钻灼龟板，排列卦象，掌管驱除不祥、选择吉日以及分析占卜时出现的各种兆形，预见吉凶祸福，这是驼背的巫婆与瘸腿的男巫的职事。

整治厕所，平整道路，严防盗贼，公正地审定贸易交易，根据时势来整治，使来往商人旅客安全而货物钱财能流通，这是管理市镇的官员的职事。

制裁狡猾奸诈的人，禁止凶狠强暴的人，防止淫乱，铲除邪恶，用五种刑罚来惩治罪犯，使强暴凶悍的人因此而转变，使淫乱邪恶的事不再发生，这是司寇的职事。

把政治教化作为治国的根本，端正法律准则，多方听取意见并按时对臣民进行考核，衡量他们的功劳，评定对他们的奖赏，根据时势来整治，使各级官吏都尽心竭力而老百姓都不敢马虎偷懒，这是宰相的职事。

讲究礼制音乐，端正立身行事，推广教化，改善风俗，全面地庇护百姓并使他们协调一致，这是诸侯的职事。

成全道德，达到崇高的政治境界，使礼仪制度极其完善，统一天下，明察得能发现毫毛末端般的细微小事，使天下没有谁不依顺亲近、听从归服，这是天子的职事。所以政事混乱，就是宰相的罪过；国家风俗败坏，就是诸侯的过错；天下不统一，诸侯想造反，那便是因为天子不是理想的人选。

【原文】

具具而王^1，具具而霸，具具而存，具具而亡。用万乘之国者，威强之所以立也，名声之所美也，敌人之所以屈也，国之所以安危、臧否也^2，制与在此^3，亡乎人^4。

王、霸、安存、危殆、灭亡，制与在此亡乎人。夫威强未足以殆邻敌也，名声未足以县天下也^5，则是国未能独立也，岂渠得免夫累乎^6？天下胁于暴国，而党为吾所不欲于是者^7，日与桀同事同行，无害为尧；是非功名所就也，非存亡安危之所随也。功

【注释】

①具具：前一个"具"是动词，具备；后一个"具"是名词，条件。

②安危：此偏指"安"，"危"无义。臧否：好坏。此偏指"臧"，"否"无义。

100 | 荀 子

③与：通"举"，都。

④亡：通"无"，不。

乎：于，在。

⑤县（xuán）："悬"的古字，挂。

⑥渠：同"讵"，与"岂"同义。

⑦党：同"倘"，假如。

⑧愉：快乐，指得志。

殷：强盛富裕。

⑨诚：诚心，指专心。

名之所就，存亡安危之所随，必于愉殷赤心之所^8。诚以其国为王者之所^9，亦王；以其国为危殆灭亡之所，亦危殆灭亡。

【译文】

具备了一定的条件就能够称王，具备了一定的条件就可以称霸，具备了一定的条件就能存在，具备了一定的条件就会灭亡。

治理拥有万辆兵车的大国的君主，他那威武强大的地位之所以能确立，他的名声之所以美好，他的敌人之所以屈服，他的国家之所以又安全又好，决定性的关键都在自己而不在别人。

是称王、称霸、安全生存，还是危险、灭亡，决定性的关键都在自己而不在别人。那威武强大的程度还不够使相邻的敌国发生危险，名声还不够挂在天下人的嘴边，那么这国家就还不能以独特的姿态屹立于天下，哪里能够免除忧患呢？天下被强暴的国家所威胁，假如这种情况是我所不想要的，这时被迫而天天与桀那样的暴君一同做事、一同行动，虽然不妨害自己成为尧那样的贤君，但已不是功名得以成就的时候了，不是自己想长治久安就能长治久安的时候了。功业名望的建立，长治久安的相随而来，必定取决于事业得志、国家富强时而自己一颗赤诚之心专注在什么地方。如果一心要把自己的国家变成一个实行王道的地方，也就能称王天下；要把自己的国家搞到危险灭亡的境地，也就会危险灭亡。

①案：同"安"，语助词。

②无：通"毋"，不要的意思。

③案：通"按"。

④卒：通"猝"，冲突，对打。

⑤平：整治。

⑥节奏：指礼节制度。

【原文】

殷之曰，案以中立^1，无有所偏^2，而为纵横之事，偈然案兵无动^3，以观夫暴国之相卒也^4。案平政教^5，审节奏^6，砥砺百姓，为是之曰，而兵剽天下劲矣^7。案然修仁义，伃隆高，正法则，选贤良，养百姓，为是之曰，而名声剽天下之美矣。权者重之，兵者劲之，名声者美之。夫尧、舜者，一天下也，不能加毫末于是矣^8。

【译文】

在富强的时候，要采取中立的态度，不要有所偏袒而去千合纵连横的事情，要偃旗息鼓地按兵不动，来静观那些残暴的国家互相争斗，要搞好政治教化，审察礼节制度，磨炼百姓，当做到了这一点的时候，那么他的军队就是天下最为强劲的了；奉行仁义之道，达到崇高的政治境界，整治法律条令，选拔贤良的人，使百姓休养生息，当做到了这一点的时候，那么他的名声就是天下最美好的了。权势，使其举足轻重；军队，使其强劲有力；名声，使其美好无比。就是尧、舜那样统一了天下的人，也不能在这三个方面再增加丝毫了。

⑦剸（zhuān）：通"专"，独占。

⑧毫末：毫毛的末端，比喻极细微的东西。不能加毫末于是：指权重、兵劲、名声美三者好得无以复加。

【原文】

权谋倾覆之人退，则贤良知圣之士案自进矣。刑政平，百姓和，国俗节，则兵劲城固，敌国案自诎矣。务本事，积财物，而勿忘栖迟薛越也¹，是使群臣百姓皆以制度行，则财物积，国家案自富矣。

三者体此而天下服，暴国之君案自不能用其兵矣。何则？彼无与至也。彼其所与至者，必其民也。其民之亲我欢若父母，好我芳如芝兰²，反顾其上则若灼黥³，若仇雠；彼人之情性也虽桀、跖，岂有肯为其所恶贼其所好者哉⁴！彼以夺矣。故古之人，有以一国取天下者，非往行之也，修政其所，天下莫不愿，如是而可以诛暴禁悍矣。故周公南征而北国怨，曰：何独不来也！东征而西国怨，曰：何独后我也！孰能有与是斗者与？安以其国为是者王。

【注释】

①忘：通"妄"，胡乱。栖迟（zhì）：滞留等待，即丢在一边、遗弃的意思。薛越：同"屑越"，碎落的意思，即搞得破碎散乱后又抛弃它。与"屑播"同义。

②芳：同"仿"，仿佛。

③灼黥：火烧与黥刑。

④贼：伤害。

【译文】

玩弄权术阴谋、专搞倾轧陷害的小人被废黜了，那么贤能善良明智圣哲的君子自然就会进用了；刑法政令公正不阿，百姓和睦协调，国家的风俗节约俭朴，那么兵力就强大、城防就坚固，敌国自然就屈服了；致力于农业生产，积聚财物，而不要胡乱地遗弃糟蹋，使群臣百姓都按照制度来办事，财物就能积累、国家自然就富足了。

以上三个方面都能做到，那么天下就会顺从我们，强暴之国的君主也就自然不能对我们用兵了。为什么呢？因为他已经没有办法发动人来攻打我们了。和他一起来的，一定是他统治下的民众；而他的民众亲近我就像喜欢父母一样，热爱我就像酷爱芳香的芝兰一样，而回头看到他们的国君，却像看到了烧烤皮肤、刺脸涂墨的行刑手一样害怕，像看到了仇人一样愤怒；一个人的本性即使像夏桀、盗跖那样，哪肯为他所憎恶的人去残害他所喜爱的人呢？他们已经被我们争取过来了。所以古代的人，有凭借一个国家来夺取天下的，他并不是前往别国掠夺他们，而是在自己国家内搞好政治，结果没有人不仰慕他，像这样就可以铲除强暴制止凶悍了。所以周公向南征伐时北方的国家都抱怨，说："为什么偏偏不来我们这里呢？"向东征伐时，西面的国家都抱怨，说："为什么单单把我们丢在后面呢？"谁能同这种人争斗呢？把自己的国家搞成这样的君主就能称王天下。

【注释】

①畜：通"蓄"。

②拊（fù）循：通"抚揗"，抚摸，指搞摩、保养。

③股肱：大腿和上臂。喻指得力助手。

④来：通"徕"，使……来，招来。致：招引。并：吞并，接纳。

⑤厉厉：严厉地，恶狠狠地。

⑥顿：通"敦"，诚恳笃厚的样子。

【原文】

殷之日，安以静兵息民，慈爱百姓，辟田野，实仓廪，便备用，安谨募选阅材伎之士；然后渐赏庆以先之，严刑罚以防之，择士之知事者使相率贯也，是以厌然畜积修饰^1，而物用之足也。兵革器械者，彼将日日暴露毁折之中原；我将修饰之，拊循之^2，掩盖之于府库。货财粟米者，彼将日日栖迟薛越之中野，我今将畜积并聚之于仓廪。材技股肱健勇爪牙之士^3，彼将日日挫顿踣之于仇敌，我今将来致之、并阅之、砥砺之于朝廷^4。如是，则彼日积敝，我日积完；彼日积贫，我日积富；彼日积劳，我日积伏。君臣上下之间者，彼将厉厉焉日日相离疾也^5，我将顿顿焉日日相亲爱也^6，以是待其敝。安以其国为是者霸。

【译文】

在国家富强的时候，采取不动用兵力、使人民休养生息的方针，慈爱百姓，开垦土地，充实粮仓，改进设备器用，严格谨慎地招募、选择、接纳有才能技艺的士人，然后加重奖赏来诱导他们，加重刑罚来防范他们，挑选这些士人中明白事理的人率领他们，因此他们就安心地积蓄粮食财物、修理改进兵器用具，因而财物用具也就十分充足了。

武器装备之类，他国是一天天把它们丢弃毁坏在原野之中，而我们现在则修理改进它们，爱护保养它们，并把它们收藏在仓库里。财物粮食之类，他国是一天天把它们遗弃散落在田野之中，而我们现在则把它们储藏积累汇合聚集在仓库里。有才能技艺的辅佐大臣、健壮勇敢的武士，他国是一天天让他们在敌人手中受挫折、遭困顿、被消耗，而我们现在则在朝廷上招募他们、容纳他们、锻炼他们。像这样，那么他国一天天地愈来愈破败，我们则一天天地愈来愈完好；他国一天天地愈来愈贫困，我们则一天天地愈来愈富裕；他国一天天地愈来愈劳苦，我们则一天天地愈来愈安逸。君臣、上下之间，他国是恶狠狠地一天天互相疏远憎恨，我们则诚心诚意地一天比一天更加相亲相爱，以此来等待他们的衰败。把自己的国家治理成这样的君主就能称霸诸侯。

【原文】

立身则从佣俗^1，事行则遵佣故，进退贵贱则举佣士，之所以接下之人百姓者则庸宽惠，如是者则安存。立身则轻楛，事行则瞒疑^2，进退贵贱则举佚倪^3，之所以接下之人百姓者则好取侵夺，如是者危殆。立身则惨暴，事行则倾覆，进退贵贱则举幽险诈故^4，之所以接下之人百姓者，则好用其死力矣而慢其功劳，好用其籍敛矣而忘其本务^5，如是者灭亡。

此五等者，不可不善择也，王、霸、安存、危殆、灭亡之具也。善择者制人，不善择者人制之；善择之者王，不善择之者亡。夫王者之与亡者，制人之与人制之也，是其为相县也亦远矣^6。

【译文】

做人则依从一般的风俗习惯，做事则遵循平常的成规旧例，在任用、罢免、提升、贬抑方面则提拔普通的人，用来对待下面的老百姓的态度则是用宽容和仁爱，像这样的君主只能安全生存。做人则轻佻恶劣，做事则肆无忌惮，在任用、罢免、提升、

【注释】

①佣：通"庸"，平庸，平常。

②瞒（juān）：除去。瞒疑：毫不迟疑，指急躁鲁莽、毫无顾忌。这种人立身轻率，所以做事鲁莽。

③倪：通"睨"。佚倪：口齿伶俐。

④故：巧诈。

⑤籍：税。敛：征收。

⑥县（xuán）：同"悬"，悬殊，差别。

眩抑方面则提拔巧言令色的人，他用来对待下面的老百姓的态度则是热衷于索取侵占掠夺，像这样的君主就危险了。做人则骄傲暴虐，做事则搞倾轧破坏，在任用、罢免、提升、眩抑方面则提拔阴险巧诈的人，他用来对待下面的老百姓的态度，则是喜欢利用他们为自己卖命出力而不把他们的功劳放在心上，喜欢利用他们上交税收而不管他们的本业，像这样的君主就会灭亡。

以上这五种不同的做法，是不能不好好地加以选择的，它们是称王、称霸、安存、危险、灭亡的条件。善于选择的，就能制伏别人；不善于选择的，别人就要制伏他；善于选择的，就能称王天下；不善于选择的，就会灭亡。称王和灭亡、制伏别人和被人制伏，它们之间相差也太远了。

王 霸

【原文】

国者，天下之利用也^1；人主者，天下之利势也。得道以持之，则大安也，大荣也，积美之源也；不得道以持之，则大危也，大累也，有之不如无之；及其綦也^2，索为匹夫不可得也，齐泯、宋献是也。故人主天下之利势也，然而不能自安也，安之者必将道也^3。

【注释】

①利：便利，有利。用：用具，工具。

②綦（jì）：极。

③将：推行。

【译文】

国家，是天下最有利的工具。君主，处于天下最有利的地位。如果得到了正确的政治原则去掌握国家与君权，就会非常安定，非常荣耀，成为积聚美好功名的源泉；如果得不到正确的政治原则去掌握它，就会非常危险，非常烦劳，有了它还不如没有它，发展到那极点，要求做个平民百姓也不能如愿，齐泯王、宋献公就是这样。所以，君主处于天下最有利的地位，但是他并不能自行安定，要安定就一定要依靠正确的政治原则。

【原文】

故用国者^1，义立而王，信立而霸，权谋立而亡。三者明主之所谨择也，仁人之所务白也。

【注释】

①用国：治理国家。

【译文】

所以，治理国家的人，把道义确立了就能称王天下，把信用确立了就能称霸诸侯，搞起权术谋略来就会灭亡。这三种情况，是英明的君主要谨慎选择的，是讲究仁德的人一定要弄明白的。

【原文】

挈国以呼礼义而无以害之^1，行一不义，杀一无罪，而得天

【注释】

①挈（qiè）：提起，

带领，引申为领导。呼：呼唤，引申为提倡。

②扡（luò）：通"落"，像石头一样坚固。

③举：都。

④布陈：设置，颁布。

⑤极：通"亟"，急，急切。首：向。乡：通"向"。首乡：向往，追求。

⑥基：通"基"，基础，指政治的基础、立身于天下的根本。荀子在这里把"义"看作为政治的基础。

⑦箸：通"著"，显露。

⑧袭：重叠。袭然：重叠的样子。表示连续不断地把"义"加在思想、法制、政务等各个方面。

下，仁者不为也，扡然扶持心国^2，且若是其固也。之所与为之者，之人则举义士也^3；之所以为布陈于国家刑法者^4，则举义法也；主之所极然帅群臣而首乡之者^5，则举义志也。如是，则下仰上以义矣，是基定也^6。基定而国定，国定而天下定。

仲尼无置锥之地，诚义乎志意，加义乎身行，箸之言语^7，济之日，不隐乎天下，名垂乎后世。今亦以天下之显诸侯，诚义乎志意，加义乎法则度量，箸之以政事，案申重之以贵贱杀生，使袭然终始犹一也^8。如是，则夫名声之部发于天地之间也，岂不如日月雷霆然矣哉！故曰：以国齐义，一日而白，汤、武是也。汤以毫，武王以鄗，皆百里之地也，天下为一，诸侯为臣，通达之属，莫不从服，无它故焉，以济义矣。是所谓义立而王也。

【译文】

领导全国人民来提倡礼义而绝不用什么东西来损害礼义，如做一件不义的事、杀一个无罪的人就能取得天下，讲究仁德的人也不干，他坚定地用礼义来控制自己的思想和国家，那坚决的程度就像磐石一样！所以，和他一起治理国家的人，便都是奉行道义的人；他拿来在国内颁布的刑法，都是合乎道义的法律；他急切地率领群臣去追求的，都是合乎道义的志向。像这样，那么臣民景仰君主就都是因为道义了，这就是政治基础稳固。政治的基础稳固了，国家就安定；国家安定了，天下就能平定。

孔子没有立锥之地，但他真诚地把道义贯彻到思想中，落实在立身行事上，表白在言语中，一旦到成功的时候，他就显扬于天下，名声流传到后代。现在如果也让天下那些显赫的诸侯真诚地把道义贯彻到自己的思想中，落实到法律制度上，体现在政务中，又用提拔、废黜、处死、赦免等手段来反复强调它，使它连续不断地始终如一。像这样，那么他的名声传扬于天地之间，难道不像日月雷霆那样了么？所以说：使国家统一于道义，一天就能名声显赫，商汤、周武王就是这样。商汤凭借毫邑，周武王凭借镐京，都不过是百里见方的领土，而天下被他们统一了，诸侯做了他们的臣属，凡交通能到达的地方，没有不服从的，这没有其他的缘故，而是因为他们完全遵行了道义。这就是我所说的把道义确立了就能称王天下。

【原文】

德虽未至也，义虽未济也，然而天下之理略奏矣^1，刑赏已诺信乎天下矣，臣下晓然皆知其可要也^2。政令已陈，虽睹利败，不欺其民；约结已定，虽睹利败，不欺其与。如是，则兵劲城固，故国畏之；国一綦明^3，与国信之。虽在僻陋之国，威动天下，五伯是也^4。非本政教也，非致隆高也，非綦文理也，非服人之心也，乡方略，审劳佚，谨畜积，修战备，齺然上下相信^5，而天下莫之敢当。故齐桓、晋文、楚庄、吴阖闾、越句践，是皆僻陋之国也，威动天下，强殆中国，无它故焉，略信也。是所谓信立而霸也。

【注释】

①理：事理，各种事情的具体规律。略：大致。奏（còu）：通"凑"，会聚，引申为综合、全部掌握。

②要（yāo）：约，结，指建立合作关系。

③綦：通"基"。这里指国家的政治基础——道义。

④伯：长，指诸侯的盟主，后世常用"霸"字。

⑤齺（zōu）：上下牙齿相咬，形容密切配合。

【译文】

德行虽然还没有尽善尽美，道义虽然还没有完全做到，然而天下的事理大体上掌握了，刑罚、奖赏、禁止、许诺在天下已取得了信用，臣下都明白地知道他是可以结交的。政令已经发布，即使看到自己的利益将要有所损害，也不失信于他的民众；盟约已经签定，即使看到自己的利益将要有所损害，也不失信于他的盟友。像这样，就会军队强劲、城防牢固，而敌国害怕他；国家统一，道义彰明，而同盟国信任他。即使住在偏僻落后的国家，他的威势也可震动天下，五霸就是这样。他们虽然没有把政治教化作为立国之本，没有达到最崇高的政治境界，没有健全礼仪制度，没有使人心悦诚服；但他们注重方法策略，注意使民众有劳有逸，认真积蓄，加强战备，像牙齿咬合那样君臣上下互相信任配合，因而天下也就没有人敢抵挡他们了。齐桓公、晋文公、楚庄王、吴王阖闾、越王勾践，这些人都处在偏僻落后的国家，他们的威势却震动天下，他们的强盛危及中原各国，这没有别的缘故，就是因为他们取得了信用啊！这就是我所说的把信用确立了就能称霸诸侯。

荀 子

【原文】

举国以呼功利，不务张其义，齐其信^1，唯利之求，内则不惮诈其民而求小利焉；外则不惮诈其与而求大利焉，内不修正其所以有^2，然常欲人之有。如是，则臣下百姓莫不以诈心待其上矣。

上诈其下，下诈其上，则是上下析也。如是，则敌国轻之，与国疑之，权谋日行，而国不免危削，綦之而亡^3，齐闵、薛公是也^4。故用强齐，非以修礼义也，非以本政教也，非以一天下也，绵绵常以结引驰外为务。故强、南足以破楚，西足以诎秦，北足以败燕，中足以举宋。及以燕赵起而攻之^5，若振槁然^6，而身死国亡，为天下大戮，后世言恶，则必稽焉^7！是无他故焉，唯其不由礼义由权谋也。

三者明主之所以谨择也，而仁人之所以务白也。善择者制人，不善择者人制之。

【注释】

①齐：成。

②修正：整治。

③綦：极。使用用法。

④薛公：战国时齐国贵族，姓田，名文，号孟尝君，因为袭其父田婴的封爵而封于薛（今山东滕县南），故称薛公。

⑤及以：相当于"及"。

⑥振：拔起。槁：枯木。

⑦稽：查考。

【译文】

领导全国人民去追求功利，不致力于伸张道义、成就信用，唯利是图，对内则肆无忌惮地欺诈他的人民以追求小利，对外则毫无顾忌地欺骗他的盟国以追求大利，在内不好好管理自己已有的土地财富，却常常想取得别人所拥有的土地财富。像这样，那么臣下、百姓就没有不用欺诈的用心去对待君主的了。

君主欺诈臣民，臣民欺诈君主，结果就是上下离心离德。像这样，那么敌国就会轻视他，盟国就会怀疑他，即使权术谋略天天在搞，而国家也免不了危险、削弱，到了极点，国家就灭亡了，齐闵王、孟尝君就是这样。他们在强大的齐国执政，不是用手中的权力去修明礼义，不因此而把政治教化作为立国之本，不凭借它来统一天下，而是接连不断地经常把勾结拉拢别国、驰骋于外国作为自己的要务。所以他们强大的时候，南能攻破楚国，西能使秦国屈服，北能打败燕国，中能攻占宋国；但等到燕国、赵国起来进攻他们的时候，就像摧枯拉朽一样，结果闵王便身死国亡了，成为天下的奇耻大辱，后代的人谈起恶人，就一定要提到他。这并没有其他的缘故，是因为他们不遵循礼义而专搞权术阴谋啊!

这三种情况，是英明的君主一定要谨慎选择的，也是讲究仁德的人一定要弄明白的。善于选择的，就能制伏别人；不善于选择的，别人就会制伏他。

【原文】

国者，天下之大器也，重任也，不可不善为择所而后错之^1，错险则危^2；不可不善为择道然后道，涂萝则塞^3；危塞则亡。彼国错者，非封焉之谓也^4，何法之道，谁子之与也。故道王者之法，与王者之人为之，则亦王；道霸者之法，与霸者之人为之，则亦霸；道亡国之法，与亡国之人为之，则亦亡。三者，明主之所以谨择也，而仁人之所以务白也。

【注释】

①所：处所，此喻指当权执政的大臣。错：通"措"，放置，此指委任。

②险：险恶的地方，此喻指险恶的权奸。

③涂：通"途"，道路，此指原则、办法。萝：同"荦"，荒芜，杂草丛生，比喻政治原则的恶劣卑污。塞：堵塞，行不通。

④封：全土作为疆界。

【译文】

国家，是天下最大的器具，也是沉重的担子，不可不好好地为它选择个地方然后再安置它，如果把它放在险恶的地方就危险了；不可不好好地为它选择条道路然后引导它前进，如果道路上杂草丛生就会被堵住；危险、受阻，国家就会灭亡。国家的安置问题，并不是指给它立好疆界，而是指遵行什么办法、与什么人一起来治国。遵行王者的办法，与那奉行王道的大臣治理国家，也就能称王于天下；遵行霸者的办法，与那奉行霸道的大臣治理国家，也就能称霸于诸侯，遵行使国家灭亡的办法，与那奉行亡国之道的大臣去治理国家，也就会灭亡。这三种情况，是英明的君主要谨慎选择的，也是讲究仁德的人一定要弄明白的。

【原文】

故国者，重任也，不以积持之则不立^1。故国者，世所以新者也，是惮；惮^2，非变也^3，改玉改行也。故一朝之日也^4，一日之人也，然而厌焉有千岁之国^5，何也？曰：援夫千岁之信法以持之也^6，安与夫千岁之信士为之也^7。人无百岁之寿，而有千岁之信士，何也？曰：以夫千岁之法自持者，是乃千岁之信士矣。故

【注释】

①积：积累，指长期积累起来的管理办法，也就是荀子推崇的礼法。

②惮：通"禅(shàn)"，

更替，指具有继承性的演变。

③变：改变，指彻底的根本性的变化，即管理办法的改变。

④一朝之日：短如一个早上的日子。

⑤厌焉：即"厌然"。

⑥搂：援引，拿过来。

⑦信士：诚实的人，指老老实实地坚守"信法"的人。

与积礼义之君子为之则王，与端诚信全之士为之则霸，与权谋倾覆之人为之则亡。三者，明主之所以谨择也，而仁人之所以务白也。善择之者制人，不善择者人制之。

【译文】

治理国家，是个沉重的担子，不依靠长期积累起来的管理办法去扶持它，它就要垮掉。所以，国家虽然是每一代都在更新的东西，但这不过是一种具有继承性的更替；这种更替，并不是一种根本性的管理办法的改变，它不过是改变了贵族阶层的等级地位因而改变了他们的佩玉和步行要求罢了。日子短促得就像一个早上，人生短暂得就像一天，然而却安然地存在着历经上千年的国家，这是为什么呢？回答：这是因为采用了那些积累了上千年的确实可靠的办法来维持国家，又和那些上千年的真诚之士一起治理国家的缘故。人没有上百年的寿命，却会有上千年的真诚之士，为什么呢？回答：用那些积累了上千年的礼法来把握自己的人，这就是上千年的真诚之士了。所以，和不断地奉行礼义的君子治理国家就能称王天下；和正直忠诚守信完美的人士治理国家，就能称霸诸侯；和搞权术阴谋倾轧颠覆的人治理国家，就会灭亡。这三种情况，是英明的君主要谨慎选择的，也是讲究仁德的人一定要弄明白的。善于选择的，就能制伏别人；不善于选择的，别人就会制伏他。

【注释】

①固：通"瀔(gù)"，不坚实，脆弱。取相：选取辅佐的人。

②便辟：通"便嬖"，善于逢迎而得到君主宠信的近臣。

③粹：精粹，完全。

④驳：杂，指"小巨分

【原文】

彼持国者，必不可以独也；然则强固荣辱在于取相矣^1！身能相能，如是者王，身不能，知恐惧而求能者，如是者强；身不能，不知恐惧而求能者，安唯便辟左右亲比己者之用^2，如是者危削，墓之而亡。

国者，巨用之则大，小用之则小；巨大而王，蓦小而亡，小巨分流者存。巨用之者，先义而后利，安不恤亲疏，不恤贵贱，唯诚能之求，夫是之谓巨用之。小用之者，先利而后义，安不恤是非，不治曲直，唯便辟亲比己者之用，夫是之谓小用之。巨用之者若彼，小用之者若此；小巨分流者，亦一若彼，一若此也。故曰："粹而王^3，驳而霸^4，无一焉而亡。"此之谓也。

流者"。

【译文】

那些掌握了国家政权的国君，一定不可以单靠自己行使权力；这样看来，国家是强大还是衰弱、是光荣还是耻辱就在于选取宰相了。自己有才能，宰相也有才能，像这样的国君就能称王天下。自己没有才能，但知道恐惧而去寻觅有才能的人，像这样的国君就能强大。自己没有才能，又不懂得恐惧而去寻求有才能的人，只是任用些善于阿谀奉承的宠臣、身边的侍从以及亲近依附自己的人，像这样的国君就会危险削弱，达到极点就会灭亡。

国家，大治它就会强大，小治它就会弱小；极其强大就能称王天下，极其弱小就会灭亡，小大各占一半的则能保存。所谓大治国家，就是先考虑道义而后考虑财利，任用人不顾亲疏，不顾贵贱，只寻求真正有才能的人，这就叫做大治国家。所谓小治国家，就是先考虑财利而后考虑道义，不顾是非，不管曲直，只是任用善于阿谀奉承的宠臣和亲近依附自己的人，这就叫做小治国家。大治国家就像那样，小治国家就像这样；所谓小大各占一半的，也就是一部分像那样、一部分像这样。所以说："纯粹地考虑道义、任用贤人的就能称王天下，驳杂地义利兼顾、贤人亲信并用的就能称霸诸侯，一样也做不到的就会灭亡。"此话说的就是这种道理。

【原文】

国无礼则不正。礼之所以正国也，譬之犹衡之于轻重也，犹绳墨之于曲直也，犹规矩之于方圆也，既错之而人莫之能诬也^1。《诗》云："如霜雪之将将^2，如日月之光明，为之则存，不为则亡。"此之谓也。

【注释】

①错：通"措"。设置。

②将（qiāng）将：严正肃杀的样子，形容礼制的公正无私。

【译文】

国家没有礼制就不能治理好。礼制之所以能用来治国，打个比方，就好像秤能用来分辨轻重，就好像墨线能用来分辨曲直，就好像圆规、曲尺能用来确定方圆一样，已经把它们设置好了，人们就没有谁再能搞欺骗了。《诗经》上说："像霜雪那样无情，像日月那样光明；实行礼义制度就能生存，不实行就会衰命。"说的就是这个道理啊！

【注释】

①由：通"犹"。

②慕：极。

③臭（xiù）：气味。

④加：更。辨（bàn）：通"辦"（办），治理。

⑤胜：尽。校（jiào）：计数。

⑥於（wū）乎：同"呜呼"。

⑦列：古"裂"字，分解、解决的意思。

⑧官人：政府官员。

⑨燕：通"宴"，安逸，安闲。

【原文】

国危则无乐君，国安则无忧民。乱则国危，治则国安。今君人者，急逐乐而缓治国，岂不过甚矣哉！譬之，是由好声色而恬无耳目也^1，岂不哀哉！夫人之情，目欲慕色^2，耳欲慕声，口欲慕味，鼻欲慕臭^3，心欲慕佚。此五慕者，人情之所必不免也。

养五慕者有具，无其具，则五慕者不可得而致也。万乘之国可谓广大富厚矣，加有治辨强固之道焉^4，若是则恬愉无患难矣，然后养五慕之具具也。故百乐者，生于治国者也；忧患者，生于乱国者也。急逐乐而缓治国者，非知乐者也。故明君者，必将先治其国，然后百乐得其中。暗君者，必将急逐乐而缓治国，故忧患不可胜校也^5，必至于身死国亡然后止也，岂不哀哉！将以为乐，乃得忧焉；将以为安，乃得危焉；将以为福，乃得死亡焉；岂不哀哉！於乎^6！君人者，亦可以察若言矣。

故治国有道，人主有职。若夫贯日而治详，一日而曲列之^7，是所使夫百吏官人为也^8，不足以是伤游玩安燕之乐^9。若夫论一相以兼率之，使臣下百吏莫不宿道乡方而务，是夫人主之职也。若是则一天下，名配尧、禹。之主者，守至约而详，事至佚而功，垂衣裳不下簟席之上，而海内之人莫不愿得以为帝王。夫是之谓至约，乐莫大焉。

【译文】

国家危险就没有快乐的君主，国家安定就没有忧愁的人民。政事混乱，国家就危险；政事处理得好，国家就安定。现在统治人民的君主，急于追求享乐而放松了对国家的治理，难道不是错误得很厉害了吗？打个比方，这就好像是爱好音乐美色而不在乎没有耳朵眼睛，难道不可悲吗？就人的性情来说，眼睛想看最漂亮的美女，耳朵想听最悦耳的音乐，嘴巴想吃最好的美味佳肴，鼻子想闻最好的气味，心里追求最大的安逸。追求这五种极好的享受，是人的性情所决定而不能避免的。

但造成这五种极好的享受得有条件，没有那一定的条件，那么这五种极好的享受就不可能得到了。拥有万辆兵车的国家可以说是辽阔富裕的了，再有一套使它得到治理而强大巩固的办法，像这样，那就会安逸快乐而没有祸患了，达到这种地步以后，造成五种极好享受的条件才具备。所以各种快乐的事情，产生于治理得好的国家；忧虑祸患，产生于混乱的国家。急于追求享乐而放松治国的人，不是懂得享乐的人。所以英明的君主，一定要先治理好自己的国家，然后各种快乐也就从中得到了。而昏庸愚昧的君主，一定会迫不及待地追求享乐而放松治国，所以忧虑祸患多得不可胜数，一定要到身死国亡以后才完结，难道不可悲吗？准备用这种办法去求得快乐，却从中得到了忧虑；准备用这种办法去求得安定，却从中得到了危险；准备用这种办法去求得幸福，却从中得到了死亡；难道不可悲吗？唉呀！统治人民的君主，思考一下这些话吧！

所以治理国家有一定的原则，君主有一定的职责。至于那连续几天而把事情治理得周详完备，一天之内就曲折周到地解决政事，这是让那各级官吏与政府官员去做的事情，不值得因此而妨害了自己游玩安逸的快乐。至于选择一个宰相去全面地领导群臣百官，使臣下百官无不安守道义向往正道而努力，这才是那君主的职责啊！像这样，就能统一天下，名望可以和尧、禹相匹配。这样的君主，掌管的事情虽然极其简要却又十分周详，工作虽然极其闲适却很有成效，衣裳下垂着，不从坐席之上走下来，而天下的人无不希望得到他做帝王。这叫做极其简约，天下没有比这个更快乐的了。

【原文】

人主者，以官人为能者也；匹夫者，以自能为能者也。人主

【注释】

①县（xuán）：古

"悬"字，维系（在高处），引申指（在高处）掌握，（在上面）统治。

②施：施加，给。

③总：统领。方：地方，方面。

④共：同"拱"，拱手，形容毫不费力，无为而治。

⑤平均：齐一，均等，指人与人之间的关系能平衡协调。

得使人为之，匹夫则无所移之。百亩一守，事业穷，无所移之也。今以一人兼听天下，日有余而治不足者，使人为之也。大有天下，小有一国，必自为之然后可，则劳若耗悴莫甚焉。如是，则虽臧获不肯与天子易势业。

以是县天下^1，一四海，何故必自为之？为之者，役夫之道也，墨子之说也。论德使能而官施之者^2，圣王之道也，儒之所谨守也。传曰：农分田而耕，贾分货而贩，百工分事而劝，士大夫分职而听，建国诸侯之君分土而守，三公总方而议^3，则天子共己而已矣^4。出若入若，天下莫不平均^5，莫不治辨，是百王之所同也，而礼法之大分也。

【译文】

君主，以能够用人为有本事；平民百姓，以自己能干为有本事。君主可以指使别人去做事，平民百姓就没有地方推卸责任。一百亩土地一个农夫来管理，耕种的事情耗尽了他一生的力量，这是因为他无法把这些事情推给别人。现在君主凭一个人的力量同时治理整个天下，反而时间绑绑有余而要治理的事少得不够做，这是因为让别人去做事的缘故。权力大的当了天子而拥有整个天下，权力小的当了诸侯而统治一国，如果所有的事情一定要自己去做了以后才行，那么一定会辛劳艰苦、耗损憔悴；像这样，那么即使是奴婢也不肯和天子交换地位与职事了。

因此，君主在上面掌握天下，统一天下，为什么一定要亲自去做所有的事情呢？亲自去做各种事情，是服役的人所遵行的原则，是墨子的学说。选择有道德的人、使用有才能的人而把官职委任给他们，这是圣明帝王的办法，是儒家所谨慎遵守的原则。古书上说："农民分得田地去耕种，商人分取货物去贩卖，各种工匠分配一定的工作去用力，士大夫分任一定的职务去处理政事，诸侯国的国君分封一定的领土去守卫，三公统管各个方面来商议，那么天子只要让自己拱着手就是了。"朝廷外面如此、朝廷内部如此，天下就没有人不协调一致，就没有什么不治理得好好的，这是历代圣王的共同原则，也是礼制法度的要领。

王 霸

【原文】

百里之地可以取天下，是不虚，其难者在人主之知也。取天下者，非负其土地而从之之谓也，道足以壹人而已矣。彼其人苟壹，则其土地且奚去我而适它！故百里之地，其等位爵服，足以容天下之贤士矣；其官职事业，足以容天下之能士矣；循其旧法，择其善者而明用之^1，足以顺服好利之人矣。贤士一焉，能士官焉，好利之人服焉，三者具而天下尽^2，无有是其外矣。故百里之地，足以竭势矣^3；致忠信，箸仁义^4，足以竭人矣。两者合而天下取，诸侯后同者先危。《诗》曰："自西自东，自南自北，无思不服。"一人之谓也。

【注释】

①明：彰明，指公布、宣传。

②尽：穷尽，指全部取得。

③竭：穷尽，指全部取得。

④箸：通"著"，使显明。

【译文】

凭借方圆百里的领土可以取得天下，这并不是子虚乌有，它的难处在于君主要懂得凭借小国可以取得天下的道理。所谓取得天下，并不是指其他的国家都带着他们的土地来追随我，而是指我的政治原则足够用来使天下的人和我团结一致罢了。别国君主统治下的那些人如果都和我团结一致，那么他们的土地又怎么会离开我而到别的国家去呢？所以尽管只是方圆百里的领土，但它的等级、官位、品爵、服饰，足够用来容纳天下的贤德之士了；它的官职和工作，足够用来容纳天下的能人了；根据它原有的法度，选择其中好的东西而把它公布实施，也足够用来使贪图财利的人顺服了。贤德之士和我团结一致了，能干的人被我任用了，贪图财利的人顺服了，这三种情况具备，那么天下就全都归我了，在此之外就没有什么了。所以凭借方圆百里的土地，足够用来集中全部的权势了；做到忠诚守信，彰明仁义，就完全可以号召所有的人了。这两者合起来，那么天下就取得了，诸侯中归附晚的就先有危险。《诗经》上说："从西到东，从南到北，没有哪个不服从。"说的就是使天下人和我团结一致的道理啊！

【原文】

羿、蜂门者^1，善服射者也。王良、造父者^2，善服驭者也。

【注释】

①蜂（páng）门：又

作逢蒙、逢蒙、蓬蒙，羿的徒弟，善射。

②王良：又作王梁、王子千期，即邯无血，字子良，后避赵襄子之名又改名无正，春秋末赵简子的车夫，善于驾车。

③已：止，完毕，完成。

④知：通"智"。

⑤难（nàn）：灾难，祸患。

聪明君子者，善服人者也。人服而势从之，人不服而势去之，故王者已于服人矣^3。故人主欲得善射，射远中微，则莫若羿、蜂门矣；欲得善驭，及速致远，则莫若王良、造父矣。欲得调壹天下，制秦楚，则莫若聪明君子矣。其用知甚简^4，其为事不劳而功名致大，甚易处而极可乐也。故明君以为宝，而愚者以为难^5。

【译文】

后羿、逢蒙，善于使射箭的人佩服；王良、造父，善于使驾车的人佩服；聪明的君子，善于使所有的人佩服。人们都敬佩服从他，那么权势也就从属于他；人们不敢佩服从他，那么权势也就和他分离了；所以称王天下的君主达到了使人敬佩服从的地步，也就不用再要求别的了。君主想要得到善于射箭的人，既射得远，又能命中微小的目标，那就没有比后羿、逢蒙更好的了；想要得到善于驾车的人，既能追上快速奔驰的车子，又能到达远方的目的地，那就没有比王良、造父更好的了；想要得到治理天下、统一天下的人，制伏秦国、楚国，那就没有比聪明的君子更好的了。聪明的君子使用心计非常少，他们做事不费力而功绩名声极大，非常容易安顿而且能给人带来巨大的快乐。所以英明的君主把他们当做宝贝，但愚昧的君主却把他们看做是祸患。

【注释】

①重：多种多样，丰厚。

②园圃：泛指花园。

③臣使：统治。

【原文】

夫贵为天子，富有天下，名为圣王，兼制人，人莫得而制也，是人情之所同欲也，而王者兼而有是者也。重色而衣之^1，重味而食之，重财物而制之，合天下而君之，饮食甚厚，声乐甚大，台榭甚高，园圃甚广^2，臣使诸侯^3，一天下，是又人情之所同欲也，而天子之礼制如是者也。

【译文】

高贵得当上天子，富裕得拥有天下，被称为圣王，全面控制所有的人，而别人没有谁能控制他，这是人们心中所共同追求的，而称王天下的君主则完全拥有了这一切。穿五颜六色的衣服，吃品种繁多的食物，控制多种多样的财物，兼并了天下而统治它；饮食非常丰富，声乐非常洪亮，台阁非常高大，园林兽苑非常宽广，把诸侯当做臣子来使唤，统一天下，这又是人们心中所共同追求的，而天子的礼俗制度就像这个样子。

【原文】

制度以陈，政令以挟；官人失要则死^1，公侯失礼则幽^2，四方之国，有倍离之德则必灭^3；名声若日月，功绩如天地，天下之人应之如景向，是又人情之所同欲也，而王者兼而有是者也。

【注释】

①要：约，约束，指规定。

②公侯：古代五等爵位的第一等为"公"，第二等为"侯"，他们是仅次于天子的贵族。

③倍：同"背"，离。

【译文】

制度已经公布，政令已经完备；群臣百官违反了政令的规定就处死，公爵、侯爵违背了礼制就囚禁，四方的诸侯国如果离心离德就一定加以消灭；名声像日月一样显赫，功绩像天地一样伟大，普天下的人响应他就像影子紧随形体、回响紧随声音一样，这又是人们心中所共同追求的，而称王天下的君主则完全拥有了这一切。

【原文】

故人之情，口好味而臭味莫美焉^1；耳好声而声乐莫大焉；目好色而文章致繁，妇女莫众焉；形体好佚而安重闲静莫愉焉^2，心好利而谷禄莫厚焉；合天下之所同愿兼而有之，皞牟天下而制之若制子孙^3，人苟不狂惑戆陋者，其谁能睹是而不乐也哉！欲是之主并肩而存；能建是之士不世绝，千岁而不合，何也？

【注释】

①臭味：气味。

②愉：通"愈"，胜过。

③皞牟：牢笼，包罗。

【译文】

所以，从人的性情上来说，人的嘴巴喜欢吃美味的食物，而气味滋味没有比王者吃到的更好的了；耳朵喜欢听悦耳的声音，而歌声乐曲没有比王者听到的更洪亮的了；眼睛喜欢看美色，而极其繁富的彩色花纹和少妇美女没有比王者看到的更多的了；身体喜欢安逸，而安稳清闲没有比王者享受到的更愉快的了；心里喜欢财利，而俸禄没有比王者得到的更丰厚的了。综合了天下人所共同企求的东西而完全地拥有了它们，总揽天下之人而控制他们就像控制子孙一样，人如果不是发疯的、糊涂的、愚蠢的、鄙陋无知的，那还有谁能看到这些而不高兴呢？想要获得这一切的君主多得摩肩接踵地存在着，能够建立起这种事业的贤人世世代代都没有断绝过，但近千年来这样的君主和这样的贤人却没有能够配合起来，这是为什么呢？

【注释】

①杨朱：战国时魏国人，主张"为我"、"贵生重己"，反对儒家的"仁义"与墨家的"兼爱"。衢（qú）：四面相通的道路，即十字路口。涂：通"途"，道路。

②跌：走错，失误。

【原文】

曰："人主不公，人臣不忠也。人主则外贤而偏举，人臣则争职而妒贤，是其所以不合之故也。人主胡不广焉，无恤亲疏，无偏贵贱，唯诚能之求？若是，则人臣轻职业让贤，而安随其后。如是，则舜禹还至，王业还起。功壹天下，名配舜、禹，物由有可乐，如是其美焉者乎！鸣呼！君人者，亦可以察若言矣！杨朱哭衢涂曰^1："此夫过举跌步，而觉跌千里者夫^2！"哀哭之。此亦荣辱安危存亡之衢已，此其为可哀，甚于衢涂。鸣呼！哀哉！君人者，千岁而不觉也。

【译文】

回答：是因为君主用人不公正，臣下对上不忠诚。君主排斥贤能的人而偏私地提拔人，臣子争夺职位而嫉妒贤能的人，这就是他们不能配合的缘故。君主为什么不广招人才、不去顾及亲疏、不去考虑贵贱，只寻求真正贤能的人呢？如果能这样，那么臣子就会看轻职位而把它让给贤能的人，并甘心跟随在他们后面；如果这样，那么舜、禹会重新到来，称王天下的大业又能建立起来？取得统一天下的功绩，名声可以和舜、禹相配，还有像这样美好而值得高兴的事情吗？唉！统治人民的君主也可以思索一下这些话了！杨朱在十字路口哭泣，说："这是那错误地跨出一步而觉察时就已走错千里的地方吧！"他为此而悲哀地哭泣。用人之事也就是通往光荣或耻辱、安定或危险、生存或灭亡的十字路口啊，在这上面犯了错误所造成的可悲，要比在十字路口走错路更厉害。唉！可悲啊！统治人民的君主竟然上千年了还没有觉悟啊！

【原文】

无国而不有治法，无国而不有乱法；无国而不有贤士，无国而不有罢士^①；无国而不有愿民，无国而不有悍民；无国而不有美俗，无国而不有恶俗。两者并行而国在，上偏而国安^②，下偏而国危；上一而王，下一而亡。故其法治，其佐贤，其民愿，其俗美，而四者齐，夫是之谓上一。如是，则不战而胜，不攻而得，甲兵不劳而天下服。故汤以亳，文王以镐，皆百里之地也，天下为一，诸侯为臣，通达之属，莫不从服，无它故焉，四者齐也。桀、纣即厚于有天下之势，索为匹夫而不可得也，是无它故焉，四者并亡也。故百王之法不同若是，所归者一也。

【译文】

没有哪一个国家没有使社会安定的法令制度，没有哪一个国家没有导致社会动乱的法令制度；没有哪一个国家没有贤能的士人，没有哪一个国家没有无行的士人；没有哪一个国家没有朴实善良的百姓，没有哪一个国家没有强暴的百姓；没有哪一个国家没有美好的习俗，没有哪一个国家没有恶劣的习俗。以上两种情况同时存在的，国家仍存在。偏于上一种情况的，国家就安定；偏于下一种情况的，国家就危险；全属于上一种情况的，就能称王天下；全属于下一种情况的，就会灭亡。国家的法令制度能使社会安定，它的辅佐大臣贤能，它的群众朴实善良，它的习俗美好，这四者齐备，那就叫做全属于上一种情况。像这样，那么不打仗就能战胜敌人，不进攻就能取得战果，军队不用费力而天下就服从了。商汤凭借亳，周武王凭借镐，都不过是方圆百里的领土，而天下被他们统一了，诸侯做了他们的臣属，凡能到达的地方，没有不服从的，这没有其他的缘故，而是因为上述四种条件齐备了。夏桀、商纣王即使实力雄厚得掌握了统治天下的权力，但最后要求做个普通老百姓也不可能达到，这没有其他的缘故，

【注释】

①罢（pí）：通"疲"，病，不贤，没有德行。

②上偏：偏于上者，指治法多而乱法少，贤士多而罢士少，愿民多而悍民少，美俗多而恶俗少。

而是因为上述四种条件全都丧失了。各代君主的治国方法如此不同，但归结起来的道理只有这么一个。

【注释】

①豪：通"毫"。

②孤独鳏（guān）寡：《孟子·梁惠王下》上解释说"老而无妻曰鳏，老而无夫曰寡，老而无子曰独，幼而无父曰孤。此四者，天下之穷民而无告者。"

③隆正：最高标准。

④共：同"拱"，拱手。

【原文】

上莫不致爱其下，而制之以礼。上之于下，如保赤子。政令制度，所以接下之人百姓，有不理者如豪末^1，则虽孤独鳏寡必不加焉^2。故下之亲上，欢如父母，可杀而不可使不顺。君臣上下，贵贱长幼，至于庶人，莫不以是为隆正^3；然后皆内自省以谨于分，是百王之所同也，而礼法之枢要也。然后农分田而耕，贾分货而贩，百工分事而劝，士大夫分职而听，建国诸侯之君分土而守，三公总方而议，则天子共己而止矣^4。出若入若，天下莫不均平，莫不治辨。是百王之所同，而礼法之大分也。

【译文】

君主无不对他的臣民给予爱护，因而用礼制来限制他们；君主对于臣民，就像爱护婴儿一样。政令制度，是用来对待下面的老百姓的；如果它有不合理的地方，即使像毫毛的末端一样细微，那么即使是对孤儿、孤独老人、鳏夫、寡妇，也一定不能加到他们头上。所以臣民亲爱君主，高兴得就像亲爱父母一样，即使杀死他们也不可能使他们不顺从君主。君主、臣子、上级、下级，高贵的、卑贱的、年长的、年幼的，直到平民百姓，没有谁不把这礼制当做最高的准则，然后又都在内心反省自己而谨守本分，这就是历代圣王所相同的政治措施，也是礼制法度的关键。做到这些以后，农民就分得田地去耕种，商人就分取货物去贩卖，各种工匠分配一定的工作去用力，士大夫分任一定的职务去处理政事，诸侯国的国君分封一定的领土去守卫，三公统管各个方面来商议，那么天子只要让自己拱着手就是了。朝廷外面如此，朝廷内部如此，天下就没有人不协调一致，就没有什么不治理得好好的，这是历代圣王共同的政治原则，也是礼制法度的要领。

王 霸 | 121

【原文】

若夫贯日而治平，权物而称用^1，使衣服有制，宫室有度，人徒有数，丧祭械用皆有等宜，以是用挟于万物，尺寸寻丈^2，莫得不循乎制度数量然后行，则是官人使吏事也，不足数于大君子之前。

【注释】

①权：调节秤锤使秤平衡叫"权"（也称为"权衡"），引申为合理地调节。称（chèn）：合适，配得上。

②寻：古代长度单位，八尺为一寻。

【译文】

至于那连续几天把政事治理妥当，合理地调节万物来使它们适用，使各级官吏穿的衣服有一定的规格、住的房子有一定的标准、役使的仆从有一定的编制、丧葬祭祀器械用具都有和等级相适合的规定，把这种做法贯彻到各种事情中去，诸如尺寸寻丈之类的标准，无一不是遵循了法度然后才加以施行，这些都是政府官员和供役使的官吏所做的事，不值得在伟大的君主面前数说。

【原文】

故君人者，立隆政本朝而当^1，所使要百事者诚仁人也，则身佚而国治，功大而名美，上可以王，下可以霸。立隆正本朝而不当，所使要百事者非仁人也^2，则身劳而国乱，功废而名辱，社稷必危，是人君者之枢机也。

【注释】

①隆政：最高准则。

②要百事者：指总领政事辅佐君王的人，即"相"。

【译文】

所以，统治人民的君主如果为本朝所确立的最高准则完全得当，所任用的总管各种事务的宰相是真正有仁德的人，那么他就会自身安逸而国家安定，功绩伟大而名声美好，高一点的可以称王天下，低一点的也可以称霸诸侯；如果为本朝所确立的最高准则不得当，所任用的总管各种事务的宰相不是具有仁德的人，那么他就会自身劳累而国家混乱，全功尽弃而声名狼藉，国家一定会危险。这是当君主的关键啊！

【原文】

故能当一人而天下取^1，失当一人而社稷危。不能当一人，

【注释】

荀 子

①当：指恰当地用人。取：平治，安定。②说无之有：没有这种说法。

而能当千人、百人者，说无之有也^2。既能当一人，则身有何劳而为，垂衣裳而天下定。

【译文】

能恰当地任用一个人，那么天下就能取得；不能恰当地任用一个人，那么国家就会危险。不能恰当地任用一个人而能恰当地任用一千个人、一百个人，在理论上是没有这种事情的。既然能恰当地任用一个人，那么他本身又有什么劳累的事要做呢？只要穿着长袍无所事事地无为而治，那么天下就能平定了。

【原文】

【注释】

①抗：同"玩"。②修：讲求，搞。③一：统一，一致。匡：正。一匡天下：使天下归于一统，恢复正道。④有：通"又"。守：管。

故汤用伊尹，文王用吕尚，武王用召公，成王用周公旦。卑者五伯，齐桓公闺门之内，县乐奢泰游抗之修^1，于天下不见谓修^2，然九合诸侯，一匡天下^3，为五伯长，是亦无他故焉，知一政于管仲也，是君人者之要守也。知者易为之兴力而功名綦大。舍是而欲足为也。故古之人，有大功名者，必道是者也。丧其国，危其身者，必反是者也。故孔子曰："知者之知，固以多矣，有以守少，能无察乎！愚者之知，固以少矣，有以守多^4，能无狂乎！"此之谓也。

【译文】

所以商汤任用了伊尹，周文王任用了吕尚，周武王任用了召公，周成王任用了周公旦。功德低一点的是五霸，齐桓公在宫门之内悬挂乐器、奢侈放纵、游荡玩耍，但在天下他并没有被说成是讲求享乐，相反他还多次会合诸侯，使天下归于一致而恢复了正道，成为五霸中的第一个，这也没有其他的缘故，而是因为他懂得把政事全部交给管仲，这就是当君主的重要守则啊！聪明的君主容易做到这一点，所以能造成强大的实力而功业名望极大，除了这个还有什么值得去做呢？所以古代的人，凡是有伟大的功业名望的，一定是遵行了这一点；凡是丧失了自己的国家，危害到他本人的，一定是违反了这一点。所以孔子说："智者的知识，本来已经很多了，又因为管的事很少，能不明察吗？蠢人的知识，本来已经很少了，又因为管的事很多，能不惑乱吗？"说的就是这个道理。

【原文】

治国者分已定，则主相臣下百吏，各谨其所闻，不务听其所不闻；各谨其所见，不务视其所不见。所闻所见诚以齐矣。则虽幽闲隐僻^1，百姓莫敢不敬分安制以礼化其上^2，是治国之征也。

【注释】

①闲：阻隔，闭塞。

僻：通"辟"。

②化：顺服。

【译文】

治理得好的国家，名分已经确定以后，那么君主宰相大臣百官就各自谨守自己应该听见的东西，不想方设法打听自己不应该听见的东西；各自谨守自己应该看见的东西，不想方设法察看自己不应该看见的东西。君主宰相大臣百官的所见所闻，如果真正和各自的名分一致了，那么即使是那些幽远闭塞隐蔽偏僻的地方，百姓中也没有人敢不严守本分、遵守制度、用礼来顺服他们的君主，这是治理得好的国家的标志。

【原文】

主道：治近不治远，治明不治幽，治一不治二。

主能治近则远者理，主能治明则幽者化，主能当一则百事正。夫兼听天下，日有余而治不足者，如此也，是治之极也。

既能治近，又务治远；既能治明，又务见幽；既能当一，又务正百，是过者也，过犹不及也。辟之是犹立直木而求其影之枉也^1。

不能治近，又务治远；不能察明，又务见幽；不能当一，又务正百，是悖者也。辟之是犹立枉木而求其影之直也。

故明主好要，而暗主好详。主好要则百事详，主好详则百事荒。君者，论一相^2，陈一法，明一指^3，以兼覆之^4，兼炤之^5，以观其盛者也^6。相者，论列百官之长^7，要百事之听，以饰朝廷臣下百吏之分^8，度其功劳，论其庆赏，岁终奉其成功以效于君。

【注释】

①辟：通"譬"。

②论（lún）：通"抡"，选择。

③指：同"旨"。

④覆：覆盖，庇护，指统治。

⑤炤：同"照"，察见。

⑥盛：通"成"。

⑦论：通"抡"。列：安排位次。

⑧饰：同"饬"，整

治，整顿。

当则可，不当则废。故君人劳于索之，而休于使之。

【译文】

君主的统治原则是：治理近处的事而不治理远方的事，治理明处的事而不治理暗处的事，治理根本性的一件大事而不治理各种各样的小事。

君主能够治理好近处的事，那么远方的事就会因此而得到治理；君主能够治理好明处的事，那么暗处的事就会因此而变化；君主能恰当地治理好根本性的一件大事，那么各种各样的小事就会因此而得到正确处理；同时治理整个天下，时间绑绑有余而显得要治理的事少得不够做，这就是政治的最高境界了。

既能治理近处的事，又力求治理远方的事；既能治理明处的事，又力求察见暗处的事；既能恰当地治理好根本性的大事，又力求治理好各种各样的小事。这是过分的做法，过分了如同达不到一样。打个比方，这就好像是树起笔直的木头而要求它的影子弯曲一样。

不能治理近处的事，又力求治理远处的事；不能明察明处的事，又力求察见暗处的事；不能恰当地治理好根本性的大事，又力求治理好各种各样的小事。这是昏乱的做法，打个比方，这就好像是树起弯曲的木头而要求它的影子笔直一样。

英明的君主喜欢抓住要领，而愚昧的君主喜欢管得周详。君主喜欢抓住要领，那么各种事情就能办得周详；君主喜欢管得周详，那么各种事情就会荒废。君主，只须选择一个宰相、公布一套法制、阐明一个宗旨，用这种手段来全面地统治一切、普遍地洞察一切，从而来坐观自己的成功。宰相，要选拔安排好各部门的长官，总管各种事情的处理，以此来整顿朝廷上的大臣和各级官吏的职分，衡量他们的功劳，论定对他们的奖赏，年终拿他们的成绩功劳呈报给君主，称职的就留用，不称职的就罢免。所以当君主的在寻觅贤相时劳累，在使用他以后就安逸了。

王 霸 | 125

【原文】

用国者，得百姓之力者富，得百姓之死者强，得百姓之誉者荣。三得者具而天下归之，三得者亡而天下去之。天下归之之谓王，天下去之之谓亡。汤、武者，修其道，行其义，兴天下同利，除天下同害，天下归之。

故厚德音以先之，明礼义以道之，致忠信以爱之，赏贤使能以次之^①，爵服赏庆以申重之，时其事，轻其任，以调齐之，潢然兼覆之，养长之，如保赤子。生民则致宽，使民则慕理^②，辩政令制度^③，所以接下之人百姓，有非理者如豪末，则虽孤独鳏寡必不加焉。是故百姓贵之如帝，亲之如父母，为之出死断亡而不愉者，无它故焉，道德诚明，利泽诚厚也。

【注释】

①赏：当作"尚"。

②慕理：极为合理。

③辩：通"辨"，置办。

【译文】

治理国家的君主，得到百姓出力种地的就富足，得到百姓拼死作战的就强大，得到百姓称赞颂扬的就荣耀。这三种得到的东西都具备，那么天下人就会归附他；这三种得到的东西都没有，那么天下人就会叛离他。天下人归附他就叫做称王，天下人叛离他叫做灭亡。商汤、周武王这些人，遵循这条原则，奉行这种道理，兴办天下人的共同福利，除掉天下人的共同祸害，因而天下人都归附他们。

所以君主提高道德声誉来引导人民，彰明礼制道义来指导他们，尽力做到忠诚守信来爱护他们，尊崇贤人、任用能人，为他们排职位，用爵位、服饰、赏赐、表扬去反复激励他们，根据时节安排他们的劳动、减轻他们的负担来调剂他们，广泛普遍地庇护他们，抚养他们，就像保护初生的婴儿一样。养育人民极其宽厚，使用人民则极其合理。制定政令制度，是用来对待下面的老百姓的；如果它有不合理的地方，即使像毫毛的末端一样细微，那么就是对孤儿、孤独老人、鳏夫、寡妇，也一定不加到他们头上。所以百姓尊重他就像尊重上帝一样，亲爱他就像亲爱父母一样，心甘情愿为他豁出生命，这没有其他的缘故，而是因为君主的道德确实贤明，君主的恩泽确实深厚啊！

荀 子

【原文】

【注释】

①俳（pái）：滑稽演员。优：优伶，演员。侏儒：因发育不良而身材短小的人，古代常充当滑稽演员，供贵族戏弄取乐。

②阨（è）：通"厄"，穷困，窘迫。

③偝：骨骼弯曲的残疾人。

④司：通"伺"，侦察，探察。间：间隙，空子。

⑤卒：通"猝"，突然。

⑥审：弄明白。适：到……去。

乱世则不然，污漫突盗以先之，权谋倾覆以示之，俳优、侏儒、妇女之请谒以悖之^1，使愚诏知，使不肖临贤，生民则致贫陋^2，使民则极劳苦。是故百姓贱之如偝^3，恶之如鬼，日欲司间而相与投藉之^4，去逐之。卒有寇难之事^5，又望百姓之为己死，不可得也，说无以取之焉。孔子曰："审吾所以适人^6，适人之所以来我也。"此之谓也。

【译文】

混乱的社会就不是这样：君主以污秽卑鄙、强取豪夺的行为来做人民的先导，玩弄权术阴谋、搞倾轧陷害来给他们作示范，让演员、矮子、女人私下求见说情来扰乱自己，让愚蠢的人去教诲有智慧的人，让没有德才的人去领导有德才的人，养育人民则使他们极其贫穷困厄，使用人民则使他们极其疲劳辛苦。所以百姓鄙视他就像鄙视残疾人一样，厌恶他就像厌恶鬼魅一样，天天想寻找机会联合起来抛弃、践踏他，驱逐他。（如果）突然发生了外敌入侵的事，他还指望百姓为他卖命，这是不可能的啊！任何理论学说都无法支持这些所作所为。孔子说："想弄清楚对我的态度怎样，只要看我对别人的态度怎样。"说的就是这个道理。

【原文】

【注释】

①以：使。尚：通"上"。

②所：道，手段。

③愈：通"愉"，乐。

④啜啜：贪吃的样子，形容贪得。

⑤故：巧诈。

伤国者，何也？曰：以小人尚民而威^1，以非所取于民而巧^2，是伤国之大灾也。大国之主也，而好见小利，是伤国；其于声色、台榭、园囿也，愈厌而好新^3，是伤国；不好修正其所以有，啜啜常欲人之有^4，是伤国。

三邪者在匈中，而又好以权谋倾覆之人，断事其外，若是，则权轻名辱，社稷必危，是伤国者也。大国之主也，不隆本行，不敬旧法，而好诈故^5。若是，则夫朝廷群臣，亦从而成俗于不隆礼义，而好倾覆也。朝廷群臣之俗若是，则夫众庶百姓亦从而成俗于不隆礼义，而好贪利矣。君臣上下之俗莫不若是，则地虽广，权必轻，人虽众，兵必弱；刑罚虽繁，令不下通。夫是之谓危国，是伤国者也。

【译文】

危害国家的因素是什么呢？回答：使小人骑在人民头上作威作福，用非法的手段向人民搜刮勒索却十分巧妙，这是危害国家的重大灾难。身为大国的君主，却喜欢注意小利，这就会危害国家；他对于音乐美色、高台亭阁、园林兽苑，乐此不疲而追求新奇，这就会危害国家；不喜欢好好管理自己已有的土地财富，却馋涎欲滴地常常想求得别人所拥有的土地财富，这就会危害国家。

这三种邪恶的念头在胸中，而又喜欢让那搞权术阴谋倾轧陷害的人在外朝决断政事，像这样，那么君主就会权势轻微、声名狼藉，国家政权必然危险，这就是危害国家的君主。身为大国的君主，却不尊崇根本性的德行，不谨守原有的法制，而喜欢搞欺诈，像这样，那么朝廷上的群臣也就跟着养成一种不尊崇礼义而喜欢搞倾轧陷害的习俗。朝廷上群臣的习俗像这样，那么群众百姓也就跟着养成一种不尊崇礼义而喜欢贪图财利的习俗了。君臣上下的习俗无不如此，那么领土即使辽阔，权势也必然轻微；人口即使众多，兵力也必然衰弱；刑罚即使繁多，政令也不能向下贯彻；这就叫做危险的国家，这就是危害国家的君主。

【原文】

儒者为之不然，必将曲辨^1。朝廷必将隆礼义而审贵贱，若是，则士大夫莫不敬节死制者矣。百官则将齐其制度，重其官秩，若是，则百吏莫不畏法而遵绳矣。关市几而不征，质律禁止而不偏^2，如是，则商贾莫不敦悫而无诈矣。百工将时斩伐，佻其期日^3，而利其巧任^4，如是，则百工莫不忠信而不楛矣。县鄙则将轻田野之税，省刀布之敛，罕举力役，无夺农时，如是，农夫莫不朴力而寡能矣。士大夫务节死制，然而兵劲。百吏畏法循绳，然后国常不乱。商贾敦悫无诈，则商旅安，货通财，而国求给矣。百工忠信而不楛^5，则器用巧便而财不匮矣。农夫朴力而

【注释】

①辨：通"辩"（办），治理。

②偏：指偏听一面之词。

③佻（tiáo）：通"迢"，远，延长，放宽。期日：约定的日数、日期。

④任：能力。

⑤楛（gǔ）：通"監"，粗劣。

窳能，则上不失天时，下不失地利，中得人和，而百事不废。是之谓政令行，风俗美，以守则固，以征则强，居则有名，动则有功。此儒之所谓曲辨也。

【译文】

儒者做事就不是这样的，他们一定会周到地治理好。在朝廷上一定要尊崇礼义而辨明贵贱，像这样，那么士大夫就没有不看重节操、为礼制殉身的了。对于群臣百官，将统一他们的管理制度，注重他们的官职俸禄，像这样，那么群臣百官就无不害怕法制而遵守准则条例了。对于关卡和集市进行检查而不征税，对于贸易往来，禁止在抵债券上弄虚作假而不偏听一面之词，像这样，那么商人就无不忠厚老实而没有欺诈了。对于各种工匠将要求他们按照时节砍伐木材，放宽对他们的限期以便于他们发挥技巧，像这样，那么各种工匠就无不忠诚老实而不粗制滥造了。在农村将减轻对农田的收税，减少货币的搜刮，少发动劳役，不侵占农时，像这样，那么农民就无不朴实地尽力于耕种而很少想着去学其他的技能了。士大夫追求名节而殉身于礼制，这样兵力就会强劲。群臣百官害怕法制而遵守准则条例，这样国家就经常是有条不紊的。商人忠厚老实而不搞欺诈，那么流动的商贩就安全保险，货物钱财就能流通，而国家的各种需求就能得到供应了。各种工匠忠诚老实而不粗制滥造，那么器械用具就做得精巧便利而材料也不会缺乏了。农民朴实地尽力耕作而不从事其他行业，那么就上不会失天时，下不会失地利，中能得人和，而各种事情就不会荒废。这些情况叫做政令通行，风俗美好。凭借这种政治局面来防守就能守得很牢固，去出征就能强劲有力；安居无事就会有声望，采取行动就会有功绩。这就是儒家所说的对各个方面周详地治理。

君道

【原文】

有乱君，无乱国；有治人，无治法。羿之法非亡也，而羿不世中；禹之法犹存，而夏不世王。故法不能独立^1，类不能自行；得其人则存，失其人则亡。法者，治之端也，君子者，法之原也。故有君子，则法虽省，足以遍矣^2；无君子，则法虽具，失先后之施，不能应事之变，足以乱矣。不知法之义而正法之数者，虽博^3，临事必乱。故明主急得其人，而暗主急得其势。急得其人，则身佚而国治，功大而名美，上可以王，下可以霸；不急得其人，而急得其势，则身劳而国乱，功废而名辱，社稷必危。故君人者，劳于索之，而休于使之。《书》曰："惟文王敬忌^4，一人以择^5。"此之谓也。

【注释】

①立：建树。

②遍：与下文"乱"相对，指普遍得到治理。

③博：多闻。

④惟：思。

⑤一人：指代天子。

【译文】

有搞乱国家的君主，没有混乱的国家；有治理国家的人才，没有自行治理的法制。后羿的射箭方法并没有失传，但后羿并不能使世世代代的人都百发百中；大禹的法制仍然存在，但夏后氏并不能世世代代称王天下。所以法制不可能单独有所建树，律例不可能自动被实行；得到了那种善于治国的人才，那么法制就存在；失去了那种人才，那么法制也就灭亡了。法制，是政治的开头；君子，是法制的本原。所以有了君子，法律即使简略，也足够解决普遍的社会问题了；如果没有君子，法律即使完备，也会失去先后的实施次序，不能应付事情的各种变化，结果还是会形成混乱。不懂得法治的道理而只是去定法律的条文的人，即使了解得很多，碰到具体事情也一定会昏乱。所以英明的君主急于得到治国的人才，而愚昧的君主急于取得权势。急于得到治国的人才，就会自身安逸而国家安定，功绩伟大而名声美好，上可以称王天下，下可以称霸诸侯；不急于得到治国的人才，而急于取得权势，就会自身劳苦而国家混乱，功业败坏而声名狼藉，国家政权必然危险。所以统治人民的君主，在寻觅人才时劳累，而在使用他以后就安逸了。《尚书》上说："要想想文王的恭敬戒惧，亲自去选择人才。"说的就是这种道理。

【注释】

①契券：契据证券，是古代的一种凭证。

②衡石：衡器的通称。衡，秤；石，古代重量单位，一百二十斤为一石。县：同"悬"。称县：称量。

③斛：古代量器，十斗为一斛。敦：古代量秦穆的器具，形状似盂，一敦为一斗二升。槩：量米栗时刮平斗斛的木板。

④嗺：通"则"，整齐，划一，指标准统一。

⑤藉：进贡。敛：赋税。藉敛：纳税。

⑥饰：同"饬"，整治。

⑦陵：通"凌"，冰，引申为冷却，此指淬火。劲：强，坚硬。

【原文】

合符节，别契券者^1，所以为信也；上好权谋，则臣下百吏诞诈之人乘是而后欺。探筹投钩者，所以为公也；上好曲私，则臣下百吏乘是而后偏。衡石称县者^2，所以为平也；上好倾覆，则臣下百吏乘是而后险。斗斛敦槩者^3，所以为嗺也^4；上好贪利，则臣下百吏乘是而后丰取刻与，以无度取千民。

故械数者，治之流也，非治之原也；君子者，治之原也。官人守数，君子养原；原清则流清，原浊则流浊。故上好礼义，尚贤使能，无贪利之心，则下亦将綦辞让，致忠信，而谨于臣子矣。如是则虽在小民，不待合符节、别契券而信，不待探筹投钩而公，不待衡石称县而平，不待斗斛敦槩而嗺。故赏不用而民服，有司不劳而事治，政令不烦而俗美。百姓莫敢不顺上之法，象上之志，而劝上之事，而安乐之矣。故藉敛忘费^5，事业忘劳，寇难忘死，城郭不待饰而固^6，兵刃不待陵而劲^7，敌国不待服而诎，四海之民不待令而一，夫是之谓至平。

《诗》曰："王犹允塞，徐方既来。"此之谓也。

【译文】

对合符节、辨认契券，是用来造成信用的；但如果君主喜欢搞权术阴谋，那么大臣百官中那些搞欺骗诡诈的人就会乘机跟着搞欺诈。抽签、抓阄，是用来造成公正的；但如果君主喜欢偏私，那么大臣百官就会乘机跟着搞偏私。用衡器来称量，是用来造成公平的；但如果君主喜欢偏斜颠倒，那么大臣百官就会乘机跟着胡作非为。各种量器量具，是用来造成统一标准的；但如果君主热衷于贪图财利，那么大臣百官就会乘机跟着去多拿少给以至于没有限度地盘剥老百姓。

所以各种有助于治理的器物与方法，只是政治的末流，并不是政治的源头；君主，才是政治的源头。官吏应该拘守具体的方法条例，君主则保养源头。源头清澈，那么下边的流水也清澈；源头混浊，那么下边的流水也混浊。所以君主如果爱好礼义，尊重贤德的人，使用有才能的人，没有贪图财利的思想，那么臣下也就会极其谦让，极其忠诚老实，而谨慎地做一个臣子了。像这样，即使是在卑微的老百姓之中，用不着对合符节、辨认契券就能做到有信用，用不着抽签、抓阄就能做到公正，不靠衡器来称量就能做到公平，不需要各种量器量具就能做到标准统一。所以不用奖赏而民众就能勤勉，不用刑罚而民众就能服从，官吏不费力而事情就能处理好，政策法令不繁多而习俗就能变好；百姓没有谁敢不顺从君主的法令、依照君主的意志而为君主的事情卖力，而且对此感到安乐。所以，民众在纳税时不觉得破费，为国家干事业时忘掉了疲劳，外敌发动战争时能拼死作战；城墙不等修整就坚固，兵器的刀口不用淬炼就坚硬，敌国不等去征服就屈从，天下的民众不用命令就能统一行动。这叫做极其太平。《诗经》上说："王道遍行于天下，远方的徐国也来朝拜。"说的就是这种意思。

【原文】

请问为人君？曰：以礼分施^1，均遍而不偏^2。

请问为人臣？曰：以礼侍君，忠顺而不懈。

请问为人父？曰：宽惠而有礼。

请问为人子？曰：敬爱而致文^3。

请问为人兄？曰：慈爱而见友^4。

请问为人弟？曰：敬诎而不苟。

请问为人夫？曰：致功而不流，致临而有辨^5。

请问为人妻？曰：夫有礼则柔从听侍，夫无礼则恐惧而自竦也^6。

此道也，偏立而乱，俱立而治，其足以稽矣^7。请问兼能之奈何？曰：审之礼也。

【注释】

①分施：施舍，给人恩惠。

②均遍：均匀普遍。

③致：极。文：指礼节礼貌。

④友：兄弟之间的亲爱、友好与帮助。

⑤临：近。有辨：指夫妻有别，保持一定的界限。

⑥竦：肃敬。

⑦楷：通"楷"，楷模。
⑧方(páng)皇：广大。
周浃(jiā)：周遍。

古者先王审礼以方皇周浃于天下^8，动无不当也。故君子恭而不难，敬而不巩，贫穷而不约，富贵而不骄，并遇变态而不穷，审之礼也。故君子之于礼，敬而安之；其于事也，径而不失；其于人也，寡怨宽裕而无阿；其为身也，谨修饰而不危；其应变故也，齐给便捷而不惑；其于天地万物也，不务说其所以然，而致善用其材；其于百官之事、技艺之人也，不与之争能而致善用其功；其待上也，忠顺而不懈；其使下也，均遍而不偏；其交游也，缘类而有义；其居乡里也，容而不乱。是故穷则必有名，达则必有功，仁厚兼覆天下而不闵，明达用天地理万变而不疑，血气和平，志意广大，行义塞于天地之间，仁知之极也。夫是之谓圣人，审之礼也。

【译文】

请问怎样做君主？回答：要按照礼义去治理国家，均匀普遍而不偏废。

请问怎样做臣子？回答：要按照礼义去侍奉君主，忠诚顺从而不懈怠。

请问怎样做父亲？回答：要宽厚仁爱而有礼节。

请问怎样做儿子？回答：要敬爱父母而极有礼貌。

请问怎样做哥哥？回答：要仁慈地爱护弟弟而付出自己的友爱。

请问怎样做弟弟？回答：要恭敬顺服而一丝不苟。

请问怎样做丈夫？回答：要尽力取得功业而不放荡淫乱，尽力亲近妻子而又有一定的界限。

请问怎样做妻子？回答：丈夫遵行礼义就温柔顺从听命侍候他，丈夫不遵行礼义就诚惶诚恐而独自保持肃敬。

这些原则，如果只能部分地做到，那么天下仍会混乱；如果全部确立了，天下就会大治；因为它们足够用来作为楷模了。

请问要全部做到这些该怎么办？回答：必须弄清楚礼义。

古代圣王弄明白了礼义而普遍施行于天下，所以他们的行动没有不恰当的。所以君子谦恭但不胆怯，肃敬但不恐惧，贫穷却不卑屈，富贵却不骄纵，遇到各种事变，也能应付自如而不会束手无策，这都是因为弄明白了礼义的缘故。所以君子对于礼义，敬重并遵守它；他对于日常事务，做起来直截了当但不出差错；他对于别人，很少埋怨、宽宏大量但不阿谀逢迎；他做人的原则，是谨慎地加强修养而不阴诈；他应付事变，迅速敏捷而不糊涂；他对于天地万物，不致力于解说它们形成的原因而能做到很好地利用其材；他对于各种官府中的官吏和有技术的人才，不和他们竞争技能的高下而能做到很好地利用他们的工作成果；他侍奉君主，忠诚顺从而不懈怠；他使唤下边的人，公平而不偏私；他与人交往，依循道义而有法度；他即使住在家乡，待人宽容而不胡作非为。所以君子处境穷困时就一定享有名望，显达时就一定能建立功勋；他的仁爱宽厚之德普照天下而不昏暗，他的明智通达能够整治天地万物、处理各种事变而不疑惑；他心平气和，思想开阔，德行道义充满在天地之间，仁德智慧达到了极点。这种人就叫做圣人，这是因为他弄明白了礼义的缘故啊！

【原文】

请问为国？曰：闻修身，未尝闻为国也。君者仪也^1，民者景也，仪正而景正。君者盘也，民者水也，盘圆而水圆。君射则臣决^2。楚庄王好细腰，故朝有饿人^3。故曰：闻修身，未尝闻为国也。

【译文】

请问怎样治理国家？回答：我只听说君主要修养自己的品德，不曾听说过怎样去治理国家。君主，就像测定时刻的标杆；民众，就像这标杆的影子；标杆正直，那么影子也正直。君主，就像盘子；民众，就像盘里的水；盘子是圆形的，那么盘里的水也成圆形。君主，就像盂；民众就像盂中的水；盂是方形的，那么盂中的水也成方形。君主射箭，那么臣子就会套上扳指。楚灵王喜欢细腰的人，所以朝廷上有饿得面黄肌瘦的臣子。所以说：我只听说君主要修养身心，不曾听说过怎样治理国家。

【注释】

①仪：日晷（guī），利用日影来测定时刻的·仪器。此文"仪"即指此标杆而言。

②决：古代射箭时套在右手大拇指上用来钩弦的象骨套子，俗称"扳指"。这里用作动词。

③饿：古代一般的肚子饿叫"饥"。"饿"是指严重的饥饿，指肚子饿得受到死亡的威胁。

荀 子

【注释】

①层：通"质"，等待。

②附下：使臣下依附。

③志：识，了解。

④终身：这里是永远的意思。

⑤介人：善人，有才德、讲礼仪的人。

⑥大师：大众，百姓。

【原文】

君者，民之原也；原清则流清，原浊则流浊。故有社稷者而不能爱民，不能利民，而求民之亲爱己，不可得也。民不亲不爱，而求其为己用，为己死，不可得也。民不为己用，不为己死，而求兵之劲，城之固，不可得也。兵不劲，城不固，而求敌之不至，不可得也。敌至而求无危削，不灭亡，不可得也。危削灭亡之情举积此矣，而求安乐，是狂生者也。狂生者，不胥时而落^1。

故人主欲强固安乐，则莫若反之民；欲附下一民^2，则莫若反之政；欲修政美俗，则莫若求其人。彼或蓄积而得之者不世绝。彼其人者，生乎今之世，而志乎古之道^3。

以天下之王公莫好之也，然而是子独好之；以天下之民莫为之也，然而是子独为之。好之者贫，为之者穷，然而是子犹将为之也，不为少顷辍焉。晓然独明于先王之所以得之、所以失之，知国之安、危、臧、否，若别白黑。则是其人也，大用之，则天下为一，诸侯为臣；小用之，则威行邻敌；纵不能用，使无去其疆域，则国终身无故^4。故君人者，爱民而安，好士而荣，两者无一焉而亡。《诗》曰："介人维藩^5，大师为垣^6。"此之谓也。

【译文】

君主，就像人民的源头；源头清澈，那么下边的流水也清澈；源头混浊，那么下边的流水也混浊。所以掌握了国家政权的人如果不能够爱护人民、不能够使人民得利，而要求人民亲近爱戴自己，那是不可能办到的。人民不亲近、不爱戴，而要求人民为自己所用、为自己牺牲，那也是不可能办到的。人民不为自己所用、不为自己牺牲，而要求兵力强大、城防坚固，那是不可能办到的。兵力不强大、城防不坚固，而要求敌人不来侵犯，那是不可能办到的。敌人来了而要求自己的国家不危险削弱、不灭亡，那是不可能办到的。国家危险削弱以至灭亡的情况全都积聚在他这里了，却还想求得安逸快乐，这是狂妄无知的人。狂妄无知的人，不要等多久就会衰败死亡的。

君主想要强大稳固安逸快乐，那就没有什么比得上回到关注人民上来更有效的；想要使臣下归附、使人民与自己一条心，那就没有什么比得上回到关注政事上来更有效的；想要治理好政事、使风俗淳美，那就没有什么比得上寻觅善于治国的人更有效的。那些善于治国的人或许有所积储，因而得到这种人的君主世世代代没断绝过。那些善于治国的人，生在今世而向往着古代的政治原则。

虽然天下的君主没有谁爱好古代的政治原则，但是这种人偏偏爱好它；虽然天下的民众没有谁想要古代的政治原则，但是这种人偏偏遵行它。爱好古代政治原则的会贫穷，遵行古代政治原则的会困厄，但是这种人还是要遵行它，并不因此而停止片刻。唯独这种人清楚地明了古代帝王取得国家政权的原因、失去国家政权的原因。他了解国家的安危、政治的好坏就像分辨黑白一样清楚。这种善于治国的人，如果君主重用他，那么天下就能被统一，诸侯就会来称臣；如果君主一般性地任用他，那么威势也能扩展到邻邦敌国；即使君主不能任用他，但如果能使他不离开自己的国土，那么国家在他活着的时候也就不会有什么问题。所以统治人民的君主，爱护人民就会安宁，喜欢士人就会荣耀，这两者一样都没有就会灭亡。《诗经》上说："贤士就是那屏障，大众就是那围墙。"说的就是这个道理。

【原文】

道者，何也？曰：君之所道也。君者，何也？曰：能群也。能群也，何也？曰善生养人者也，善班治人者也^1，善显设人者也^2，善蕃饰人者也^3。善生养人者人亲之，善班治人者人安之，善显设人者人乐之，善蕃饰人者人荣之。四统者具，而天下归之，夫是之谓能群。不能生养人者，人不亲也；不能班治人者，人不安也；不能显设人者，人不乐也；不能蕃饰人者，人不荣也。四统者亡，而天下去之，夫是之谓匹夫。故曰：道存则

【注释】

①班：通"辨"（办），治理。

②显：使动用法，提拔任用。设：设置，安排。

③蕃饰：遮蔽文饰，指裁制不同的服饰让人

国存，道亡则国亡。省工贾，众农夫，禁盗贼，除奸邪，是所以生养之也。天子三公，诸侯一相，大夫擅官，士保职，莫不法度而公，是所以班治之也。论德而定次，量能而授官，皆使人载其事，而各得其所宜，上贤使之为三公，次贤使之为诸侯，下贤使之为士大夫，是所以显设之也。修冠弁衣裳^4，黼黻文章，雕琢刻镂，皆有等差，是所以藩饰之也。

穿戴以显示出不同的等级。

④弁：冠名。古代男子穿通常礼服时所戴的冠称弁。

⑤故：犹"夫"，发语词。

⑥味：食物。备：完美的意思。

故由天子至于庶人也^5，莫不骋其能，得其志，安乐其事，是所同也；衣暖而食充，居安而游乐，事时制明而用足，是又所同也；若夫重色而成文章，重味而成珍备^6，是所衍也。圣王财衍以明辨异，上以饰贤良而明贵贱，下以饰长幼而明亲疏。上在王公之朝，下在百姓之家，天下晓然皆知其所以为异也，将以明分达治而保万世也。故天子诸侯无靡费之用，士大夫无流淫之行，百吏官人无怠慢之事，众庶百姓无奸怪之俗，无盗贼之罪，其能以称义遍矣。故曰：治则衍及百姓，乱则不足及王公。此之谓也。

【译文】

"道"是什么意思？回答：道是君主所遵行的原则。"君"又是什么意思？回答：君主是能够团结他人的人。什么才是团结？回答：是指善于养活抚育人，善于治理人，善于任用安置人，善于用不同的服饰来区分人。善于养活抚育人的，人们就亲近他；善于治理人的，人们就安心顺从他；善于任用安置人的，人们就喜欢他；善于用服饰来区分人的，人们就赞美他。这四个要领具备了，天下的人就会归顺他，这就叫做能把人组织成社会群体的君主。不能养活抚育人的，人们不会亲近他；不能治理人的，人们就不会安心顺从他；不能任用安置人的，人们就不会喜欢他；不能用服饰区分人的，人们就不会赞扬他。这四个要领都没有做到，天下的人就会背离他，这就叫做孤身一人的独夫。所以说，正确的政治原则存在，国家就存在；正确的政治原则丧失了，国家就灭亡。减少手工业者和商人，增多农民人数，禁止小偷强盗（犯事），铲除奸诈邪恶之徒，这就是用来养活抚育人的办法。天子配备太师、太傅、太保三公，诸侯配备一个相，大夫独掌某一官职，士人谨守自己的职责，无不按照法令制度而秉公办事，这就是用来治理人的方法。审察德行来确定等级，衡量才能来授予官职，使他们每人都承担各自的工作而且各人都能得到和他的才能相适应的职务，上等的贤才使他们担任三公，次一等的贤才使他们做诸侯，下等的贤才使他们当大夫，这就是任用安置人的办法。修饰帽子衣裳、在礼服上绘画各种彩色花纹、在各种器具上雕刻图案等都有一定的等级差别，这就是用来打扮装饰人的方法。

从天子一直到普通老百姓，没有谁不想施展自己的才能、实现自己的志向、安逸愉快地从事自己的工作，这是所有的人都相同的；穿得暖和而吃得饱，住得安适而玩得快乐，事情办得及时、制度明白清楚而财物用度充足，这些也是所有人共同的愿望。至于那重叠使用多种颜色而绘成衣服上的彩色花纹，汇集多种食物而烹煮成珍馐美味，这是富饶有余的表现了。圣明的帝王就要控制好这种富饶有余的东西来彰明区别等级差别，在上用来装饰贤能善良的人而显示各人地位的高低，在下用来装饰老少而表明各人的亲疏关系。这样，上面在君主的朝廷，下面在平民百姓的家庭，天下人都明明白白地知道圣明的帝王并不是要用这些东西故意制造等级差别，而是要用它来明确名分、达到治理的目的，从而保持千秋万代永远太平。所以天子诸侯没有浪费的用度，士大夫没有放荡的行为，群臣百官没有怠慢的政事，群众百姓没有奸诈怪僻的习俗、没有偷盗抢劫的罪行，这就能够叫做道义普及了。所以说："国家安定，那么富裕会遍及百姓；国家混乱，那么祸患会延及天子王公。"说的就是这个道理。

【原文】

至道大形^1，隆礼至法则国有常^2，尚贤使能则民知方，纂论公察则民不疑^3，赏免罚偷则民不怠，兼听齐明则天下归之；然后明分职，序事业，材技官能，莫不治理，则公道达而私门塞矣，公义明而私事息矣。如是，则德厚者进而佞说者止，贪利者退而廉节者起。

《书》曰："先时者杀无赦，不逮时者杀无赦。"人习其事

【注释】

①形：表现。此指实行"至道"以后所表现出来的政治效果。

②至：极，使……成为最高。

③纂：集。纂论：与

"公察"对文义近，指考察贤能时集中各方面的人员进行审查。

④止：居住。

⑤块然：同"岿然"，独自屹立而不动的样子，即上文"不视"、"不听"、"不虑"、"不动"的样子。

而固，人之百事，如耳目鼻口之不可以相借官也；故职分而民不探，次定而序不乱，兼听齐明而百姓不留。如是，则臣下百吏至于庶人，莫不修己而后敢安止^4，诚能而后敢受职；百姓易俗，小人变心，奸怪之属莫不反悫，夫是之谓政教之极。故天子不视而见，不听而聪，不虑而知，不动而功，块然独坐而天下从之如一体^5，如四肢之从心。夫是之谓大形。《诗》曰："温温恭人，维德之基。"此之谓也。

【译文】

最好的政治原则的最大表现是：推崇礼义，使法制高于一切，那么国家就会有常规；尊重贤德的人，任用有才能的人，那么民众就会知道努力的方向；集体审查，公正考察，那么民众就不会怀疑了；奖赏勤劳的人，惩罚偷懒的人，那么民众就不会懒惰了；同时听取各种意见，完全明察一切事情，那么天下人就会归顺他。然后明确名分职责，根据轻重缓急的次序来安排工作，安排有技术的人做事，任用有才能的人当官，没有什么得不到治理，那么为公家效劳的道路就畅通了，而谋私的门径就被堵住了，为公的原则昌明了，而谋私的事情就止息了。像这样，那么品德淳厚的人就得到起用，而巧言谄媚的人就受到遏止，贪图财利的人被黜退，而廉洁奉公的人被提拔。

《尚书》上说："在规定的时刻之前行动的，杀而不赦；没有赶上规定时刻而落后的，也要杀而不赦。"人们往往因为熟悉了自己的工作而固守本职不改行。人们的各种工作，就像耳朵、眼睛、鼻子、嘴巴等不可以互相替代官能一样。所以，职务划分后，民众就不会再谋求他职；等级确定后，秩序就不会混乱；同时听取各种意见，完全明察一切，那么各种工作就不会拖拉。像这样，那么大臣百官直到平民百姓就无不提高了自己的修养以后才敢安居，真正有了才能以后才敢接受官职；百姓改变了习俗，小人转变了思想，奸邪怪僻之流无不转向诚实谨慎，这就叫做政治教化的最高境界。所以天子不用察看就能发现问题，不用打听就能明白真相，不用考虑就能知道事理，不用动手就能功成业就，岿然不动地独自坐着而天下人顺从他就像长在一个身体上一样、就像四肢顺从思想的支配一样，这就是最好的政治原则的最大效验。《诗经》上说："温柔谦恭的人们，是以道德为根本。"说的就是这个道理。

【原文】

为人主者，莫不欲强而恶弱，欲安而恶危，欲荣而恶辱，是禹、桀之所同也。要此三欲^1，辟此三恶^2，果何道而便？曰：在慎取相，道莫径是矣。故知而不仁^3，不可；仁而不知，不可；既知且仁，是人主之宝也，王霸之佐也。不急得，不知；得而不用，不仁。无其人而幸有其功，愚莫大焉。

【注释】

①要（yāo）：设法取得。

②辟（bì）：通"避"。

③故：犹"夫"，发语词。

【译文】

做君主的无不希望强盛而厌恶衰弱，希望安定而厌恶危险，希望荣耀而厌恶耻辱，这是禹和桀所相同的欲望。要实现这三种愿望，避免这三种厌恶的东西，究竟采取什么办法最便利？回答说：在于慎重地选取相，没有什么办法比这个更简便的了。对于相的人选，有智慧而没有仁德，不行；有仁德而没有智慧，也不行；既有智慧又有仁德，这便是君主的宝贵财富，是成就王业霸业的助手。君主不急于求得相才，是不明智；得到了相才而不重用，是不仁慈。没有那德才兼备的相而希望取得那王霸之功，没有比这个更愚蠢的了。

【原文】

今人主有六患^1：使贤者为之，则与不肖者规之；使知者虑之，则与愚者论之；使修士行之，则与污邪之人疑之^2。虽欲成功，得乎哉！譬之，是犹立直木而恐其景之枉也，惑莫大焉！语曰：好女之色，恶者之孽也。公正之士，众人之痤也^3。循道之人，污邪之贼也。今使污邪之人，论其怨贼，而求其无偏，得乎哉！譬之是犹立枉木而求其景之直也，乱莫大焉。

【注释】

①六：当为"大"字之误。

②疑：通"拟"，揣度，估量。

③痤（cáo）：疮疖。

荀 子

【译文】

现在君主有个大毛病：让贤能的人去做事，却和不贤的人去规范做事的效果；让明智的人去考虑问题，却和愚蠢的人去评判他解决问题的方法；让品德美好的人去干事，却和肮脏邪恶的人去评估他。像这样，虽然想成功，能办得到吗？打个比方，这就好像是竖起一根笔直的木头而怕它的影子弯曲，没有比这个更糊涂的了。俗话说："美女的姿色，是丑陋者的灾祸。公正的贤士，是众人的弃子。遵循道义的人，是肮脏邪恶者的祸害。"现在让肮脏邪恶的人来评判他们的冤家祸根而要求他们没有偏见，能办得到吗？打个比方，这就好像竖起一根弯曲的木头而要求它的影子笔直，没有比这个更昏乱的了。

【注释】

①行义：品行，道义。

②县：古"悬"字，衡量。古代的权衡类似现代的天平，所以轻的砝码无法衡量重的物体。此文的"轻"、"重"喻指权势而言。

③燕：通"宴"，安闲。

④流惰：等于说"惰淫"，放荡享乐的意思。

⑤伯乐：春秋秦穆公时人，姓孙，名阳，善于相马。

【原文】

故古之人为之不然。其取人有道，其用人有法。取人之道，参之以礼；用人之法，禁之以等。行义动静^1，度之以礼；知虑取舍，稽之以成；日月积久，校之以功，故卑不得以临尊，轻不得以县重^2，愚不得以谋知，是以万举而不过也。故校之以礼，而观其能安敬也；与之举措迁移，而观其能应变也；与之安燕^3，而观其能无流惰也^4；接之以声色、权利、忿怒、患险，而观其能无离守也。彼诚有之者与诚无之者，若白黑然，可谓邪哉！故伯乐不可欺以马^5，而君子不可欺以人，此明王之道也。

【译文】

古代的君主做事就不是这样。他挑选人有一定的原则，他任用人有一定的法度。挑选人的原则，是用礼制去检验他们；任用人的法度，是用等级去限制他们。对他们的品行举止，用礼制来衡量；对他们的智慧以及赞成或反对的意见，用最后的成果来考查；对他们日积月累的长期工作，用取得的功绩来考核。所以，地位卑下的人不准用来监督地位尊贵的人，权势轻微的人不准用来评判掌有大权的人，愚蠢的人不准用来计议明智的人，因此一切举措都不会失误。所以用礼制来考核他，看他是否能安泰恭敬；

给他上下调动来回迁移，看他是否能应付各种变化；让他安逸舒适，看他是否能不放荡地享乐；让他接触音乐美色、权势财利、怨恨愤怒、祸患艰险，看他是否能不背离节操。这样，那些真正有德才的人与的确没德才的人就像白与黑一样判然分明，还能进行歪曲吗？所以伯乐不可能被马的好坏欺骗，而君子不可能被人的好坏欺骗。以上这些就是英明帝王的政治措施。

【原文】

人主欲得善射，射远中微者，县贵爵重赏以招致之^1。内不可以阿子弟^2，外不可以隐远^3，能致是者取之，是岂不必得之之道也哉！虽圣人不能易也。欲得善驭速致远者，一日而千里，县贵爵重赏以招致之。内不可以阿子弟，外不可以隐远人，能致是者取之，是岂不必得之之道也哉！虽圣人不能易也。

【注释】

①县：同"悬"，悬挂，指挂出布告公开昭示。

②阿：偏袒。

③隐：埋没。

【译文】

君主想要求得善于射箭，射得远又能射中小目标的人，只有宣布给以高官厚赏来招引他们。对内不能偏袒自己的子弟，对外不能埋没和自己疏远的人，只要符合这个标准的人就选用，这难道不是必能求得善于射箭的人的方法吗？即使是圣人也不能改变这个方法。想要求得善于驾车的人，既跑得快又到达得远的，能达到这个标准的人就选用，这难道不是必能求得善于驾车的人的方法吗？即使是圣人也不能改变这个方法。

【原文】

欲治国驭民，调壹上下，将内以固城，外以拒难，治则制人，人不能制也；乱则危辱灭亡可立而待也。然而求卿相辅佐则独不若是其公也^1，案唯便嬖亲比己者之用也^2，岂不过甚矣哉！故有社稷者莫不欲强，俄则弱矣；莫不欲安，俄则危矣；莫不欲存，俄则亡矣。

【注释】

①是：指代上文"得善射"、"得善驭"的方法。

②案：语助词。

荀 子

【译文】

君主想要治理好国家，领导好人民，调整上下从而使之协调，对内巩固城防，对外抵御入侵，国家安定，就能够制伏别人，而不会被别人所制伏；国家动乱或遇到危险、耻辱、灭亡等情况，也能够马上对付。但是寻求卿相来帮助国家，就不像这样公道了，只能任用左右亲信和迎合自己的人，这难道不是大错而特错了吗？所以，拥有国家的君主没有不想要强大的，但不久就衰弱了；没有不想要万世长存的，但不久就灭亡了。

【注释】

①倜（tì）然：远离的样子，此指远离世俗、与众不同的样子。州：或作"舟"，古国名，姜姓，建都淳于（今山东安丘县东北）。

②齯（yún）：无齿。

③贵道：良好的政治秩序。

④白：显扬。

⑤隐：这里是偏爱的意思。

【原文】

古有万国，今有十数焉，是无他故，莫不失之是也。故明主有私人以金石珠玉，无私人以官职事业，是何也？曰：本不利于所私也。彼不能而主使之，则是主暗也；臣不能而诡能，则是臣诈也。主暗于上，臣诈于下，灭亡无日，俱害之道也。

夫文王非无贵戚也，非无子弟也，非无便嬖也，倜然乃举太公于州人而用之^1，岂私之也哉！以为亲邪？则周姬姓也，而彼姜姓也。以为故邪？则未尝相识也。以为好丽邪？则夫人行年七十有二，齯然而齿堕矣^2。然而用之者，夫文王欲立贵道^3，欲白贵名^4，以惠天下，而不可以独也。非于是子莫足以举之，故举是子而用之。于是乎贵道果立，贵名果白，兼制天下，立七十一国姬，姓独居五十三人。周之子孙，苟非狂惑者，莫不为天下之显诸侯，如是者能爱人也。故举天下之大道，立天下之大功，然后隐其所怜所爱^5，其下犹足以为天下之显诸侯。故曰：唯明主为能爱其所爱，暗主则必危其所爱。此之谓也。

【译文】

古时候这样的国家成千上万，现在还有十几个，这没有别的原因，没有不是在用人的问题上失误了。所以，英明的君主有私自给人金石珠玉的，却没有私自给人以官职和事业的，这是什么原因？回答：因为私下给人官职根本不利于那些被偏爱的人。那些人没有才能而君主任用他，那么这就是君主昏庸；臣子无能而冒充有才能，那么这就是臣子欺诈。君主昏庸于上，臣子欺诈于下，灭亡就要不了几天了。所以这是对君主以及所宠爱的臣子都有害处的做法呀！

周文王并不是没有皇亲国戚，并不是没有儿子兄弟，并不是没有宠臣亲信，但他却离世脱俗地在别国人之中提拔了姜太公而重用他，这哪里是偏袒他呢？以为他们是亲族吧？但周族姓姬，而他姓姜。以为他们是老相识吧？但他们从来不相识。以为周文王爱漂亮吧？但姜太公已七十二岁，牙齿都掉光了。但是还要任用他，那是因为文王想要树立宝贵的政治原则，想要显扬尊贵的名声，以此来造福天下，而这些是不能单靠自己一个人办到的，但除了这姜太公又没有什么人可以选用，所以提拔了这个人并任用了他。于是宝贵的政治原则果然树立起来了，尊贵的名声果然明显卓著，全面控制了天下，设置了七十一个诸侯国，其中姬姓诸侯就独占五十三个，周族的子孙，只要不是发疯糊涂的人，无不成为天下显贵的诸侯。像这样，才算是能宠爱人啊！所以实施了统一天下的重大原则，建立了统一天下的丰功伟绩，然后再偏私自己所疼所爱的人，那么这些被疼爱的人最差的也还能成为天下的显贵诸侯。所以说："只有英明的君主才能爱护他所宠爱的人，昏庸的君主则必然会危害他所宠爱的人。"说的就是这个道理。

【原文】

墙之外，目不见也；里之前^1，耳不闻也；而人主之守司，远者天下，近者境内，不可不略知也。天下之变，境内之事，有弛易翻差者矣^2，而人主无由知之，则是拘胁蔽塞之端也。

耳目之明，如是其狭也；人主之守司，如是其广也；其中不可以不知也，如是其危也。然则人主将何以知之？

曰：便嬖左右者，人主之所以窥远收众之门户牖向也^3，不可不早具也。故人主必将有便嬖左右足信者然后可，其知惠足使规物^4，其端诚足使定物然后可，夫是之谓国具。人主不能不有游观

【注释】

①里：居民区，周代以二十五家为一里，里有里门。里之前：指里门之前。

②弛易：通"移易"，变动的意思。翻差：参差不齐，此指不协调、出了乱子。

③收：通"纠"，监督。门户牖（yǒu）向：古代双扇的门叫"门"，单扇的门叫"户"，"牖"即窗，"向"即北窗。这里喻指君主的耳目。

④知：通"智"。

⑤基：通"几"，一种小桌子，古代设于座侧，用来靠身。

⑥距：通"拒"，拒绝，指拒之于外。

⑦还：归还。秩：官吏的职位俸禄。还秩：辞职，指不愿干。

安燕之时，则不得不有疾病物故之变焉。如是，国者，事物之至也如泉源，一物不应，乱之端也。故曰：人主不可以独也。卿相辅佐，人主之基杖也⑤，不可不早具也。故人主必将有卿相辅佐足任者然后可。其德音足以镇抚百姓，其知虑足以应待万变然后可；夫是之谓国具。

四邻诸侯之相与，不可以不相接也，然而不必相亲也，故人主必将有足使喻志决疑于远方者然后可，其辩说足以解烦，其知虑足以决疑，其齐断足以距难⑥，不还秩不反者⑦，然而应薄扞患足以持社稷然后可，夫是之谓国具。故人主无便嬖左右足信者谓之暗，无卿相辅佐足任使者谓之独，所使于四邻诸侯者非其人谓之孤，孤独而暗谓之危。国虽若存，古之人曰亡矣。《诗》曰："济济多士，文王以宁。"此之谓也。

【译文】

墙壁外面，眼睛看不到；里门前面，耳朵听不到；但君主所掌管的，远的遍及天下，近的国境之内，不可不概略地知道一些。天下的变化，境内的事情，已经有变动纷乱的了，然而君主却无从知道这种情况，那么这就是被挟制蒙蔽的开端了。

耳朵眼睛的辨察力如此狭窄，君主的掌管范围如此广大，其中的情况不可以不知道；不知道其中的情况，就会有被挟制蒙蔽的危险。既然如此，那么君主将靠什么来了解情况呢？

回答说：君主身边的亲信和侍从，是君主用来观察远处监督群臣百官的耳目，不能不及早配备好。所以君主一定要有了足可信赖的亲信侍从，然后才可以掌控天下；他们的智慧要足可用来谋划事情，他们的正直诚实要足可用来决定事情，然后才行。这种人可以称为治国的工具。君主不能没有游览安逸的时候，也不可能没有疾病死亡的变故。在这种时候，国家的事情还像源泉一样不断地涌来，一件事情应付不好，就是祸乱的发端。所以说：君主不能单枪匹马。卿相辅佐，是君主的依靠，不能不及早配备好。所以君主一定要有足以胜任的卿相辅佐，然后才可以掌控天下；他们的道德声望要足以用来安抚百姓、他们的智慧心计要足以用来应付千变万化，然后才可以掌控天下。这种人叫做治国的工具。

四邻诸侯国互相交往，不可能不互相接触，但是不一定都互相友好，所以君主一定要有了足可出使到远方去传达君主旨意、解决疑难问题的人，然后才可以掌控天下；他们的辩说要足以用来消除麻烦，他们的智慧心计要足以用来解决疑难，他们的敏捷果断要足以用来排除危难，他们既不推卸职责，也不回到君主身边请示，然而应付紧急情况、抵御患难的时候却足以保住国家政权，只有这样才可以掌控天下。这种人也叫做治国的工具。君主没有足以信赖的亲信侍从叫做不明，没有足以胜任的卿相辅佐叫做单独，被派遣到四邻诸侯国的使者不是那称职的人叫做孤立，孤立、单独而不明叫做危险。国家虽然似乎存在着，但古代的人却说它灭亡了。《诗经》上说："人才济济多精英，文王因此得安宁。"说的就是这个道理。

【原文】

材人：愿悫拘录，计数纤啬而无敢遗丧^1，是官人使吏之材也。修饬端正，尊法敬分，而无倾侧之心，守职修业^2，不敢损益，可传世也，而不可使侵夺，是士大夫官师之材也。知隆礼义之为尊君也，知好士之为美名也，知爱民之为安国也，知有常法之为一俗也，知尚贤使能之为长功也，知务本禁末之为多材也^3，知无与下争小利之为便于事也，知明制度权物称用之为不泥也，是卿相辅佐之材也。未及君道也。

能论官此三材者而无失其次^4，是谓人主之道也。若是则身侠而国治，功大而名美，上可以王，下可以霸，是人主之要守也。人主不能论此三材者，不知道此道，安值将毕势出劳^5，并耳目之乐^6，而亲自贯日而治详，一日而曲辨之^7，虑与臣下争小察而秦偏能，自古及今，未有如此而不乱者也。是所谓视乎不可见，听乎不可闻，为乎不可成。此之谓也。

【注释】

①啬：节俭、吝啬，此指精打细算。

②业：书版，这里指法典图籍。

③材：通"财"。

④论：通"抡"。官：任用。

⑤值：同"直"，只。

⑥并：通"屏"。

⑦辨（bàn）：通"辩"，治理。

【译文】

任用人才的原则是：诚实勤劳，即使细小的事情也能精心计算，不敢有所遗漏，这种人是一般官吏与差役的材料。加强修养、端正身心，崇尚法制、尊重名分，而没有偏斜不正的思想；谨守职责、遵循法典，不敢有所增减，使它们世代相传，而不让它们受损被夺，这种人是士大夫和群臣百官的材料。知道崇尚礼义是为了使君主尊贵，知道喜爱士人是为了使名声美好，知道爱护民众是为了使国家安定，知道有了固定的法制是为了统一习俗，知道尊重贤士、使用能人是为了增长功效，知道致力于根本性的农业生产，而限制非根本的工商业是为了增多国家财富，知道不与下属争夺小利是为了有利于办大事，知道彰明制度、权衡事情要符合实用是为了不拘泥于成规，这种人是做卿相辅佐的材料，还没有能懂得君主之道。

能够选择任用这三种人才而对他们的安排没有失误，这才可以称为君主之道。如果能这样，那么君主自己就能得到安逸，国家得到安定，功业伟大而名声美好；上可以称王天下，下可以称霸诸侯，这是君主的主要职守。君主不能择取这三种人才，不知道遵循这个原则，而只是降低自己的地位而竭尽劳力，抛弃声色娱乐，而亲自夜以继日把事情治理得周详完备，一天之内就曲折周到地把事办好，总是想和臣下在细小的方面比精明而使尽某一方面的才能，从古到今，还没有像这样做而国家不混乱的。这就是所谓"看不可能看见的，听不可能听见的，做不可能成功的"。说的就是这个道理。

臣 道

【原文】

人臣之论：有态臣者^1，有篡臣者，有功臣者，有圣臣者。内不足使一民，外不足使距难^2；百姓不亲，诸侯不信；然而巧敏佞说^3，善取宠乎上，是态臣者也。上不忠乎君，下善取誉乎民；不恤公道通义，朋党比周，以环主图私为务^4，是篡臣者也。内足使以一民，外足使以距难；民亲之，士信之，上忠乎君，下爱百姓而不倦，是功臣者也。上则能尊君，下则能爱民；政令教化，刑下如影^5，应卒遇变^6，齐给如响；推类接誉^7，以待无方，曲成制象^8，是圣臣者也。

故用圣臣者王，用功臣者强，用篡臣者危，用态臣者亡。态臣用则必死，篡臣用则必危，功臣用则必荣，圣臣用则必尊。故齐之苏秦、楚之州侯、秦之张仪，可谓态臣者也。韩之张去疾、赵之奉阳、齐之孟尝，可谓篡臣也。齐之管仲、晋之咎犯、楚之孙叔敖，可谓功臣矣。殷之伊尹、周之太公，可谓圣臣矣。是人臣之论也；吉凶贤不肖之极也，必谨志之！而慎自为择取焉，足以稽矣。

【译文】

大臣的区别有：有阿谀奉迎的大臣，有篡夺君权的大臣，有功绩巨大的大臣，有明达圣哲的大臣。对内不能统一人民，对外不能抵御入侵；不能亲近百姓，和诸侯们交往不守信用；但是用花言巧语来谄媚主上，很会取得君主的信任，这就是阿谀奉迎的大臣。对上不忠于君主，对下用好名声来扩大自己的威望；不顾及公道和礼仪原则，结党营私，专门迷惑君主来图谋私利，这是篡夺君权的大臣。对内能够统一人民，对外能够抵御外敌的入侵；人民愿意亲近他，士大夫愿意信任他，对上忠于君主，对下体恤百姓而不知疲倦，这是成绩巨大的大臣。对上能够尊重君主，对下

【注释】

①态：姿态，态度，引申指阿谀奉承的样子。

②距：通"拒"。

③说：通"锐"，指口齿伶俐。

④环：环绑，引申指封闭、蒙蔽。

⑤刑：通"型"，典范，榜样。这里用作动词，作榜样。

⑥卒（cù）：通"猝"，突然。

⑦接：会合。誉：通"与"，同类。

⑧曲：曲折周到，各个方面。制：制度，准则。象：法式，榜样。曲成制象：指他的行为处处成为准则楷模，这是因为他严格遵守法度的结果。

能爱护百姓；推行政令教化，人民效法他就像影子一样；应付突然发生的事件迅速敏捷，就像回响呼应声音一样；以法类推处理各种事务，从容对待变化无常的情况，处处都能符合规章制度，这就是明达圣哲的大臣。

用明达圣哲的大臣，就可以称王天下；用成绩巨大的大臣，国家就会富强；用篡夺君权的大臣，国家就会非常危险；用阿谀逢迎的大臣，国家就会灭亡。阿谀奉迎的大臣得到重用，君主必死无疑；篡夺君权的大臣得到重用，君主就非常危险了；功绩巨大的大臣得到重用，君主就会非常光荣；明达圣哲的大臣得到重用，君主就会得到尊重。齐国的苏秦、楚国的州侯、秦国的张仪，就是所谓的阿谀奉迎的大臣。韩国的张去疾、赵国的奉阳君、齐国的孟尝君，就是所谓的篡夺君权的大臣。齐国的管仲、晋国的勇犯、楚国的孙叔敖，就是所谓的成绩巨大的大臣。殷代的伊尹、周代的姜太公，就是明达圣哲的大臣。这些大臣的区别，是预测国家安危和君主贤与不贤的标志，一定要记住啊！君主要谨慎地亲自选择大臣，这就是标准。

【注释】

①臧否：好坏。

②惫：担心。

③争：同"诤"，拼命规劝。

④比：合。

⑤强：勉力强求。

⑥拂（bì）：通"弼"，匡正，矫正式的辅助。

【原文】

从命而利君谓之顺，从命而不利君谓之治；逆命而利君谓之忠，逆命而不利君谓之篡；不恤君之荣辱，不恤国之臧否^1，偷合苟容以持禄养交而已耳，谓之国贼。

君有过谋过事，将危国家、陨社稷之惫也^2，大臣父兄，有能进言于君，用则可，不用则去，谓之谏；有能进言于君，用则可，不用则死，谓之争^3；有能比知同力^4，率群臣百吏而相与强君矫君^5，君虽不安，不能不听，遂以解国之大患，除国之大害，成于尊君安国，谓之辅；有能抗君之命，窃君之重，反君之事，以安国之危，除君之辱，功伐足以成国之大利，谓之拂^6。

故谏、争、辅、拂之人，社稷之臣也，国君之宝也，明君所尊厚也，而暗主惑君以为己贼也。故明君之所赏，暗君之所罚也；暗君之所赏，明君之所杀也。伊尹、箕子可谓谏矣，比干、子胥可谓争矣，平原君之于赵可谓辅矣，信陵君之于魏可谓拂矣。传曰："从道不从君。"此之谓也。

【译文】

服从君主的命令而有利于君主叫做顺从，服从君主的命令而不利于君主叫做谄媚；违抗君主的命令而有利于君主叫做忠诚，违抗君主的命令而不利于君主叫做篡夺。不顾君主的荣辱，不顾国家的得失，只是苟且迎合君主、无原则地求取容身，以此来保住自己的俸禄、去豢养自己结交的党羽，叫做国家的奸贼。

君主有了错误的谋划、错误的行为，国家将危险、政权将灭亡，这时大臣、父兄中如果有人能向君主进呈意见，意见被采用就罢了，不被采用就离去，这叫做劝谏；如果有人能向君主进呈意见，意见被采用就罢了，不被采用就殉身，这叫做苦谏；如果有人能联合有智慧的人同心协力，率领群臣百官一起强迫君主、纠正君主，君主虽然不服，却不能不听从，于是就靠此消除了国家的大忧患，去掉了国家的大祸害，结果使君主尊贵、国家安定，这叫做辅助；如果有人能抗拒君主的命令，借用君主的权力，反对君主的错误行为，因而使国家转危为安，除去了君主蒙受的耻辱，功劳足够用来成就国家的重大利益，这叫做匡正。

劝谏、苦谏、辅助、匡正的人，是维护国家政权的大臣，是国君的宝贵财富，是英明的君主所尊敬优待的，但愚昧的和糊涂的国君却把他们看作为自己的敌人。所以英明的君主所奖赏的人，却是愚昧的君主所惩罚的对象；愚昧的君主所奖赏的人，却是英明的君主所杀戮的对象。伊尹、箕子可以称为劝谏了；比干、子胥可以称为苦谏了；平原君对于赵国来说，可以称为辅助了；信陵君对于魏国来说，可以称为匡正了。古书上说："依从正确的原则而不依从国君。"说的就是这种人。

【原文】

故正义之臣设^1，则朝廷不顾；谏争辅拂之人信，则君过不

【注释】

①设：安排，任用。

②垂：同"陲"，边疆。

③緟：通"享"，享受。盛：通"成"，成果。

远；爪牙之士施，则仇雠不作；边境之臣处，则疆垂不丧^2，故明主好同而暗主好独，明主尚贤使能而緟其盛^3，暗主妒贤畏能而灭其功。罚其忠，赏其贼，夫是之谓至暗，桀、纣所以灭也。

【译文】

坚持正义的臣子得到进用，那么朝廷就不会偏邪不正；劝谏、苦谏、辅助、匡正的人受到信任，那么君主的过错就不会延续很久；勇猛有力的武士被使用，那么仇敌就不敢兴风作浪；边境上的大臣安置好了，那么边境就不会丧失。所以英明的君主喜欢团结别人共事而愚昧的君主喜欢孤家寡人；英明的君主推崇贤德的人、使用有才能的人而享有他们的成果，愚昧的君主忌妒贤德的人、害怕有才能的人而埋没他们的功绩。惩罚自己的忠臣，奖赏自己的奸贼，这叫做极其昏庸，这就是夏桀、商纣灭亡的原因。

【注释】

①削：古代竹简上写错了字用刀刮去叫"削"，此引申指悄悄除去君主的过失。

②违：通"讳"，避忌，避开不说。

【原文】

事圣君者，有听从无谏争；事中君者，有谏争无谄谀；事暴君者，有补削无挢拂^1。迫胁于乱时，穷居于暴国，而无所避之，则崇其美，扬其善，违其恶^2，隐其败，言其所长，不称其所短，以为成俗。《诗》曰："国有大命，不可以告人，妨其躬身。"此之谓也。

【译文】

侍奉圣明君主的，有听从而没有劝谏苦谏；侍奉一般君主的，有劝谏苦谏而没有奉承阿谀；侍奉暴君的，有弥补缺陷除去过失而没有强行纠正。被逼迫、受挟制地生活在混乱的时代，走投无路地住在暴君统治的国家，而又没有办法避开这种处境，那就推崇他的美德，宣扬他的善行，不提他的罪恶，隐瞒他的失败，称道他的长处，不说他的短处，把这些作为既成的习俗。《诗经》上说："国家有了重大政令，不可把它告诉别人，否则就会危害自身。"说的就是这种情况。

【原文】

恭敬而逊，听从而敏，不敢有以私决择也^1，不敢有以私取与也，以顺上为志，是事圣君之义也。忠信而不诀，谏争而不谄，矫然刚折，端志而无倾侧之心，是案曰是，非案曰非，是事中君之义也。调而不流，柔而不屈，宽容而不乱，晓然以至道而无不调和也，而能化易，时关内之^2，是事暴君之义也。若驭朴马，若养赤子，若食馁人^3。故因其惧也而改其过，因其忧也而辨其故^4，因其喜也而入其道，因其怒也而除其怨，曲得所谓焉^5。《书》曰："从命而不拂，微谏而不倦，为上则明，为下则逊。"此之谓也。

【注释】

①有：通"又"，再，更。

②关：入。内（nà）：同"纳"。关内：纳入。

③食（sì）：通"饲"，喂。馁：同"馁"，饥饿。

④辨：通"变"。

⑤曲：曲折周到，各方面，指惧、忧、喜、怒等方面。谓：通"为"。所谓：所要达到的目的，指改变暴君的性情，即"改其过"、"辨其故"、"入其道"、"除其怨"。

【译文】

恭敬而又谦逊，听从而又敏捷地执行命令，不敢再根据私利去决断和选择，不敢再根据私利去取舍，把顺从君主作为自己的志向，这是侍奉圣明君主的合宜原则。忠诚守信而不阿谀，劝谏而不谄媚，强硬地坚决挫败君主，思想端正而没有偏斜不正的念头，对的就说对，错的就说错，这是侍奉一般君主的合宜原则。调和却不随波逐流，温柔却不低头屈从，宽容却不和君主一起胡乱妄为，用最正确的原则去启发君主而没有不协调和顺的，那就能感化改变君主暴虐的本性，时时把正确的原则灌输到他心中去，这是侍奉暴君的合宜原则。侍奉暴君就像驾取未训练过的马，就像托养初生的婴儿，就像喂饥饿的人吃东西一样，要趁他畏惧的时候使他改正错误，趁他忧虑的时候使他改变过去的行为，趁他高兴的时候使他走入正道，趁他发怒的时候使他除去仇人，这样就能处处达到目的。《尚书》说："服从命令而不违背，暗暗规劝而不懈怠；做君主要明智，做臣子要谦逊。"说的就是这种情况。

【原文】

事人而不顺者^1，不疾者也；疾而不顺者，不敬者也；敬而不

【注释】

①不顺：指不顺君主的

152 荀 子

心意。

②伤疾：伤害了积极，与上文的"疾而不顺"相应，指虽然积极，却毁于无德而成为徒劳。堕（huī）：同"隳"，毁坏。苦：辛苦，指上文的"敬"、"忠"。

顺者，不忠者也；忠而不顺者，无功者也；有功而不顺者，无德者也。故无德之为道也，伤疾、堕功、夭苦^2，故君子不为也。

【译文】

侍奉君主却不合君主的心意，是因为不积极；积极了却不合君主的心意，是因为不恭敬；恭敬了却不合君主的心意，是因为不忠诚；忠诚了却不合君主的心意，是因为没有功绩；有了功绩却不合君主的心意，是因为没有品德。所以没有品德如果成为一种德行，就会伤害积极、毁掉功绩、拖没苦心，所以君子是不干的。

【注释】

①覆：遮盖，笼罩。

②夫差（chāi）：春秋末年吴国国君，阖闾之子，他不听伍子胥的劝谏，放了越王勾践，结果被勾践所灭。

【原文】

有大忠者，有次忠者，有下忠者，有国贼者。以德覆君而化之^①，大忠也；以德调君而辅之，次忠也；以是谏非而怒之，下忠也；不恤君之荣辱，不恤国之臧否，偷合苟容以持禄养交而已耳，国贼也。若周公之于成王也，可谓大忠矣；若管仲之于桓公，可谓次忠矣；若子胥之于夫差^2，可谓下忠矣；若曹触龙之于纣者，可谓国贼矣。

【译文】

有头等的忠臣，有次一等的忠臣，有下等的忠臣，还有国家的奸贼。用正确的原则薰陶君主而感化他，是头等的忠诚；用道德来调养君主而辅助他，是次一等的忠诚；用正确的去劝阻君主的错误却触怒了他，是下等的忠诚；不顾君主的荣辱，不顾国家的得失，只是苟且迎合君主、无原则地求取容身，以此来保住自己的俸禄、去豢养自己结交的党羽罢了，这是国家的奸贼。像周公对于周成王，可以说是头等的忠诚了；像管仲对于齐桓公，可以说是次一等的忠诚了；像伍子胥对于夫差，可以说是下等的忠诚了；像曹触龙对于商纣王，可以说是国家的奸贼了。

【注释】

①暴：空手搏击。

【原文】

仁者必敬人。凡人非贤，则案不肖也。人贤而不敬，则是禽兽也；人不肖而不敬，则是犴虎也。禽兽则乱，犴虎则危，灾及其身矣。《诗》曰："不敢暴虎^1，不敢冯河^2。人知其一，莫知其他。战战兢兢^3，如临深渊，如履薄冰。"此之谓也。故仁者必敬人。

②冯(píng)：同"凭"，徒步涉水。

③战战：通"颤颤"，恐惧发抖的样子。兢兢：小心谨慎的样子。

【译文】

仁德之人必定尊敬别人。一般说来，一个人不贤能，那就是没有德才的人。别人贤能却不去尊敬他，那就是禽兽了；别人没有德才而不去尊敬他，那就等于在戏弄老虎。人如禽兽就会胡乱妄为，戏弄老虎就会十分危险，灾难就会落到他身上了。《诗经》上说："不敢空手打老虎，不敢光脚把河渡。人们只知这一点，不知其他有害处。要害怕啊要小心，要像面临那深渊，要像脚踩那薄冰。"说的就是这个道理。所以讲究仁德的人必定尊敬别人。

【原文】

敬人有道。贤者则贵而敬之，不肖者则畏而敬之；贤者则亲而敬之，不肖者则疏而敬之。其敬一也，其情二也。若夫忠信端悫而不害伤，则无接而不然，是仁人之质也。忠信以为质，端悫以为统；礼义以为文^1，伦类以为理，喘而言，膦而动，而一可以为法则。《诗》曰："不僭不贼^2，鲜不为则^3。"此之谓也。

【注释】

①文：法度，规范。

②僭(jiàn)：过分，过失。贼：害。

③则：准则，表率。

【译文】

尊敬别人有一定的原则：对贤能的人就景仰地尊敬他，对没有德才的人就畏惧地尊敬他；对贤能的人就亲切地尊敬他，对没有德才的人就疏远地尊敬他。表面上的尊敬是一样的，实际内容是两样的。至于忠诚守信正直老实而不伤害人，那是对待所有的人都这样的，这是仁德之人的本质。以忠诚守信为本体，以正直老实为纲纪，以礼义为规范，以伦理法律为原则，稍微说一句话，稍微动一动，都可以成为别人效法的榜样。《诗经》上说："不犯错误不害人，很少不成为准则。"说的就是这种人。

154 荀 子

【注释】

①乐：这里是音乐、舞蹈的总称。

②安：乐，喜爱。利：这里是喜爱的意思。

【原文】

恭敬，礼也；调和，乐也^1；谨慎，利也；斗怒，害也。故君子安礼乐利^2，谨慎而无斗怒，是以百举而不过也。小人反是。

【译文】

恭恭敬敬，是礼节的本质；协调和谐，是音乐的效果；谨慎小心，是言行的好处；斗气愤怒，是有害的。君子喜欢礼节，言语谨慎，从不与人斗气愤怒，所以做事从来都没有过错。小人却与此相反。

【注释】

①之：到。

②权：变。

③通情：一心。

④球：通"桻"，法度。小球大球：小事之法度与大事之法度。

⑤缀：表记。旒（liú）：挂在旗帜边缘上的装饰品。缀旒：表率的意思。此喻指商汤、周武王成为表率。

【原文】

通忠之顺^1，权险之平^2，祸乱之从声：三者非明主莫之能知也。争然后善，戾然后功，出死无私，致忠而公，夫是之谓通忠之顺，信陵君似之矣。夺然后义，杀然后仁，上下易位然后贞，功参天地，泽被生民，夫是之谓权险之平，汤、武是也。过而通情^3，和而无经，不恤是非，不论曲宜，偷合苟容，迷乱狂生，夫是之谓祸乱之从声，飞廉、恶来是也。传曰："斩而齐，枉而顺，不同而一。"《诗》曰："受小球大球^4，为下国缀旒^5。"此之谓也。

【译文】

忠诚不至壅塞而达到通畅，改变危险的局面而达到安定，祸乱必随着迎合君意的随声附和而来，这三种情况不是英明的君主是不能明白的。向君主谏诤，然后才能行善；违背君主，然后才能立功；豁出生命而没有私心，极其忠诚而公正。这叫做使忠诚畅通无阻而达到顺从，信陵君类似于这种人了。夺取君权，然后才能实行道义；杀掉君主，然后才能实现仁德；君臣交换位子，然后才能做到有操守；功业与天地并列，恩泽施加到广大民众。这叫做改变危险的局面而达到安定，商汤、周武王就是这样的人。君主错了却还和他齐心，只是无原则地附和君主，不顾是非，不讲曲直，苟且地迎合君主以求得容身，迷意昏乱而狂妄无知地追求生活享受。这叫做祸乱必伴随迎合君意随声附和而来，飞廉、恶来就是这种人。古书上说："有了参差才有整齐，有了委曲才有顺从，有了不同才有一致。"《诗经》上说："接受小法与大法，成为各国的表率。"说的就是这种情况。

致 士

【注释】

①衡：通"横"，遍，到处。幽：隐晦，指隐居的贤士。重（chóng）：再。明：显著，指已显扬的贤士。

②贼：陷害好人。累：祸害。谮（zèn）：诬陷。

③隐：通"意"。隐忌：猜忌。雍：通"壅"，堵塞。蔽：遮盖。

④禽：家禽。犊：小牛。禽犊：泛指送人的礼物。

⑤流：指没有根据。愬（sù）：通"诉"，诉说。

⑥官：官方，指正当的途径。

【原文】

衡听、显幽、重明、退奸、进良之术^1：朋党比周之誉，君子不听；残贼加累之谮^2，君子不用；隐忌雍蔽之人^3，君子不近；货财禽犊之请^4，君子不许。凡流言、流说、流事、流谋、流誉、流愬^5，不官而衡至者^6，君子慎之，闻听而明誉之，定其当而当，然后士其刑赏而还与之；如是，则奸言、奸说、奸事、奸谋、奸誉、奸愬莫之试也。忠言、忠说、忠事、忠谋、忠誉、忠愬莫不明通，方起以尚尽矣。夫是之谓衡听、显幽、重明、退奸、进良之术。

【译文】

广泛地听取意见、使隐居的贤士显扬、使显扬的贤士进一步显扬、使奸邪退却、使忠良进用的方法是：宗派集团互相勾结的吹捧，君子不听从；残害贤良、横加罪名的诬陷，君子不采用；猜忌、埋没贤才的人，君子不接近；用钱财礼物进行贿赂的请求，君子不答应。凡是没有根据的流言、没有根据的学说、没有根据的事情、没有根据的计谋、没有根据的赞誉、没有根据的诉说等不是通过正当途径而是道听途说来的东西，君子对它们持慎重态度，听到了就把它们公开地列举出来，确定它们是恰当的还是不恰当的，然后对它们作出惩罚或是奖赏的决定并立即付诸实施。像这样，那么奸诈的言论、奸诈的学说、奸诈的事情、奸诈的计谋、奸诈的赞誉、奸诈的诉说就没有敢来试探的了，忠诚的言论、忠诚的学说、忠诚的事情、忠诚的计谋、忠诚的赞誉、忠诚的诉说就都能公开表达、通行无阻、并起而进献于君主了。以上这些就是广泛地听取意见、使隐居的贤士显扬、使显扬的贤士进一步显扬、使奸邪退却、使忠良进用的方法。

致 士 | 157

【原文】

川渊深而鱼鳖归之，山林茂而禽兽归之，刑政平而百姓归之，礼义备而君子归之。故礼及身而行修，义及国而政明，能以礼扶而贵名白^1，天下愿，令行禁止，王者之事毕矣。《诗》曰："惠此中国^2，以绥四方^3。"此之谓也。川渊者，鱼龙之居也；山林者，鸟兽之居也；国家者，士民之居也。川渊枯则鱼龙去之，山林险则鸟兽去之^4，国家失政则士民去之。

【注释】

①扶：通"决"，周遍。

②惠：爱。中国：国中，这里是国都。

③绥：安定，安抚。

④险：通"俭"，不丰饶。

【译文】

江河湖泊深了，鱼鳖就归聚到它那里；山上树林茂盛了，禽兽就归聚到它那里；刑罚政令公正不阿，老百姓就归聚到他那里；礼制道义完善周备，有道德的君子就归聚到他那里。所以礼制贯彻到自身，品行就美好；道义贯彻到国家，政治就清明；能够把礼制贯彻到所有方面的，那么高贵的名声就会显著，天下的人就会仰慕，发布了命令就能实行，颁布了禁约就能制止，这样，称王天下的大业也就完成了。《诗经》上说："施恩这个国都中，以此安抚天下众。"说的就是这种道理。江河湖泊，是龙、鱼居住的地方；高山树林，是鸟、兽栖息的地方；国家，是士、民居住的地方。江河湖泊干涸了，那么龙、鱼就会离开它；高山树林环境险恶，那么鸟、兽就会离开它；国家政治混乱，那么士、民就会离开它。

【原文】

无土则人不安居，无人则土不守，无道法则人不至^1，无君子则道不举。故土之与人也，道之与法也者，国家之本作也^2；君子也者，道法之总要也，不可少顷旷也。得之则治，失之则乱；得之则安，失之则危；得之则存，失之则亡，故有良法而乱者有之矣，有君子而乱者，自古及今，未尝闻也。传曰："治生乎君子，乱生于小人。"此之谓也。

【注释】

①道法：政治思想的总原则和法律法令。

②作：开始。本作：本源。

荀 子

【译文】

没有土地，那么人民就不能安居；没有人民，那么土地就不能守住；没有正确的原则和法制，那么人民就不会来归附；没有君子，那么正确的原则就不能实行。所以土地和人民、正确的原则和法制这些东西，是国家的本源；君子，是正确的原则与法制的总管，不可以片刻空缺。得到了他们，国家就能治理好；失去了他们，国家就会混乱；得到了他们，国家就会安定；失去了他们，国家就危险；得到了他们，国家就能保存；失去了他们，国家就会灭亡。所以，有了良好的法制而发生混乱的国家，有过这种情况；有了君子而政治混乱的，从古到今，还不曾听说过。古书上说："国家的安定产生于君子，国家的混乱来源于小人。"说的就是这种情况。

【注释】

①逐：赶走。魂：灵魂，精神。逐魂：失神。弄虚作假的人往往提心吊胆，所以会魂不附体。

【原文】

得众动天。美意延年。诚信如神。夸诞逐魂^1。

【译文】

得到了民众，就能感动上天。内心愉悦，可以益寿延年。真诚老实，就能精明如神。浮夸欺诈，就会落魄丧魂。

【注释】

①却：拒绝。

②耀蝉：照。耀蝉：是一种捕蝉方法。即在夜晚用灯火照蝉，蝉扑向火光，便可捕捉。

【原文】

人主之患，不在乎不言用贤，而在乎不诚必用贤。夫言用贤者，口也；却贤者^1，行也；口行相反，而欲贤者之至、不肖者之退也，不亦难乎！夫耀蝉者务在明其火^2，振其树而已；火不明，虽振其树，无益也。今人主有能明其德者，则天下归之若蝉之归明火也。

【译文】

君主的毛病，不在于不谈论任用贤人，而在于不能真心实意地去任用贤人。谈论任用贤人，是口头上的；屏退贤人，是行动上的；口头上和行动上互相违背，却想要贤能的人前来、不贤的人退去，这不是很难的吗？那照蝉的人，他的工作在于先点亮灯火，然后再摇动树身而已；如果灯火不亮，那么即使摇动树身，也无济于事。现在君主中如果有人能使自己的德行贤明，那么天下的人投奔他就会像蝉扑向明亮的火光一样了。

【注释】

①进：指选拔贤良。退：指斥退奸臣。诛：指惩处罪犯。赏：指奖赏功臣。

②庸：用。

③女：通"汝"。

【原文】

临事接民而以义变应，宽裕而多容，恭敬以先之，政之始也。然后中和察断以辅之，政之隆也；然后进退诛赏之^1，政之终也。故一年与之始，三年与之终。用其终为始，则政令不行，而上下怨疾，乱所以自作也。《书》曰："义刑义杀，勿庸以即^2，女唯曰^3：未有顺事。"言先教也。

【译文】

在处理政事、联系民众时，根据道义变通地来对付，宽大而广泛地容纳民众，用恭敬的态度去引导他们，这是政治的第一步；然后中正和协地观察决断以辅助他们，这是政治的中间阶段；然后运用进用、黜退，惩罚、奖赏的办法管理他们，这是政治的最后一步。第一年给他们实施第一步，第三年才给他们实施最后一步。如果把最后一步用作为第一步，那么政策法令就不能实行，而官民上下也会怨恨，这就是动乱会从这里产生的原因。《尚书》说："即使是合宜的刑罚、合理的杀戮，也不要用来立即执行，你只能说：'我还没有理顺政事。'"这就是说，应该事先进行教育。

【注释】

①节：这里指法度，等级制度。

②叙位：排列次序。叙，通"序"。

③节奏：这里指礼法制度。陵：严峻。

【原文】

程者，物之准也；礼者，节之准也^1。程以立数，礼以定伦，德以叙位^2，能以授官。凡节奏欲陵^3，而生民欲宽；节奏陵而文，生民宽而安；上文下安，功名之极也，不可以加矣。

【译文】

度量衡，是测量物品的标准；礼制，是确定礼节礼仪等法度的标准。根据度量衡来确定物品的数量，根据礼制来确定人与人之间的等级关系；根据品德来依次排列级别地位，根据能力来授予官职。凡是礼节礼仪等制度要严格，而抚养人民要宽容。礼节礼仪制度严格，就文明；抚养人民宽容，就安定。上面文雅下面安定，这是立功成名的最高境界，不可能再有所增加了。

【注释】

①隆：山中央高起的地方，引申为高贵，地位高。

②争重：指争夺最高权力。

【原文】

君者，国之隆也^1；父者，家之隆也。隆一而治，二而乱。自古及今，未有二隆争重而能长久者^2。

【译文】

君主，是国家中最高贵的人；父亲，是家庭中最高贵的人。最高贵的人只有一个，就安定；如果有两个，就会混乱。从古到今，还没有两个最高贵的人互相争夺权力而能长久的。

【注释】

①博习：博学。与：参与。

②耆（qí）：六十岁。艾：五十岁。

③陵：超越。不陵：指遵守。

【原文】

师术有四，而博习不与焉^1。尊严而惮，可以为师；耆艾而信^2，可以为师；诵说而不陵不犯^3，可以为师；知微而论，可以为师。故师术有四，而博习不与焉。水深而回，树落则粪本，弟子通利则思师。《诗》曰："无言不雠，无德不报。"此之谓也。

【译文】

成为老师的办法有四种，却并不包括博学。尊严而使人害怕，可以成为老师；年老而有威信，可以成为老师；诵读解说经典而在行动上不超越、不违犯它，可以成为老师；懂得精微的道理而又能加以阐述，可以成为老师。所以成为老师的办法有四种，却并不包括博学。水深了就会打旋，树叶落下就给树根施了肥，学生显达得利了就会想到老师。《诗经》上说："说话总会有应答，施恩总会有报答。"说的就是这种道理啊！

【原文】

赏不欲僭^1，刑不欲滥。赏僭则利及小人，刑滥则害及君子。若不幸而过，宁僭勿滥；与其害善，不若利淫^2。

【注释】

①僭：超越。

②淫：放荡不检。这里指犯罪的人。

【译文】

奖赏不要过分，刑罚不要滥用。奖赏过分，那么好处就会施加到道德不良的小人；刑罚滥用，那么危害就会涉及道德高尚的君子。如果不幸发生失误，那就宁可过分地奖赏也不要滥用刑罚；与其伤害好人，不如让邪恶的人得利。

议 兵

【注释】

①兵要：用兵的要领。

②至：这里是充分考虑的意思。

【原文】

临武君与孙卿子议兵于赵孝成王前，王曰："请问兵要^1？"临武君对曰："上得天时，下得地利，观敌之变动，后之发，先之至^2，此用兵之要术也。"

【译文】

临武君和荀卿在赵孝成王面前议论用兵之道。赵孝成王说："请问用兵的要领是什么？"临武君回答说："上取得有利于攻战的自然气候条件，下取得地理上的有利形势，观察好敌人的变动情况，比敌人后行动但比敌人先到达，这就是用兵的要领。"

【注释】

①六马：古代帝王的车用六匹马拉，"六马"指同拉一辆车的六匹马。

②亲附：亲近依附。

【原文】

孙卿子曰："不然！臣所闻古之道，凡用兵攻战之本，在乎壹民。弓矢不调，则羿不能以中微；六马不和^1，则造父不能以致远；士民不亲附^2，则汤、武不能以必胜也。故善附民者，是乃善用兵者也。故兵要在乎附民而已。"

【译文】

荀卿说："不对。我所听说的古代的方法，大凡用兵打仗的根本在于使民众和自己团结一致。如果弓箭不协调，那么后羿也不能用它来射中微小的目标；如果六匹马不协调，那么造父也不能靠它们到达远方；如果民众不亲近归附君主，那么商汤、周武王也不能一定打胜仗。所以善于使民众归附的人，这才是善于用兵的人。所以用兵的要领就在善于使民众归附自己罢了。"

【原文】

临武君曰："不然。兵之所贵者势利也，所行者变诈也。善用兵者，感忽悠暗^1，莫知其所从出。孙吴用之无敌于天下^2，岂必待附民哉！"

【注释】

①感忽：模糊不清，指难以捉摸。悠暗：悠远昏暗，指神秘莫测。

②孙吴：指孙武和吴起。

【译文】

临武君说："不对。用兵所看重的，是形势有利；所施行的，是机变诡诈。善于用兵的人，神出鬼没，没有人知道他们是从什么地方出来的。孙武、吴起用了这种办法，因而无敌于天下。哪里一定要依靠使民众归附的办法呢？"

【原文】

孙卿子曰："不然。臣之所道，仁者之兵，王者之志也。君之所贵，权谋势利也；所行，攻夺变诈也；诸侯之事也。仁人之兵，不可诈也；彼可诈者，怠慢者也，路寘者也^1，君臣上下之间，涣然有离德者也^2。故以诈诳诈，犹巧拙有幸焉。以诈诳尧，譬之若以卵投石，以指挠沸，若赴水火，人焉焦没耳。故仁人上下，百将一心，三军同力；臣之于君也，下之于上也，若子之事父，弟之事兄，若手臂之捍头目而覆胸腹也，诈而袭之，与先惊而后击之，一也。且仁人之用十里之国，则将有百里之听；用百里之国，则将有千里之听；用千里之国，则将有四海之听，必将聪明警戒和传而一^3。故仁人之兵，聚则成卒^4，散则成列，延则若莫邪之长刃^5，婴之者断^6；兑则若莫邪之利锋^7，当之者溃，圜居而方止^8，则若盘石然，触之者角摧^9，案角鹿埵、陇种、东笼而退耳。且夫暴国之君，将谁与至哉？彼其所与至者，必其民也，而其民之亲我欢若父母，其好我芬若椒兰，彼反顾其上，则若灼黥，若雠仇；人之情，虽桀、跖，岂又肯为其所恶，贼其所好者哉！是犹使人之子孙自贼其父母也，彼必将来告之，夫又何可诈也！故仁人用国日明，诸侯先顺者安，后顺者危，虑敌之者削，反之者亡。《诗》曰：'武王载发，有虔秉钺；如火烈烈，则

【注释】

①路寘：通"露薻"，羸弱疲惫。

②涣然：离散的样子。

③传：通"抟(tuán)"，聚结。

④卒：周代的军队组织，一百人为卒。

⑤延：延伸，伸展。莫邪(yé)：传说中的利剑。

⑥婴：通"撄"，碰，触犯。

⑦兑：通"锐"，尖锐，引申为冲锋。

⑧圜(yuán)：通"圆"。

⑨角：额角。

莫我敢遏。'"此之谓也。"

【译文】

荀卿说："不对。我所说的，是仁德之人的军队、是称王天下者的意志。您所看重的，是权变谋略、形势有利；所施行的，是攻取掠夺、机变诡诈：这些都是诸侯干的事。仁德之人的军队，是不可能被欺诈的；可以被欺诈的，只是一些懈怠大意的军队，赢弱疲惫的军队，君臣上下之间涣散而离心离德的军队。所以用笨的办法欺骗笨，还由于巧拙不同而有侥幸获胜的；用笨的办法欺骗尧，拿它打个比方，就好像用鸡蛋掷石头、用手指搅开水，就好像投身水火，一进去就会被烧焦淹没的啊！仁德之人上下之间，各位将领齐心一致，三军共同努力，臣子对君主，下级对上级，就像儿子侍奉父亲、弟弟侍奉兄长一样，就像手臂捍卫脑袋眼睛、庇护胸部腹部一样；所以用欺诈的办法袭击他与先惊动他之后再攻击他，那结果是一样的。况且仁德之人治理方圆十里的国家，就会了解到方圆百里的情况；治理方圆百里的国家，就会了解到方圆千里的情况；治理方圆千里的国家，就会了解到天下的情况；他的军队一定是耳聪目明，警惕戒备，协调团结而齐心一致。所以仁德之人的军队，集合起来就成为有组织的队伍；分散开来便成为整齐的行列；伸展开来就像莫邪宝剑那长长的刃口，碰到它的就会被截断；向前冲刺就像莫邪宝剑那锐利的锋芒，阻挡它的就会被击溃；摆成圆形的阵势停留或排成方形的队列站住，就像磐石一样岿然不动，触犯它的就会头破血流，就会稀里哗啦地败退下来。再说那些强暴之国的君主，将和谁一起来攻打我们呢？从他那边来看，和他一起来的，一定是他统治下的民众；而他的民众亲爱我们就像喜欢父母一样，他们热爱我们就像酷爱芳香的椒、兰一样，而他们回头看到他们的国君，却像看到了烧烤皮肤、刺脸涂墨的犯人一样害怕，就像看到了仇人一样愤怒；他们这些人的情性即使像夏桀、盗跖那样残暴贪婪，但哪有肯为他所憎恶的君主去残害他所喜爱的君主的人呢？这就好像让别人的子孙亲自去杀害他们的父母一样，他们一定会来告诉我们，那么我们又怎么可以被欺诈呢？所以仁德之人当政，国家日益昌盛，诸侯先去归顺的就会安宁，迟去归顺的就会危险，想和他作对的就会削弱，背叛他的就会灭亡。《诗经》上说：'商汤头上旗飘舞，威严恭敬握大斧；就像熊熊的大火，没有人敢阻挡我。'说的就是这种情况啊！"

【原文】

孝成王、临武君曰："善！请问王者之兵，设何道何行而可^1？"

【注释】

①设：采取、采用的意思。行：举动。

【译文】

赵孝成王、临武君说："说得好。请问称王天下者的军队采用什么办法、采取什么行动才行？"

【原文】

孙卿子曰："凡在大王，将率末事也^1。臣请遂道王者诸侯强弱存亡之效、安危之势^2。

【注释】

①率：同"帅"。末事：非根本的、次要的事。

②遂：全面地。

【译文】

荀卿说："一切都取决于大王，将帅是次要的事。请让我就说说帝王诸侯强盛、衰弱、存在、灭亡的效验和安定、危险的形势。

【原文】

"君贤者其国治，君不能者其国乱；隆礼、贵义者其国治，简礼、贱义者其国乱^1；治者强，乱者弱，是强弱之本也。上足卬^2，则下可用也，上不足卬，则下不可用也；下可用则强，下不可用则弱，是强弱之常也^3。

【注释】

①简：简慢，怠慢。贱：轻视。

②卬(yǎng)：同"仰"，仰赖。

③常：通常的情况，常规。

荀 子

【译文】

"君主贤能的，他的国家就安定；君主无能的，他的国家就混乱；君主崇尚礼法、看重道义的，他的国家就安定；君主忽慢礼法、卑视道义的，他的国家就混乱。安定的国家强盛，混乱的国家衰弱，这是强盛与衰弱的根本原因。君主值得仰赖，那么臣民就能为他所用；君主不值得仰赖，那么臣民就不能为他所用。臣民能被他使用的就强盛，臣民不能被他使用的就衰弱，这是强盛与衰弱的常规。

【注释】

①效：验。效功：考核战功。

②攻：通"工"。完：坚固。

③窳（yǔ）：不坚固。楛（gǔ）：通"盬"，粗劣。

【原文】

"隆礼、效功^1，上也；重禄、贵节，次也；上功、贱节，下也：是强弱之凡也。好上者强，不好上者弱；爱民者强，不爱民者弱；政令信者强，政令不信者弱；民齐者强，民不齐者弱；赏重者强，赏轻者弱；刑威者强，刑侮者弱；械用兵革攻完便利者强^2，械用兵革窳楛不便利者弱^3；重用兵者强，轻用兵者弱；权出一者强，权出二者弱：是强弱之常也。

【译文】

"推崇礼法、考核战功，是上等的办法；看重利禄、推崇气节，是次一等的办法；崇尚战功、卑视气节，是下等的办法。这些是导致强盛与衰弱的一般情况。君主喜欢贤士的就强盛，不喜欢贤士的就衰弱；君主爱护人民的就强盛，不爱护人民的就衰弱；政策法令有信用的就强盛，政策法令没有信用的就衰弱；民众齐心合力的就强盛，民众不齐心的就衰弱；奖赏慎重给人的就强盛，奖赏轻易给人的就衰弱；刑罚威严的就强盛，刑罚轻慢的就衰弱；器械、用具、兵器、盔甲精善坚固便于使用的就强盛，器械、用具、兵器、盔甲粗劣而不便于使用的就衰弱；谨慎用兵的就强盛，轻率用兵的就衰弱；指挥权出自一个人的就强盛，指挥权出自两个人的就衰弱。这些是强盛与衰弱的常规。

议 兵 | 167

【原文】

"齐人隆技击，其技也，得一首者，则赐赎锱金^1，无本赏矣^2。是事小敌羸则偷可用也^3，事大敌坚则涣然离耳。若飞鸟然，倾侧反复无日，是亡国之兵也。兵莫弱是矣。是其去赁市佣而战之几矣^4。

【译文】

"齐国人注重'技击'。所谓'技击'，就是取得一个敌人首级的，就赐给他八两黄金来赎买，没有战胜后所应颁发的奖赏。这种办法，如果战役小、敌人弱，那还勉强可以使用；如果战役大、敌人强，那么士兵就会涣散而逃离，像乱飞的鸟一样，离国家覆灭也就没有多久了。这是使国家灭亡的军队，没有比这更弱的军队了，这和雇取佣工去让他们作战也就差不多了。

【原文】

"魏氏之武卒，以度取之，衣三属之甲^1，操十二石之弩^2，负服矢五十个^3，置戈其上，冠胄带剑，赢三日之粮，日中而趋百里，中试则复其户^4，利其田宅，是数年而衰，而未可夺也，改造则不易周也，是故地虽大，其税必寡，是危国之兵也。

【译文】

"魏国的'武卒'，是根据一定的标准来录取的。标准是：让他们穿上三种依次相连的铠甲，拿着拉力为十二石的弩弓，背着装有五十支箭簇的箭袋，把戈放在那上面，戴着头盔，佩带宝剑，带上三天的粮食，半天要奔走一百里。考试合格就免除他家的徭役，使他的田地住宅都会因此而有所增益。这些待遇，即使几年以后他体力衰弱了也不可以剥夺，重新选取了武士也不取消对他们的周济。所以魏国的国土虽然广大，但它的税收必定一年年地减少，这是使国家陷于危困的军队啊！

【注释】

①锱（zī）：古代重量单位，各书有异说，此文指八两。

②本赏：基本的奖赏，即根据战争的全局性胜利而制定的奖赏。

③羸：通"脆"。偷：苟且。

④去：同"区"，使出，指雇取。赁：与"佣"同义，指佣工。市：买，指雇取。

【注释】

①三属（zhǔ）之甲：三种依次相连的铠甲。一种穿在上身如上衣，一种穿在腰骨上似围裙，一种穿在小腿上似绑腿。

②弩：一种有机械装置、力量较强的弓。

③负：背。服：通"箙"，装箭的器具。

④复：免除徭役。

168| 荀 子

【注释】

①隘（xiá）：同"狭"，狭窄。此指使人民生路狭窄，即下文所说的"使天下之民所以要利于上者，非斗无由也"。陋（è）：同"阨"，穷困。此指使人民穷困，与下文所说的"隐之以陋"相应。

②隐：通"慇"，忧伤，痛苦。隐之以陋：用穷困使他们痛苦。

【原文】

"秦人其生民隘^1，其使民也酷烈，劫之以势，隐之以陋^2，忸之以庆赏，鳅之以刑罚，使天下之民所以要利于上者，非斗无由也；陋而用之，得而后功之，功赏相长也。五甲首而隶五家，是最为众强长久，多地以正，故四世有胜，非幸也，数也。

【译文】

"秦国的君主，他使民众谋生的道路很狭窄、生活很穷窘，他使用民众残酷严厉，用权势威逼他们作战，用穷困使他们生计艰难而只能去作战，用奖赏使他们习惯于作战，用刑罚强迫他们去作战，使国内的民众向君主求取利禄的办法，除了作战就没有别的途径；使民众穷困后再使用他们，得胜后再给他们记功，对功劳的奖赏随着勤劳而增长，得到五个敌人士兵的首级就可以役使本乡的五户人家。这秦国要算是兵员最多、战斗力最强而又最为长久的了，又有很多土地可以征税。所以秦国四代都有胜利的战果，这并不是因为侥幸，而是有其必然性的。

【注释】

①节制：指有纪律、有教养的军队。

②干：求取。蹈：贪图。

③鬻卖：这里指出卖力气。

④慕节：指极尽忠义气节。

【原文】

"故齐之技击不可以遇魏氏之武卒；魏氏之武卒不可以遇秦之锐士；秦之锐士不可以当桓、文之节制^1，桓、文之节制不可以敌汤、武之仁义，有遇之者，若以焦熬投石焉。兼是数国者，皆干赏蹈利之兵也^2，佣徒鬻卖之道也^3，未有贵上、安制、慕节之理也^4。诸侯有能微妙之以节，则作而兼殆之耳。

【译文】

"齐国的'技击'不可以用来对付魏国的'武卒'，魏国的'武卒'不可以用来对付秦国的'锐士'，秦国的'锐士'不可以用来对付齐桓公、晋文公那有纪律约束的军队，齐桓公、晋文公那有纪律约束的军队不可以用来抵抗商汤、周武王的仁义之师；如果有抵抗他们的，就会像用枯焦烤干的东西扔在石头上一样。

综合齐、魏、秦这几个国家来看，都是些追求奖赏、投身于获取利禄的士兵，这是受雇佣的人出卖气力的办法，并不讲尊重君主、遵守制度、极尽气节的道理。诸侯如果有谁能用仁义节操精细巧妙地来训导士兵，那么一举兵就能吞并危及它们了。

【原文】

"故招近募选，隆势诈，尚功利，是渐之也^1；礼义教化，是齐之也。故以诈遇诈，犹有巧拙焉；以诈遇齐，辟之犹以锥刀堕太山也^2，非天下之愚人莫敢试。故王者之兵不试；汤、武之诛桀、纣也，拱挹指麾^3，而强暴之国莫不趍使，诛桀、纣若诛独夫。故《泰誓》曰："独夫纣。"此之谓也。故兵大齐则制天下，小齐则治邻敌。若夫招近募选，隆势诈，尚功利之兵，则胜不胜无常，代翕代张，代存代亡，相为雌雄耳矣。夫是之谓盗兵，君子不由也。

【注释】

①渐：欺诈。

②锥刀：小刀。

③拱挹：拱手作揖，形容从容镇定。麾：同"挥"。

【译文】

"所以，招引、募求、挑选，注重权谋诡诈，崇尚功利，这是在欺骗士兵；讲求礼制道义教育感化，这才能使士兵齐心合力。用受骗的军队去对付受骗的军队，他们之间还有巧妙与拙劣之别，用受骗的军队去对付齐心合力的军队，拿它打个比方，就好像用小刀去毁坏泰山一样，如果不是天底下的傻子，是没有人敢尝试的。所以称王天下者的军队是没有人敢试与为敌的。商汤、周武王讨伐夏桀、商纣的时候，从容地指挥，而那些强横暴虐的诸侯国也没有不奔走前来供驱使的，除掉夏桀、商纣就好像除掉孤独的一个人一样。所以《泰誓》说：'独夫纣。'说的就是这种情况啊！所以军队能大规模地齐心合力，就能制伏天下；小规模地齐心合力，就能打败邻近的敌国。至于那种招引募求挑选来的、注重权谋诡诈、崇尚功利的军队，那胜负就没有个定准了，有时衰，有时盛，有时保存，有时灭亡，互为高下、互有胜负罢了。这叫做盗贼式的军队，君子是不用这种军队的。

170| 荀 子

【注释】

①庄跻（qiáo）：楚成王将领。

②缪妃：即乐毅，战国时燕将。

③相君：相互为君长，即相上下的意思。

【原文】

"故齐之田单，楚之庄跻^1，秦之卫鞅，燕之缪妃^2，是皆世俗所谓善用兵者也，是其巧拙强弱，则未有以相君也^3。若其道一也，未及和齐也：搞契司诈，权谋倾覆，未免盗兵也。齐桓、晋文、楚庄、吴阖闾、越勾践，是皆和齐之兵也，可谓人其域矣，然而未有本统也；故可以霸而不可以王；是强弱之效也。"

【译文】

"所以齐国的田单、楚国的庄跻、秦国的卫鞅，燕国的缪妃，这些都是一般人所说的善于用兵的人。这些人的巧妙、拙劣、强大、弱小没有办法论出高低，至于他们遵行的原则，却是一样的，他们都还没有达到使士兵和衷共济、齐心合力的地步，而只是抓住对方弱点伺机进行欺诈，玩弄权术阴谋进行颠覆，所以仍免不了是些盗贼式的军队。齐桓公、晋文公、楚庄王、吴王阖闾、越王勾践，这些人的军队就都是和衷共济、齐心合力的军队，可说是进入礼义教化的境地了，但还没有抓住根本的纲领，所以可以称霸诸侯而不可以称王天下。这就是或强或弱的效验。"

【原文】

孝成王、临武君曰："善！请问为将？"

【译文】

孝成王、临武君说："说得好。请问做将领的原则。"

【注释】

①知：通"智"。疑：犹豫不定。

②伍、参（sān）：即"叁伍"，"三"与"五"指多而错杂，引

【原文】

孙卿子曰："知莫大乎弃疑^1，行莫大乎无过，事莫大乎无悔。事至无悔而止矣，成不可必也。故制号政令，欲严以威；庆赏刑罚，欲必以信；处舍收臧，欲周以固；徒举进退，欲安以重，欲疾以速；窥敌观变，欲潜以深，欲伍以参^2；遇敌决战，必道吾所明^3，无道吾所疑：夫是之谓六术。无欲将而恶废，无急胜

而忘败，无威内而轻外，无见其利而不顾其害，凡虑事欲孰而用财欲泰^4：夫是之谓五权。

申指将多方面的情况放在一起，加以比照检验。

③道：行。

④孰：同"熟"，精审。泰：宽裕，不吝啬。

【译文】

荀卿说："最大的智慧就是不要犹豫不决，最好的行为是不犯错误，做得很好的事情就是毫无悔恨。做事到了没有后悔的地步就到顶了，不能要求它一定成功。所以制度、号召、政策、命令，要严肃而有威势；奖赏刑罚，要坚决实行而有信用；军队驻扎的营垒和收藏物资的军库，要周密而坚固；转移、发动、进攻、撤退，既要安全而稳重，又要紧张而迅速；侦探敌情、观察其变动，既要隐蔽而深入，又要多方比较而反复检验；对付敌人进行决战，一定要根据自己了解清楚的情况去行动，不要根据自己怀疑的情况去行动；以上这些叫做六种策略。不要热衷于当将军而怕罢免，不要急于求胜而忘记了有可能失败，不要只以为自己有威力而轻视外敌，不要看见了有利的一面而不顾有害的一面，凡是考虑事情要仔细周详而使用财物进行奖赏时要大方，这些叫做五种要权衡的事。

【原文】

"所以不受命于主有三：可杀而不可使处不完^1，可杀而不可使击不胜，可杀而不可使欺百姓：夫是之谓三至^2。凡受命于主而行三军，三军既定，百官得序^3，群物皆正，则主不能喜，故不能怒，夫是之谓至臣^4。虑必先事而申之以敬^5，慎终如始，终始如一：夫是之谓大吉。凡百事之成也必在敬之，其败也必在慢之，故敬胜怠则吉，怠胜敬则灭，计胜欲则从，欲胜计则凶。

【注释】

①不完：指不坚固的阵地。

②至：指最高原则。

③得序：各当其任，各守其职。

④至臣：最好的臣，这里指最好的将领。

⑤申：重视。

【译文】

"不从君主那里接受命令的原因有三种：宁可被杀而不可使自己的军队驻扎在守备不完善的地方，宁可被杀而不可使自己的军队打不能取胜的仗，宁可被杀而不可使自己的军队去欺负老百姓，这叫做三条最高的原则。大凡从君主那里接受了命令就巡视三军，三军已经稳定，各级军官得到了合适的安排，各种事情都治理好了，不去考虑君主是否会高兴，敌人是否会愤怒，这叫做最合格的将领。将领一定在战事之前深思熟虑，并且反复告诫自己要慎重，慎重地对待结束就像开始时一样，始终如一，这叫做最大的吉利。大凡各种事情成功一定在于慎重，失败一定在于怠慢，所以慎重胜过怠慢就吉利，怠慢胜过慎重就灭亡，冷静的谋划胜过冲动的欲望就顺利，冲动的欲望胜过冷静的谋划就凶险。

【注释】

①扩：通"旷"，疏忽，大意。

【原文】

"战如守，行如战，有功如幸，敬谋无旷^{①}，敬事无旷，敬吏无旷，敬众无旷，敬敌无旷，夫是之谓五无旷。慎行此六术、五权、三至，而处之以恭敬无旷，夫是之谓天下之将，则通于神明矣。"

【译文】

"攻战要像防守一样不轻率追击，行军要像作战一样毫不松懈，有了战功要像侥幸取得的一样不骄傲自满。慎重对待谋划而不要大意，慎重对待战事而不要大意，慎重对待军吏而不要大意，慎重对待士兵而不要大意，慎重对待敌人而不要大意，这叫做五种不大意。谨慎地根据这六种策略、五种权衡、三条最高原则办事，并且用恭敬而不大意的态度来处理一切，这叫做举世无双的将领，他就能与神明相通了。"

【注释】

①金：金属之器，指钲、铙之类，似铃而无舌，用槌敲击作响以作为停止进军的号令。

②猎：通"躐"，踩，

【原文】

临武君曰："善！请问王者之军制。"

孙卿子曰："将死鼓，御死辔，百吏死职，士大夫死行列。闻鼓声而进，闻金声而退^①，顺命为上，有功次之；令不进而进，犹令不退而退也，其罪惟均。不杀老弱，不猎禾稼^②，服者不禽，格者不舍，奔命者不获。凡诛，非诛其百姓也，诛其乱百姓者也；百姓有扶其贼，则是亦贼也。

"以故顺刃者生，苏刃者死^3，奔命者贡^4。微子开封于宋^5，曹触龙断于军^6，殷之服民，所以养生之者也，无异周人；故近者歌讴而乐之，远者竭蹶而趍之，无幽闲辟陋之国^7，莫不趍使而安乐之，四海之内若一家，通达之属莫不从服，夫是之谓人师。《诗》曰：'自西自东，自南自北，无思不服。'此之谓也。王者有诛而无战，城守不攻，兵格不击。上下相喜则庆之，不屠城，不潜军，不留众，师不越时。故乱者乐其政，不安其上，欲其至也。"

临武君曰："善！"

③苏：通"傃（sù）"，向。

④贡：当为"贯"字之误。贯（shì），赦免。

⑤微子：名启，商纣的庶兄，归周后周公旦让他统率殷族而封于宋，是宋国的始祖。此文称"开"，可能是刘向避汉景帝（刘启）讳而改。

⑥曹触龙：商纣王之将，荀子说他是好臣。

⑦辟：通"僻"。

践踏。

【译文】

临武君说："说得好。请问称王天下者的军队制度。"

荀卿说："将军为战鼓而牺牲，驾取战车的死在缰绳旁，各级官吏以身殉职，战士死在队伍中。听见战鼓的声音就前进，听见钲、铙的声音就后退；服从命令是最重要的，取得战功在其次；命令不准前进却前进，就像命令不准后退却后退一样，它们的罪过是相同的。不杀害年老体弱的，不践踏庄稼，对不战而退的敌人不追搞，对抵抗的敌人不放过，对前来投顺的不抓起来当俘房。凡是讨伐杀戮，不是去讨伐杀戮那百姓，而是去讨伐杀戮那扰乱百姓的人；百姓如果有保护那乱贼的，那么他也就是乱贼了。

"因为这个缘故，所以顺着我们的刀锋转身逃跑的就让他活命，对着我们的刀锋进行抵抗的就把他杀死，前来投顺的就赦免其罪。微子启归顺周朝而被封在宋国；曹触龙负隅顽抗而被斩首于军中；商王朝那些降服周朝的民众他们的生活，和周朝的人没有什么两样；所以近处的人歌颂周朝而且热爱周朝，远处的人竭尽全力地来投奔周朝，即使是幽隐闭塞偏僻边远的国家，也无不前来归附而听从役使，并且喜欢周朝，四海之内就像一个家庭似的，凡是交通能到达的地方，没有谁不服从，这可以称作是人民的君长了。《诗经》上说：'从那西边又从东，从那南边又从北，没有哪个不服从。'说的就是这种情况。称王天下的君主有讨伐而没有攻战，敌城坚守时不攻打，敌军抵抗时不攻击，敌人官兵上下相亲相爱就为他们庆贺，不摧毁城郭而屠杀居民，不秘密出兵搞偷袭，不留兵防守占领的地方，军队出征不超过预先约定的时限。所以政治混乱的国家中的人民都喜欢他的这些政策，而不爱自己的君主，都希望这样的君主来治理。"

临武君说："说得好！"

【注释】

①陈嚣：荀子的学生。

②有：用。

【原文】

陈嚣问孙卿子曰^1："先生议兵，常以仁义为本。仁者爱人，义者循理，然则又何以兵为？凡所为有兵者^2，为争夺也。"

【译文】

陈嚣问荀卿说："先生议论用兵，经常把仁义作为根本。仁者爱人，义者遵循道理，既然这样，那么又为什么要用兵呢？大凡用兵的原因，是为了争夺啊！"

【注释】

①神：指"尽善浃治"，即尽善尽美通体皆治。

②说：通"悦"。

③驩（huān）兜：古代部落名，此指尧时该部落的首领，传说他被尧流放于崇山。

④施（yì）：蔓延，延续。

【原文】

孙卿子曰："非汝所知也！彼仁者爱人，爱人故恶人之害之也；义者循理，循理故恶人之乱之也。彼兵者，所以禁暴除害也，非争夺也。故仁者之兵，所存者神^1，所过者化，若时雨之降，莫不说喜^2。是以尧伐，驩兜^3，舜伐有苗，禹伐共工，汤伐有夏，文王伐崇，武王伐纣，此四帝两王，皆以仁义之兵，行于天下也。故近者亲其善，远方慕其德；兵不血刃，远迩来服，德盛于此，施及四极^4。《诗》曰："淑人君子，其仪不忒，其仪不忒，正是四国。"此之谓也。"

【译文】

荀卿说："这道理不是你所知道的那样。仁者爱人，正因为爱人，所以就憎恶别人危害他们；义者遵循道理，正因为遵循道理，所以就憎恶别人搞乱它。用兵，是为了禁止横暴、消除危害，并不是争夺啊！所以仁人的军队，他们停留的地方会得到全面治理，他们经过的地方会受到教育感化，就像及时雨的降落，没有人不欢喜。因此尧讨伐驩兜，舜讨伐三苗，禹讨伐共工，汤讨伐夏桀，周文王讨伐崇国，周武王讨伐商纣，这两帝、四王都是使用仁义的军队驰骋于天下的。所以近处的人们喜爱他们的善良，远方的人们仰慕他们的道义；兵器的刀口上还没有沾上鲜血，远近的人就来归附了；德行伟大到这种地步，就会影响到四方极远的地方。《诗经》上说：'善人君子忠于仁，坚持道义不变更。他的道义不变更，四方国家他坐镇。'说的就是这种情况。"

【原文】

李斯问孙卿子曰^1："秦四世有胜，兵强海内，威行诸侯，非以仁义为之也，以便从事而已^2。"

【注释】

①李斯：荀况的学生，战国末期法家代表人物之一。

②以便从事：顺着便利的形势行事。

【译文】

李斯问荀卿说："秦国四代都有胜利的战果，在四海之内兵力最强，威力扩展到诸侯各国，但他们并不是依靠仁义去从事战争，而只是根据便利的原则去做罢了。"

【原文】

孙卿子曰："非汝所知也！汝所谓便者，不便之便也。吾所谓仁义者，大便之便也。彼仁义者，所以修政者也；政修则民亲其上，乐其君，而轻为之死。故曰：凡在于军，将率未事也。秦四世有胜，謋然常恐天下之一合而轧己也^1，此所谓末世之兵，未有本统也。故汤之放桀也，非其逐之鸣条之时也^2；武王之诛纣也，非以甲子之朝而后胜之也，皆前行素修也，此所谓仁义之兵也。今女不求之于本^3，而索之于末^4，此世之所以乱也。

【注释】

①謋（xī）謋然：恐惧的样子。轧：倾轧。

②鸣条：古地名，又名高侯原，是成汤打败夏桀的地方。

③本：指实行仁义的政治措施。

④末：指机变诡诈的战略战术，即李斯所说的

"以便从事"。

【译文】

荀卿说："这道理不是你所知道的那样。你所说的便利，是一种并不便利的便利。我所说的仁义，才是极其便利的便利。仁义，是用来搞好政治的工具；政治搞好了，那么民众就会亲近他们的君主，喜爱他们的君主，而不在乎为君主去牺牲。所以说：'一切都在于君主，将帅是次要的事。'秦国四代都有胜利，却还是提心吊胆地经常怕天下各国团结一致来践踏自己，这就是人们所说的衰落时代的军队，还没有抓住根本的纲领。从前商汤流放夏桀，并不只是在鸣条追击的时候；武王诛杀商纣，并不是甲子日早晨之后才战胜他的；而都是靠了以前的措施与平时的治理，这就是我所说的仁义的军队。现在你不从根本上去寻找原因而只是从枝节上去探索缘由，这就是社会混乱的原因。

【注释】

①辨(bàn)：通"办"，治理。

②总：纲要。

③由：遵循。

【原文】

"礼者，治辨之极也^1，强固之本也，威行之道也，功名之总也^2。王公由之所以得天下也，不由所以陨社稷也^3。故坚甲利兵不足以为胜，高城深池不足以为固，严令繁刑不足以为威。由其道则行，不由其道则废。

【译文】

"礼，是治理社会的最高准则，是使国家强大的根本措施，是威力得以扩展的有效办法，是功业名声得以成就的要领。天子诸侯遵行了它，所以能取得天下；不遵行它，所以会丢掉国家政权。所以，坚固的铠甲、锋利的兵器不足以用来取胜，高耸的城墙、深深的护城河不足以用来固守，严格的命令、繁多的刑罚不足以用来造成威势，遵行礼义之道才能成功，不遵行礼义之道就会失败。

【注释】

①鲛：海鲨。兕(sì)：雌

【原文】

"楚人鲛革、犀兕以为甲^1，坚如金石；宛钜铁釶^2，惨如蜂蛋^3，轻利僄遬^4，卒如飘风^5；然而兵殆于垂沙^6，唐蔑死；庄蹻起，楚分而为三四，是岂无坚甲利兵也哉？其所以统之者非其道故也。

"汝、颍以为险，江、汉以为池，限之以邓林，缘之以方城，然而秦师至而鄢、郢举，若振槁然。是岂无固塞隘阻也哉？其所以统之者非其道故也。纣刲比干，囚箕子，为炮烙刑；杀戮无时，臣下懔然莫必其命，然而周师至而令不行乎下，不能用其民，是岂令不严，刑不繁也哉？其所以统之者，非其道故也

【译文】

"楚国人用鲨鱼皮、犀兕皮做成铠甲，坚硬得就像金属、石头一样；宛地出产的钢铁长矛，狠毒得就像蜂、蝎的毒刺一样；士兵行动轻快敏捷，迅速得就像旋风一样；但是兵败垂沙，唐蔑阵亡；庄蹻起兵造反，楚国被分裂成了三四块。这难道是因为没有坚固的铠甲、锋利的兵器吗？这是因为他们用来统治国家的办法并不是礼义之道的缘故啊！

"楚国以汝水、颍水作为天险，以长江、汉水作为护城河，把邓地一带的山林作为它的边界屏障，拿方形的城墙来围绕保护自己，但是秦军一到而鄢、郢就被攻取了，像摧枯拉朽一样。这难道是因为没有要塞险阻吗？这是因为他们用来统治国家的办法，并不是礼义之道的缘故啊！商纣王将比干剖腹挖心，囚禁了箕子，设置了炮烙的酷刑，随时杀人，臣下心惊胆战地没有谁能肯定自己会寿终正寝，但是周军一到，他的命令就不能在下面贯彻执行了，他就不能使用他的民众了。这难道是因为命令不严格、刑罚不繁多吗？这是因为他用来统治国家的办法并不是礼义之道的缘故。

【原文】

"古之兵，戈、矛、弓、矢而已矣，然而敌国不待试而诎；城郭不辨^1，沟池不拑^2，固塞不树，机变不张，然而国晏然不畏

性的犀牛。

②钜：钢。

③惨：狠毒，厉害。蛋（chāi）：蝎子一类的有毒动物。

④僄遬（piào sù）：轻捷。遬：同"速"。

⑤卒（cù）：通"猝"，急速。飘风：旋风。

⑥殆：危亡，失败。

【注释】

①辨（bàn）：治理的意思。

荀 子

②拊：当作"抚"，据。

③道：指礼义之道。这里作状语，表示"用名分"。钧：通"均"，调节，平衡。

④和（hè）：附和，响应。

⑤邮：通"尤"，怨恨。

⑥厉：高举。

⑦错：通"措"。

外而固者，无它故焉，明道而钧分之^3，时使而诚爱之，下之和上也如影响^4，有不由令者，然后俟之以刑。故刑一人而天下服，罪人不邮其上^5，知罪之在己也；是故刑罚省而威流，无它故焉，由其道故也。古者帝尧之治天下也，盖杀一人，刑二人而天下治。传曰：'威厉而不试^6，刑错而不用^7。'此之谓也。

【译文】

"古代圣王的兵器，不过是戈、矛、弓、箭罢了，但是敌国不等他使用就屈服了；他的城墙不整修，护城河不挖掘，要塞不建立，机智变诈不施展，但是他的国家却平安无事，不怕外敌而又能昌盛，这没有其他的缘故，是由于彰明了礼义之道而用名分来协调臣民，适时使用人民而真诚地爱护他们，因而臣民附和君主就像影子和回响一样。有不遵从命令的，然后再用刑罚来惩处他，所以惩罚了一个人而天下都服了，罪犯也不怨恨自己的君主，知道罪责在自己身上。所以刑罚用得少而威力却行于四方，这没有其他的缘故，是因为遵行了礼义之道的缘故。古代帝尧治理天下，只杀了一个人、惩罚了两个人而天下就治理好了。古书说：'威势高举而不使用，刑罚设置而不施行。'说的就是这个道理。

【注释】

①焉：于之，对自己。

②势：与"诈"同义连用，是权谋的意思。

③焉：于是同。虑：大致，大凡。率：与"虑"同义连用。险陂：使穷困而走投无路，引申指控制。

④烦辱：两字同义，同"繁缛"。

⑤霍焉：涣然，散去的

【原文】

"凡人之动也，为赏庆为之，则见害伤焉止矣^1。故赏庆刑罚势诈不足以尽人之力^2，致人之死。为人主上者也，其所以接下之百姓者，无礼义忠信，焉虑率用赏庆刑罚势诈险陂其下^3，获其功用而已矣。

"大寇则至，使之持危城则必畔，遇敌处战则必北，劳苦烦辱则必奔^4，霍焉离耳^5，下反制其上。故赏庆刑罚势诈之为道者，佣徒粥卖之道也，不足以合大众，美国家^6，故古之人羞而不道也。

"故厚德音以先之，明礼义以道之，致忠信以爱之，尚贤使能以次之，爵服庆赏以申之，时其事，轻其任以调齐之，长养之，如保赤子。政令以定，风俗以一。有离俗不顺其上，则百姓莫不敦恶^7，莫不毒蠚^8，若祓不祥^9；然后刑于是起矣。是大刑之所加也，辱孰大焉？将以为利邪？则大刑加焉。身苟不狂惑戆陋，谁睹是而不改也哉？然后百姓晓然皆知循上之法，像上之志，而安乐之。

"于是有能化善、修身、正行、积礼义、尊道德，百姓莫不贵敬，莫不亲誉；然后赏于是起矣。是高爵丰禄之所加也，荣孰大焉？将以为害邪？则高爵丰禄以持养之；生民之属，孰不愿也！雕雕焉县贵爵重赏于其前，县明刑大辱于其后，虽欲无化，能乎哉？故民归之如流水，所存者神，所为者化。秤纷收缨之属为之化而顺，暴悍勇力之属为之化而愿，旁辟曲私之属为之化而公，秤纷收缨之属为之化而调，夫是之谓大化至一。《诗》曰：'王犹允塞，徐方既来。'此之谓也。

⑥美国家：指美化国家的风俗。

⑦敦：通"憝"（duì），怨恨。

⑧毒：祸害。这里用作意动词。蠚：妖蠚，灾害，这里用作意动词。

⑨祓（fú）：古代一种除灾驱邪的仪式，此泛指驱除。

样子。

【译文】

大凡人们的行动，如果是为了赏赐和表扬才去做的，那么看见对自己有损害就罢手不干了。所以赏赐表扬、行刑处罚、权谋诡诈不足以竭尽人们的力量、使人们献出生命。现在做人民君主的，他们用来对待下面老百姓的，其中没有礼义忠信，而大抵只是使用赏赐表扬、行刑处罚、权谋诡诈控制臣民来获得他们的功用罢了。

强大的敌寇到来，让他们去把守危险的城邑，就一定会叛变；让他们去抵抗敌人进行战斗，就一定会败北；让他们干费力艰苦繁杂的事，就一定会逃跑；他们涣散地背离了，臣民反过来制裁了他们的君主。所以赏赐表扬、行刑处罚、权谋诡诈作为一种办法，实是一种受雇佣的人出卖气力的办法，它不足以团结广大民众、使国家的风俗淳美，所以古代的圣王认为可耻而不遵行它。

"古代的圣王提高道德声誉来引导人民，彰明礼制道义来指导他们，尽力做到忠诚守信来爱护他们，根据尊崇贤人、任用能人的原则来安排他们职位，用爵位、服饰、表扬、赏赐去一再激励他们，根据时节安排他们的劳动、减轻他们的负担来调剂他们，抚养他们，就像保护初生的婴儿一样。政策法令已经确定，风气习俗已经一致，如果还有人违背习俗而不顺从自己的君主，那么百姓就没有谁不愤恨厌恶他，就没有谁不把他当作祸害妖孽，就像要驱除不祥一样要除掉他，这种情况发生以后，刑罚就从此产生了。这种人便是重刑所施加的对象，哪还有比这个更大的耻辱呢？要把它看作为有利的事吗？但是结果却是重刑加身！如果本身不是发疯、糊涂、愚蠢、浅陋的人，谁能看到了这种处罚而不改过自新呢？这样做了以后，百姓就明明白白地都知道要遵从君主的法令、依顺君主的意志而爱戴君主。

"在这种情况下，如果有人能被善道所感化、修养身心、端正品行、不断奉行礼义、崇尚道德，百姓就没有谁不器重尊敬他，就没有谁不亲近赞誉他，这种情况发生以后，奖赏就从此产生了。这种人便是高官厚禄的授予对象，哪还有比这个更光荣的呢？要把它看作为有害的事吗？可是高官厚禄又供养了他们。凡是人，哪一个不愿意这样呢？明明白白地把高贵的官爵和优厚的奖赏摆在他们的前面，把彰明罪行的刑罚与最大的耻辱放在他们的后面，即使要他们不变好，可能么？所以民众归顺投奔君主就像流水奔向大海一样，君主所在的地方就得到全面的治理，君主采取措施的地方人们都受到教育感化而顺服：残暴、凶狠、胆大、强壮的一类人都会被他感化而变得忠厚老实，偏颇、邪辟、搞歪门邪道、偏私的一类人都会被他感化而变得大公无私，骄傲自大、尖刻伤人、争抢不让、纠缠不休的一类人都会被他感化而变得和气温顺，这叫做深广的教化、极大的一致。《诗经》上说：'王道遍行于天下，远方的徐国也来朝拜。'说的就是这种情形。

【注释】

①俞：通"愈"。

②用：因为。

③掌：当作"覈"，

【原文】

"凡兼人者有三术：有以德兼人者，有以力兼人者，有以富兼人者。彼贵我名声，美我德行，欲为我民。故辟门除涂以迎吾人；因其民，袭其处，而百姓皆安，立法施令莫不顺比；是故得地而权弥重，兼人而兵愈强^1。是以德兼人者也。

"非贵我名声也，非美我德行也，彼畏我威，劫我势，故民虽有离心，不敢有畔虑，若是则戎甲愈众，奉养必费；是故得地而权弥轻，兼人而兵愈弱，是以力兼人者也。

"非贵我名声也，非美我德行也，用贫求富^2，用饥求饱，虚腹张口来归我食，若是则必发夫掌窖之粟以食之^3，委之财货以富之，立良有司以接之，已禀三年，然后民可信也；是故得地而权弥轻，兼人而国愈贫，是以富兼人者也。故曰：以德兼人者王，以力兼人者弱，以富兼人者贫，古今一也。

"廪"同"廪"（lǐn）米仓。窖（jiào）：地窖。

【译文】

大凡兼并别国的君主有三种方法：有依靠德行去兼并别国的，有依靠强力去兼并别国的，有依赖财富去兼并别国的。那个国家的人民景仰我的名声，赞赏我的德行，想做我的下民，所以打开国门清除道路来迎接我进城。我依靠这国家的民众，沿用它的住处，而百姓都安宁，对我制定的法律与颁布的命令没有人不顺从。所以得到了土地而权势更大，兼并了别国而兵力越来越强。这是依靠德行去兼并别国的君主。

那个国家的人民并不是景仰我的名声，也不是赞赏我的德行，他们只是害怕我的威武，被我的势力所胁迫，所以他们虽然有离开我的心思，也不敢有背叛我的打算。像这样，那么战士就要越来越多，给养一定花费很大。所以得到了土地而权势更轻，兼并了别国而兵力越来越弱。这是依靠强力去兼并别国的君主。

那个国家的人民并不是景仰我的名声，也不是赞赏我的德行，而是因为贫穷而追求富裕，因为饥饿而想吃饱，所以空着肚子张着嘴来投奔我求食。像这样，就必须发放那来仓地窖中的粮食来供养他们，给他们财物来使他们富足，委任善良的官吏来接待他们，这要等三年以后，这些归附的老百姓才可以信任。所以得到了土地而权势更轻，兼并了别国而国家越来越贫穷。这是依靠财富去兼并别国的君主。所以说：依靠德行兼并别国的君主称王，依靠强力兼并别国的君主衰弱，依靠财富兼并别国的君主贫穷。这种情况古今是一样的。

【注释】

①完全：指城邑完整无损。趋赵：归顺赵国。

②有：指自己原来所有的土地、政权。

③薄：通"亳(bó)"。

【原文】

"兼并易能也，唯坚凝之难焉。齐能并宋，而不能凝也，故魏夺之。燕能并齐，而不能凝也，故田单夺之。韩之上地，方数百里，完全富足而趋赵^①，赵不能凝也，故秦夺之。故能并之而不能凝，则必夺；不能并之又不能凝其有^②，则必亡。能凝之则必能并之矣。得之则凝，兼并无强。古者汤以薄^③，武王以镐，皆百里之地也，天下为一，诸侯为臣，无他故焉，能凝之也。故凝士以礼，凝民以政；礼修而士服，政平而民安；士服民安，夫是之谓大凝。以守则固，以征则强，令行禁止，王者之事毕矣。"

【译文】

"兼并别国容易做到，只是巩固融合它很难。齐国能够兼并宋国，但不能融合，所以魏国夺走了宋国。燕国能兼并齐国，但不能融合，所以田单夺回了它。韩国的上党地区，方圆几百里，城池完备、府库充足而投奔赵国，赵国不能融合，所以秦国夺取了它。所以，能兼并别国的土地而不能融合，就一定会被夺走；不能兼并别国又不能融合自己本来拥有的国家，就一定会灭亡。能融合自己的国家，就一定能兼并别国了。得到别国的土地就能融合，那么再去兼并就不会有强大而不能兼并的对手了。古代商汤凭借毫，周武王凭借镐，都不过是方圆百里的领土，而天下被他们统一了，诸侯做了他们的臣属，这没有其他的缘故，是因为他们能融合取得的土地啊！凝聚士人要依靠礼义，凝聚民众要依靠政策。礼义搞好了，士人就会归服；政治清明了，民众就安定。士人归服、民众安定，这叫做最大的融合。靠这种政治局面来守卫就牢不可破，靠它来出征就强大无比，有令必行，有禁必止，称王天下者的事业就完成了。

正 论

【原文】

世俗之为说者曰："主道利周^1。"是不然。

主者，民之唱也；上者，下之仪也^2。彼将听唱而应，视仪而动。唱默则民无应也，仪隐则下无动也；不应不动，则上下无以相有也。若是，则与无上同也，不祥莫大焉。故上者，下之本也。

上宣明则下治辨矣^3；上端诚则下愿悫矣，上公正则下易直矣^4。治辨则易一，愿悫则易使，易直则易知；易一则强，易使则功，易知则明，是治之所由生也。上周密则下疑玄矣^5，上幽陋则下渐诈矣，上偏曲则下比周矣。疑玄则难一，渐诈则难使，比周则难知。难一则不强，难使则不功，难知则不明，是乱之所由作也。故主道利明不利幽，利宣不利周。故主道明则下安；主道幽则下危。故下安则贵上，下危则贱上。故上易知则下亲上矣，上难知则下畏上矣。下亲上则上安，下畏上则上危。故主道莫恶乎难知，莫危乎使下畏己。传曰："恶之者众则危。"《书》曰："克明明德^6。"《诗》曰："明明在下^7。"故先王明之，岂特宣之耳哉!

【注释】

①周：周密，指隐蔽不露。

②仪：立木以示人叫做仪，也叫表。

③辨(bàn)：通"辦"，治理。

④易：平坦，不险恶。

⑤玄：通"眩"，迷惑。

⑥克：能。明德：完美的德行。

⑦明明：原为皎洁明亮的意思，指周文王、周武王的德行贤明完美。

【译文】

社会上那些庸俗的创立学说的人说："君主的统治措施以周密隐蔽为有利。"这种说法不对。

君主，好比是民众的领唱；帝王，好比是臣下的标杆。臣民们将听着领唱来应和，看着标杆来行动。领唱沉默，那么民众就无从应和；标杆隐蔽，那么臣下就无从行动。臣民不应和、不行动，那么君主和臣民就无法相亲善了。像这样，那就和没有君主一样，不吉利的事没有比这更大的了。所以，君主是臣民的根基。

君主公开明朗，那么臣民就能治理好了；君主端正诚实，那么臣民就老实忠厚了；君主公正无私，那么臣民就坦荡正直了。臣民治理得好就容易统一，老实忠厚就容易役使，坦荡正直就容易了解。臣民容易统一，国家就会强盛；臣民容易役使，君主就能建立功业；臣民容易了解，君主就会明白清楚。这是安定得以产生的缘由。君主隐蔽不露，那么臣民就疑惑迷乱了；君主阴暗险恶，那么臣民就虚伪欺诈了；君主偏私不公正，那么臣民就紧密勾结了。臣民疑惑迷乱就难以统一，虚伪欺诈就难以役使，紧密勾结就难以了解。臣民难以统一，那么国家就不会强盛；臣民难以役使，那么君主就不能建立功业；臣民难以了解，那么君主就不清楚。这是祸乱产生的根源。所以君主的统治措施以明朗为有利而以阴暗为不利，以公开为有利而以隐蔽为不利。君主的统治措施公开明朗，那么臣民就安逸；君主的统治措施阴暗不明，那么臣民就危险。臣民安逸，就会尊重君主；臣民危险，就会鄙视君主。君主的措施容易被了解，那么臣民就亲爱君主；君主的措施难以被了解，那么臣民就害怕君主。臣民亲爱君主，那么君主就安逸；臣民害怕君主，那么君主就危险。所以君主的统治措施没有比难以被了解更坏的了，没有比使臣民害怕自己更危险的了。

古书上说："憎恨他的人众多，他就危险了。"《尚书》上说："能够彰明贤明的德行。"《诗经》上说："彰明美德在天下。"所以古代的圣王要彰明自己，难道只是使自己幽深难知就算了吗?

【原文】

世俗之为说者曰："桀、纣有天下，汤、武篡而夺之。"是不然。

【译文】

社会上那些庸俗的创立学说的人说："夏桀、商纣拥有天下，商汤、周武王把它篡夺了。"这种说法不对。

正 论 | 185

【原文】

以桀、纣为常有天下之籍则然^1，亲有天下之籍则不然，天下谓在桀、纣则不然。

【注释】

①常：通"尝"，曾经。籍：地位，权位。

【译文】

认为夏桀、商纣曾经有过统治天下的势位，那是对的；认为他们亲自掌握过统治天下的势位，那就不对了；以为天下都掌握在夏桀、商纣手中，那也是不对的。

【原文】

古者天子千官，诸侯百官。以是千官也，令行于诸夏之国，谓之王；以是百官也，令行于境内，国虽不安，不至于废易遂亡^1，谓之君^2。圣王之也，有天下之后也，势籍之所在也，天下之宗室也，然而不材不中^3，内则百姓疾之，外则诸侯叛之，近者境内不一，遥者诸侯不听，令不行于境内，甚者诸侯侵削之、攻伐之；若是，则虽未亡，吾谓之无天下矣。

【注释】

①废易：被废黜。遂：通"坠"，坠落，垮掉。

②君：指诸侯国的国君。

③材：同"才"，才能。中：指道德行为合符礼仪。

【译文】

古代天子有上千个官吏，诸侯有上百个官吏。依靠这上千个官吏，政令能推行到中原各诸侯国，就可称作为统治天下的帝王；依靠这上百个官吏，政令能推行到国境之内，国家即使不安定，还不至于被废黜撤换垮台灭亡，就可称作为诸侯国的国君。圣明帝王的子孙，是拥有天下的后代，是权势的占有者，是天下人所尊崇的帝王之家，但是如果没有才能又不公正，内则百姓怨恨他，外则诸侯背叛他，近处是境内不统一，远处是诸侯不听从，政令不能在境内实行，甚而至于诸侯侵略分割他，攻打讨伐他；像这样，那么他即使还没有灭亡，我也要说他已经失去天下了。

【原文】

圣王没，有势籍者罢不足以县天下^1，天下无君；诸侯有能

【注释】

①罢(pí)：通"疲"，

不贤，无行无能。县：同"悬"，衡量，平正。

②暴国：指暴虐于国家的君主。

③能用：善于治理的意思。

德明威积，海内之民莫不愿得以为君师。然而暴国独侈^2，安能诛之，必不伤害无罪之民，诛暴国之君若诛独夫。若是，则可谓能用天下矣^3。能用天下之谓王。

【译文】

圣明的帝王死了，那些拥有权势的后代没有德才，不能够用来掌握天下，天下等于没有了君主。诸侯中如果有人能够德行贤明威信崇高，那么天下的人民就无不愿意得到他让他做自己的君长；然而暴君统治的国家偏偏奢侈放纵，怎么能杀掉暴君呢，如果确保不伤害没有罪过的民众，那么杀掉暴虐之国的君主就像杀掉一个孤独无依的人一样。像这样，就可以说是能够使用天下人民了。能够使用天下人民的就叫做帝王。

【注释】

①直：只。

②权称：秤。

③容：包容，指庇护、保住。数：道理。

④畔：果。畔四海：以四海为疆域，即拥有天下。

⑤倪：驼背。跛匡：此指从事迷信活动的残疾人。

【原文】

汤、武非取天下也，修其道，行其义，兴天下之同利，除天下之同害，而天下归之也。桀、纣非去天下也，反禹、汤之德，乱礼义之分，禽兽之行，积其凶，全其恶，而天下去之也。天下归之之谓王，天下去之之谓亡。故桀、纣无天下，汤、武不弑君，由此效之也。汤、武者，民之父母也；桀、纣者，民之怨贼也。

今世俗之为说者，以桀、纣为君，而以汤、武为弑，然则是诛民之父母，而师民之怨贼也，不祥莫大焉。以天下之合为君，则天下未尝合于桀、纣也，然则以汤、武为弑，则天下未尝有说也，直堕之耳^1！故天子唯其人。

天下者，至重也，非至强莫之能任；至大也，非至辨莫之能分；至众也，非至明莫之能和。此三至者，非圣人莫之能尽。故非圣人莫之能王。

圣人，备道全美者也，是县天下之权称也^2。桀、纣者，其志虑至险也，其志意至暗也，其行为至乱也；亲者疏之，贤者贱之，生民怨之；禹、汤之后也而不得一人之与；则比于，囚箕子，身死国亡，为天下之大僇，后世之言恶者必稽焉：是不容妻子之数也^3。故至贤畴四海^4，汤、武是也；至罢不容妻子，桀、纣是也。

今世俗之为说者，以桀、纣为天下而臣汤、武，岂不过甚矣哉！譬之，是犹伛巫跛匡大自以为有知也^5。故可以有夺人国，不可以有夺人天下；可以有窃国，不可以有窃天下也。可以夺之者可以有国，而不可以有天下；窃可以得国，而不可以得天下。是何也？曰：国者，小具也，小人可以有也，可以小道得也，可以小力持也；天下者，大具也，不可以小人有也，不可以小道得也，不可以小力持也。国者，小人可以有之，然而未必不亡也；天下者，至大也，非圣人莫之能有也。

【译文】

商汤、周武王并不是夺取天下，而是遵行正确的政治原则，奉行合宜的道义，兴办天下人的共同福利，除去天下人的共同祸害，因而天下人归顺他们。夏桀、商纣并不是丢了天下，而是违背了夏禹、商汤的德行，扰乱了礼义的名分，干出了禽兽般的行为，不断行凶，无恶不作，因而天下人抛弃了他们。天下人归顺他就叫做称王，天下人抛弃他就叫做灭亡。所以夏桀、商纣王并没有拥有天下，而商汤、周武王并没有杀掉君主，从这个角度就能证明它。商汤、周武王，是人民的父母；夏桀、商纣王，是人民的仇敌。

现在社会上那些庸俗的创立学说的人，把夏桀、商纣王当做君主，而认为商汤、周武王是弑君的贼人，这样的话，那就是在谴责人民的父母，而把人民的仇敌当做君长，没有比这个更不吉利的事了。如果认为天下归附的人才是君主，那么天下人从来没有归附过夏桀、商纣王，这样的话，那么认为商汤、周武王是弑君的贼人，就是天下人从来没有过的说法了，这只不过是在毁谤他们罢了！所以天子一定要有理想的人选来担任。

治理天下，任务是极其繁重的，不是最强劲有力的人是不能够胜任它的；范围是极其广大的，不是最明辨的人是不能够分辨它的；人民是极其众多的，不是最英明的人是不能够协调他们的。这三个"最"，不是圣人没有谁能具备，所以不是圣人就没有谁能称王天下。

圣人，是道德完备、十全十美的人，他能辨明轻重，平衡天下。夏桀、商纣王，他们的谋虑极其险恶，他们的思想极其愚昧，他们的行为极其昏乱。亲近的人疏远他们，贤能的人鄙视他们，人民怨恨他们，他们虽然是夏禹、商汤的后代，却得不到一个人的帮助。商纣王将比干剖腹挖心，囚禁箕子，结果自身死于非命、国家灭亡，成为天下最可耻的人，后世一说到坏人，就一定要拿他作例证。这就是他们不能保住妻子儿女的道理。所以极有德才的人能囊括天下，商汤、周武王就是；极无德才的人不能庇护妻子儿女，夏桀、商纣就是。

现在社会上那些庸俗的创立学说的人，认为夏桀、商纣王拥有了天下而把商汤、周武王作为他们的臣子，难道不是错得很厉害了吗？拿它打个比方，这就好像是驼背的巫婆、瘸了腿的残疾人狂妄地自以为有见解一样。所以可以有夺取别人国家的事，却不可能有夺取别人天下的事；可以有窃取国家政权的事，却不可能有窃取天下统治权的事。夺取政权的人可能拥有一个国家，却不可能拥有整个天下；窃取政权可以得到一个国家，却不可能得到整个天下。这是为什么呢？回答说：国家是个小器具，可以让德才低劣的小人占有，可以依靠歪门邪道来取得，可以凭借较小的力量来维持；天下是个大器具，不可能让德才低劣的小人占有，不可能依靠歪门邪道来取得，不可能凭借较小的力量来维护。国家，小人可以拥有它，但是不一定就不灭亡；天下，是极其庞大的，不是圣人没有谁能占有它。

【注释】

①黥(qíng)：古代一种刑罚，在犯人脸上刺字，再涂上墨，也叫墨刑。

【原文】

世俗之为说者曰："治古无肉刑，而有象刑，墨黥^1；慅婴^2；共^3，艾毕^4；菲^5，对屦^6；杀，赭衣而不纯^7。治古如是。"是不然。

以为治邪？则人固莫触罪，非独不用肉刑，亦不用象刑矣。以为轻刑邪？人或触罪矣，而直轻其刑，然则是杀人者不死，伤人者不刑也。罪至重而刑至轻，庸人不知恶矣，乱莫大焉。

凡刑人之本，禁暴恶恶，且征其未也⁸。杀人者不死，而伤人者不刑，是谓惠暴而宽贼也，非恶恶也。故象刑殆非生于治古，并起于乱今也。治古不然，凡爵列官职赏庆刑罚皆报也，以类相从者也⁹。一物失称，乱之端也。夫德不称位，能不称官，赏不当功，罚不当罪，不祥莫大焉。

昔者武王伐有商，诛纣，断其首，县之赤旆。夫征暴诛悍，治之盛也。杀人者死，伤人者刑，是百王之所同也，未有知其所由来者也。刑称罪则治；不称罪则乱。故治则刑重，乱则刑轻，犯治之罪固重，犯乱之罪固轻也。《书》曰："刑罚世轻世重。"此之谓也。

②檑(cǎo)：通"草"。曼：通"鞔"，帽带。

③共：通"宫"，破坏生殖器的刑罚，所谓男子割势，女子幽闭。

④艾(yì)：通"刈"，割。毕：蔽膝，缝于长衣之前，是古代官服上的一种装饰。

⑤菲：通"剕"，砍掉脚的刑罚。

⑥屦：麻鞋。

⑦纯：衣服的镶边，此指衣领。

⑧征：通"惩"，惩戒，通过惩罚而引起警戒使以后不再干。

⑨以类相从：指善有善报，恶有恶报。

[译文]

社会上那些庸俗的创立学说的人说："治理得很好的古代社会没有肉刑，而只有象征性的刑罚。用黑墨画脸来代替脸上刺字的黥刑；割鼻子的劓刑，用系上草制的帽带来代替；阉割生殖器的宫刑，用割去衣服前的蔽膝来代替；砍掉脚的剕刑，用穿麻鞋来代替；杀头的死刑，用穿上红褐色的衣服而不做衣领来代替。治理得很好的古代社会就像这样。"这种说法不对。

以为当时已经治理好了么？那么当时的人根本就没有谁再会犯罪了，那就不但用不着肉刑，而且也用不着象征性的刑罚了。以为当时的人有的还是犯罪了而只是减轻他们的刑罚么？这样的话，那就是杀人的不会被处死，伤人的不会被惩罚。罪行极重而刑罚极轻，平常人就不知道憎恨犯罪了，祸乱没有比这更大的了。

大凡惩罚人的根本目的，是禁止暴行、反对作恶，而且防范那未来。杀人的不被处死，而伤害人的不受刑罚，这叫做优惠暴徒而宽恕强盗，不是反对作恶。所以象征性的刑罚恐怕并非产生于治理得很好的古代，而都是产生于混乱的现代。治理得好的古代并不是这样的。凡是爵位、官职、奖赏、刑罚都是一种回报，与行为的类别相应的。一件事情赏罚失当，那就是祸乱的开端。德行和地位不相称，能力和官职不相称，奖赏和功劳不相当，刑罚和罪过不相当，没有比这更不吉利的事了。

从前周武王讨伐商王朝，惩罚商纣王，砍下了他的头，把它挂在大红旗的飘带上。征伐暴君，惩治元凶，是政治上的丰功伟绩。杀人的被处死，伤人的被惩罚，这是历代帝王所相同的，没有人知道它是从什么时代传下来的。刑罚和罪行相当，社会才能治理好；刑罚和罪行不相当，社会就会混乱。所以社会治理得好，刑罚就重；社会混乱，刑罚才轻。因为在治理得好的时代犯的罪，本来就重；在混乱的时代犯的罪，本来就轻。《尚书》上说："刑罚有的时代轻，有的时代重。"说的就是这种情况。

【注释】

①振：通"震"，恐惧。

②刑：情形，环境。制：法度，此指长期形成而人们普遍遵行的习俗。

③服：服事天子，指古代诸侯根据规定为天子提供服务。仪：仪式，礼节规范。

④蛮、夷、戎、狄：分别是我国古代对南部、东部、西部、北部各民族的统称，带有诬　蔑性。

⑤甸：通"田"，种田。甸服：种田而交纳农作物来服事帝王。

⑥侯：通"候"，守望，守

【原文】

世俗之为说者曰："汤、武不善禁令。"曰："是何也？"曰："楚、越不受制。"是不然。

汤、武者，至天下之善禁令者也。汤居亳，武王居镐，皆百里之地也，天下为一，诸侯为臣，通达之属，莫不振动从服以化顺之^{1}，岂为楚、越独不受制也！彼王者之制也，视形势而制械用，称远迩而等贡献，岂必齐哉！故鲁人以榶，卫人用柯，齐人用一革，土地刑制不同者^{2}，械用备饰不可不异也。故诸夏之国同服同仪^{3}，蛮夷戎狄之国同服不同制^{4}。

封内甸服^{5}，封外侯服^{6}，侯卫宾服^{7}，蛮夷要服^{8}，戎狄荒服。甸服者祭^{9}，侯服者祀，宾服者享，要服者贡，荒服者终王。甸服者日祭，月祀，时享，岁贡，终王，夫是之谓视形势而制械用，称远近而等贡献，是王者之制也。彼楚、越者，且时享岁贡终王之属也，必齐之日祭月祀之属，然后曰受制邪？是规磨之说也，沟中之瘠也，则未足与及王者之制也。语曰："浅不足与测深，愚不足与谋知，坎井之蛙不可与语东海之乐。"此之谓也。

【译文】

社会上那些庸俗的创立学说的人说："商汤、周武王不能实施禁令。"这种说法的根据是什么呢？他们说："因为楚国、越国不受他们的制约。"这种说法不对。

商汤、周武王，是普天下最善于实施禁令的人。商汤居住在亳邑，周武王居住在镐京，都不过是方圆百里的地方，但天下被他们统一了，诸侯做了他们的臣子，凡交通能到达的地方，人们无不惊恐、震动听从归服以至于被感化而依顺他们，为什么楚国、越国偏偏不受他们的制约呢？那些王者的制度，根据各地的情形来制造器械用具，衡量远近来规定进贡的等级差别，哪里一定要整齐划一呢？所以鲁国人用碗，卫国人用盂，齐国人用整块皮制作的器皿。土地环境风俗习惯不同的地方，器械用具设备服饰不能不有差别。所以中原各国同样服事天子而礼节规范相同，南蛮、东夷、西戎、北狄等国家同样服事天子而习俗不同。

天子直接管辖的领地内以交纳农作物来服事天子，天子直接管辖的地区外围以守侯放哨来服事天子，再向外负责守望保卫的地区则以宾客的身份按时进贡来服事天子，南蛮、东夷等少数民族地区以接受约束来服事天子，西戎、北狄等少数民族地区以不固定的进贡来服事天子。以交纳农作物来服事天子的地区负责供给祭祀祖父、父亲的物品，以守侯放哨来服事天子的地区负责供给祭祀曾祖、高祖的物品，以宾客身份按时进贡来服事天子的地区负责供给祭祀远祖、始祖的物品，以接受约束来服事天子的地区负责供给祭祀天神的物品，以不固定的进贡来服事天子的地区要承认天子的统治地位。每天要祭祀一次祖父、父亲，每个月要祭祀一次曾祖、高祖，每个季度要祭祀一次远祖、始祖，每年要祭祀一次天神，每一代天子死了就要朝见一次即位的新天子以承认他的统治地位。这就是所谓的根据各地的情形来制造器械用具，衡量远近来规定进贡的等级差别，这就是王者的制度。楚国、越国，不过是进贡每季祭祀、每年祭祀的祭品以及一代天子死了以后要来承认新天子一类的国家，难道一定要使他们与那些

⑦宾服：以宾客的身份按时朝见进贡以服事天子。

⑧要：约束。

⑨祭：此特指祭祀死去的祖父、父亲。

供给每天祭祀、每月祭祀的祭品一类的国家一样，然后才说他们"受制约"了吗？这是有差错的说法啊！这种人真像山沟中的僵尸，不值得和他谈及圣王的制度。俗话说："短的东西不能测量深度，愚蠢的人不值得和他商量智巧的事，废井中的青蛙不能和它谈论东海中的乐趣。"说的就是这种情况。

【注释】

①擅：通"禅"，传。

②伪：人为，指后天的努力。饰：通"饬"，整治。

③乡：通"曏"，从前。

④诎：同"屈"，指受挫折、不能实现。

⑤衣：穿。被：同"披"。服：穿。

⑥杂：错杂，配合。间色：青、黄、赤、白、黑五种正色以外的杂色，如粉红、绿、碧、紫等，它们是由正色相间调配而成，所以叫间色。

⑦大牢：同"太牢"。

⑧期：通"綦"，极，尽。臭（xiù）：鼻子闻到的气味。味：口舌尝到的滋味。

⑨曼：通"缦"，由十几个人合奏的一种　音乐。

⑩代：当为"伐"，敲击。墭（gāo）："皋"的俗字，通"鼛"，大鼓。

⑪彻：通"撤"，指撤

【原文】

世俗之为说者曰："尧、舜擅让^1。"是不然。

天子者，势位至尊，无敌于天下，夫有谁与让矣！道德纯备，智惠甚明，南面而听天下，生民之属，莫不震动从服以化顺之，天下无隐士，无遗善，同焉者是也，异焉者非也。夫有恶擅天下矣？

曰："死而擅之。"是又不然。

圣王在上，决德而定次，量能而授官，皆使民载其事而各得其宜；不能以义制利，不能以伪饰性^2，则兼以为民。圣王已没，天下无圣，则固莫足以擅天下矣。

天下有圣而在后子者，则天下不离，朝不易位，国不更制，天下厌然与乡无以异也^3；以尧继尧，夫又何变之有矣？圣不在后子而在三公，则天下如旧，犹复而振之矣。天下厌然，与乡无以异也；以尧继尧，夫又何变之有矣？唯其徒朝改制为难。故天子生，则天下一隆，致顺而治，论德而定次；死，则能任天下者，必有之矣。夫礼义之分尽矣，擅让恶用矣哉？

曰："老衰而擅。"是又不然。血气筋力则有衰，若夫智虑取舍则无衰。

曰："老者不堪其劳而休也。"是又畏事者之议也。

天子者，势至重而形至佚，心至愉而志无所诎^4，而形不为劳，尊无上矣。衣被则服五采^5，杂间色^6，重文绣，加饰之以珠玉；食饮则重大牢而备珍怪^7，期臭味^8，曼而馈^9，代墭而食^{10}，雍而彻乎五祀^{11}，执荐者百余人侍西房^{12}；居则设张容，负依而坐^{13}，诸侯趋走乎堂下；出户而巫觋有事，出门而宗祝有事^{14}，乘大路趋越席以养安^{15}，侧载莒莊以养鼻^{16}，前有错衡以养目^{17}，和鸾之声，步中武、象，趋中韶护以养耳，三公奉轭持纳诸侯持轮，挟舆、先马，大侯编后，大夫次之，小侯、元士次之，庶士介而夹道，庶人隐窜莫敢视望。

居如大神，动如天帝。持老养衰，犹有善于是者与不？老者，休也。休犹有安乐恬愉如是者乎！故曰：诸侯有老，天子无老。有擅国无擅天下，古今一也。

夫曰尧、舜擅让，是虚言也，是浅者之传，陋者之说也，不知逆顺之理，小、大，至、不至之变者也，未可与及天下之大理者也。

【译文】

社会上那些庸俗的创立学说的人说："尧、舜把王位禅让给别人。"这种说法不对。

天子权势地位至高无上，在天下无与伦比，他又和谁推让呢？尧、舜道德美好完备，智慧和仁爱之心普照天下，朝南坐着治理天下，所有的民众，都惊恐地听从归服以至于被感化而依顺他们，天下没有被埋没的人才，没有被遗忘的好人好事，和尧、舜相同的言行才是正确的，和他们不同的言行就是错误的，他们又为什么要把天下让给别人呢？

有人说："是等他们死了以后再把王位禅让给别人的。"这又不对。

圣明的帝王处在君位上，考虑德行来确定等级，衡量才能来授予官职，使人们全部能担负起自己的职事而各人又都能得到适宜的安排；如果不能用道义来制约私利，不能通过人为的努力来改造本性，那就统统让他们当老百姓。圣明的帝王已经死了，天下如果没有圣人，那么根本就没有人能够接受禅让了。

天下如果有圣人而又出在圣明帝王的后代之中，那么天下人就不会离心离德，朝廷上就不会改变各人的官位，国家也不会改变制度，天下就安安稳稳地和过去没有什么不同；这是用尧一样的

去宴席。

⑫执：拿。荐：尚未食用而准备进献的食物。

⑬依：通"庪"。

⑭宗：大宗伯，主管察祀的官。祀：当作"祝"，太祝，主管祈求福祥的官。

⑮路：通"辂"，天子乘坐的大车。趋（cù）：通"蹴"，踩。越：通"括"，结。

⑯莒（gāo）："皋"之俗字，湖岸，水边。莊：一种香草。

⑰错：交错的花纹。衡：车辕前端的横木。

圣王来继承尧，哪会有什么改变呢？如果圣人不出在圣明帝王的后代子孙之中而出在辅佐大臣之中，那么天下人随从归附他，就像恢复国家而振兴它一样了，天下也会安安稳稳地和过去没有什么不同；这是用尧一样的圣王来继承尧，哪会有什么改变呢？只有那改朝换代、变更制度才是困难的。所以圣明的天子活着，那么天下人就专一地尊崇他，极其顺从而有秩序，评定德行来确定各自的等级位次；圣明的天子死了，能够担负起治理天下重任的继承人是一定会有的。礼义的名分全部落实了，哪里还用得着禅让呢？

有人说："是他们年老体衰才把王位禅让给别人的。"这又不对。人的血脉、气色、筋骨体力倒是有衰退的，至于智慧、思考能力、判断抉择能力却是不会衰退的。

有人说："年老的人是不能忍受劳累才退下来休息的。"这又是怕做事者的议论。

天子权势极大而身体极安逸，心情极愉快而志向没有不能实现的，所以身体不会因为当了天子而劳累，而他的尊贵则是至高无上的了。穿着五色的上衣，配上杂色的下衣，加上有花纹的刺绣，再用珠玉加以装饰。吃的方面，牛、羊、猪齐全的宴会一个连一个，珍贵奇异的佳肴样样具备，各种香气美味应有尽有，在音乐声中送上食物，在击鼓声中进餐，奏起《雍》曲而把宴席撤回到灶上祭祀灶神，端菜的人有上百个侍候在西厢房。待在天子的位置上听政，就设置了帷帐和小屏风，背靠大屏风而坐，诸侯在堂下有礼貌地奔走前来朝见。如果要出宫门，巫觋就有事情了，如果如果要出王城大门看看吉凶，大宗伯、大祝就有事情了；坐上宽阔的大车、踩着柔软的蒲席来保持身体的安稳，旁边放置湖岸上生长的香草来调养鼻子，车前有画着交错花纹的横木来调养眼睛，车铃的声音在车子慢行时合乎《武》、《象》的节奏、在车子奔驰时合乎《韶》、《护》的节奏来调养耳朵，三公扶着车轼、握着缰绳，诸侯有的扶着车轮、有的护在车厢两侧、有的在马前引路，大国诸侯排列在车后，大夫跟在他们的后面，小国诸侯与天子的高级文官再跟在大夫的后面，士兵们穿着铠甲，在道路两旁警卫，百姓们隐藏躲避，没有人敢观望。

天子坐着像大神一样威严，行动像天帝一样自如，扶持老年的生活、保养衰退的身体，还有比这更好的养生之道吗？老年人要休息，那休息还有像这样安定快乐宁静愉悦的吗？所以说：诸侯有告老退休的，天子没有告老退休的；有诸侯传让国家的，没有天子禅让天下的。这是古今都一样的。

所谓"尧、舜把王位禅让给别人"，这是不符合事实的假话，是知识肤浅者的传闻，是孤陋寡闻者的胡说。他们是一些不懂得是否违背世道人情的道理，不懂得国家与天下、至高无上与不至高无上之间的不同的人，是一些还不能和他们谈论天下的大道理的人啊!

【原文】

世俗之为说者曰："尧、舜不能教化。"是何也？曰："朱、象不化^1。"是不然也。

尧、舜者，至天下之善教化者也。南面而听天下，生民之属莫不振动从服以化顺之。然而朱、象独不化，是非尧、舜之过，朱、象之罪也。

尧、舜者，天下之英也；朱、象者，天下之嵬，一时之琐也。今世俗之为说者，不怪朱、象，而非尧、舜，岂不过甚矣哉？夫是之谓嵬说。羿、逢门者，天下之善射者也，不能以拨弓曲矢中微^2；王梁、造父者，天下之善驭者也，不能以辟马毁舆致远^3；尧、舜者，天下之善教化者也，不能使嵬琐化。

何世而无嵬，何时而无琐，自太皞、燧人莫不有也^4。故作者不祥，学者受其殃，非者有庆。《诗》曰："下民之孽，匪降自天；噂咨背憎^5，职竞由人^6。"此之谓也。

【注释】

①朱：尧的儿子，封于丹，故又称丹朱。象：舜的异母弟弟，传说他曾多次谋杀舜。

②按：通"彉"，弓弩张不正。

③辟：通"躄"，腿瘸。

④燧人：古帝名，传说他发明了钻燧取火，使民熟食，于是人民推举他为王，号燧人氏。

⑤噂（zūn）：聚在一起谈论。咨：形容话多。

⑥职：主要。竞：争逐，此指争抢灾祸。

【译文】

社会上那些庸俗的创立学说的人说："尧、舜不能教育、感化人。"这种说法的根据是什么呢？他们说："因为丹朱、象都没有被感化。"这种说法不对。

尧、舜，是普天下最善于进行教育感化的人，他们朝南坐着治理天下，所有的民众无不惊恐震动听从归服以至于被感化而依顺他们。然而唯独丹朱、象不能被感化，这不是尧、舜的过错，而是丹朱、象的罪过。

尧、舜是天下的英杰，丹朱、象是天下的怪物、一代的庸人。现在社会上那些庸俗的创立学说的人，不责怪丹朱、象而非议尧、舜，岂不是错得很厉害了吗？这叫做奇谈怪论。羿、逢蒙，是天下善于射箭的人，但不能用别扭的弓和弯曲的箭去射中微小的目标；王良、造父，是天下善于驾驭马车的人，但不能依靠瘸腿的马和坏车子到达远方的目的地；尧、舜，是天下善于进行教育感化的人，但不能使怪僻鄙陋的人转化。

哪个社会没有怪僻的人？哪个时代没有鄙陋的人？从太皞氏、燧人氏以来没有什么时代没有过。所以那些创立学说的人不善，学习的人就受到了他们的毒害，非难他们的人才有幸福。

《诗经》上说："民众的灾难与不幸，并非从天来降临；当面旁叨背后恨，主要作孽在于人。"说的就是这种情况。

【原文】

世俗之为说者曰："太古薄葬，棺厚三寸，衣衾三领，葬田不妨田，故不掘也。乱今厚葬，饰棺，故掘也。"是不及知治道，而不察于掘不掘者之所言也。

凡人之盗也，必以有为^1，不以备不足，则以重有余也。而圣王之生民也，皆使当厚优犹知足^2，而不得以有余过度。故盗不窃^3，贼不刺^4，狗豕吐菽粟，而农贾皆能以货财让。风俗之美，男女自不取于涂^5，而百姓羞拾遗。故孔子曰："天下有道，盗其先变乎！"

虽珠玉满体，文绣充棺，黄金充椁，加之以丹矸，重之以曾青，犀、象以为树，琅玕、龙兹、华觐以为实^6，人犹莫之掘也。是何故也？则求利之诡缓，而犯分之羞大也。

【注释】

①以：为。有为：有所为，有缘故。

②厚：富。优犹：叠韵联绵词，同"优游"，形容宽舒的样子。

③盗、贼：搞偷窃的叫"盗"，搞劫杀的叫"贼"。

④刺：杀人。

⑤取：通"聚"，会。涂：通"途"。

⑥琅玕：形似珠子而质次于玉的美石，一名火

齐珠。龙兹、华觐：也是珠玉名。

【译文】

社会上那些庸俗的创立学说的人说："远古时代葬礼节俭，棺材板只有三寸厚，衣服只有三套，被子只有三条，埋在田底下而不妨碍种田，所以不会被挖掘。现在的社会很混乱，葬礼奢侈，用珍宝来装饰棺材，所以会被盗挖。"这是对治国的道理还没有达到通晓的程度而对盗墓不盗墓的原因又不清楚的人所说的话。

大凡人们的盗窃，一定是有原因的，不是为了使自己不足的东西能齐备，就是为了使自己绑绑有余的东西进一步富余。而圣明的帝王养育民众，使他们都富足宽裕而懂得满足，不可以有多余的财物，不可以超过规定的标准。所以窃贼不会来偷窃，强盗不会杀人抢劫，狗猪会不吃粮食，而农夫商人都能把财物让给别人；风俗是那样的美好，男女自然不在路上相会，而百姓都以拾取别人遗失的东西为羞耻。所以孔子说："社会政治清明，盗贼大概会首先转变吧！"

像这样，即使珍珠宝玉挂满了尸体，绣有彩色花纹的丝织品塞满了内棺，黄金塞满了外棺，用朱砂涂刷它，用曾青粉饰它，在墓穴中用犀牛角和象牙雕刻成树，用琅玕、龙兹、华觐做成树上的果实，人们仍不会去盗挖它。这是为什么呢？是因为人们求取私利的诡诈之心松懈了，而违犯道义的羞耻感增强了。

【原文】

夫乱今然后反是^1：上以无法使，下以无度行；知者不得虑，能者不得治，贤者不得使。若是，则上失天性^2，下失地利，中失人和；故百事废，财物讫^3，而祸乱起。王公则病不足于上，庶人则冻透赢瘠于下。于是焉築、纠群居，而盗贼击夺以危上矣。安禽兽行，虎狼贪，故脯巨人而炙婴儿矣。若是，则有何尤掘人之墓，扶人之口而求利矣哉？虽此倮而埋之^4，犹且必掘也，安得葬埋哉？彼乃将食其肉而龅其骨也。夫曰：太古薄葬，故不掘也；乱今厚葬，故掘也。是特奸人之误于乱说，欺愚者而淫陷之^5，以偷取利焉^6，夫是之谓大奸。传曰："危人而自安，害人而自利。"此之谓也。

【注释】

①然后：这才。

②天性：指天时。

③讫：同"屈"，竭，尽。

④倮：同"裸"，赤身裸体。

⑤淫陷：使……陷于泥淖中，坑害。

⑥偷：苟且。

【译文】

混乱的今天这才与古代相反。君主不根据法度役使人民，臣民不根据法度去办事，有才智的人不能去谋划国家大事，有能力的人不能去治理国家，有德行的人不能在位役使人。

像这样，那么君主就会错失农时，民众就会丧失土地所产生的利益，中间就会失掉人民的同心合力；所以万事俱废，财物紧缺，而祸乱也就产生了。天子诸侯在上面忧虑财物不足，老百姓则在下面受冻挨饿疲弱消瘦；于是桀、纣似的暴君成群地占据在各国的君位上，而盗贼也就打家劫舍以至于危害到社会秩序了。一个个像禽兽一样横行，像虎狼一样贪婪，甚至有把大人做成肉干来吃而把婴儿做成烤肉来吃了。像这样，那么又为什么要指责盗掘死人的坟墓、挖死人的嘴巴来求取利益的行为呢？像这样，即使是赤身裸体来埋葬死人，也一定会被挖掘的，还讨论什么埋葬呢？因为他们也许将会吃死人的肉，啃死人的骨头。所谓"远古时代葬礼节俭，所以不会被挖掘；混乱的今天葬礼奢侈，所以会被盗挖"，这只是奸邪的人被谬论所迷惑了，却又用它来欺骗愚蠢的人而坑害他们，以便从中苟且捞取好处，这叫做最大的奸邪。古书上说："使别人危险以便使自己安全，使别人受害以便使自己得利。"说的就是这种人。

【注释】

①明：阐明，宣传彰明。

②俳：滑稽演员。优：优伶，演戏的人。侏儒：发育不正常而身材矮小的人，古代常充当供人取乐的活宝。弄：戏弄。徒：服劳役的人。罢（lì）：骂。

③钜：通"讵"，与"岂"

【原文】

子宋子曰："明见侮之不辱^1，使人不斗。人皆以见侮为辱，故斗也；知见侮之为不辱，则不斗矣。"

应之曰：然则以人之情为不恶侮乎？曰："恶而不辱也。"

曰："若是则必不得所求焉。凡人之斗也，必以其恶之为说，非以其辱之为故也。今俳优、侏儒，罪徒罢侮而不斗者^2，是岂钜知见侮之为不辱哉^3。然而不斗者，不恶故也。今人或人其央渎窃其猪鑐^4，则援剑戟而逐之，不避死伤，是岂以丧猪为辱也哉？然而不惮者，恶之故也。虽以见侮为辱也，不恶则不斗；虽知见侮为不辱，恶之则必斗。然则斗与不斗邪，亡于辱之与不辱也，乃在于恶之与不恶也。

"夫今于宋子不能解人之恶侮，而务说人以勿辱也，岂不过甚矣哉？金舌弊口，犹将无益也。不知其无益，则不知；知其无益也，直以欺人^5，则不仁。不仁不知，辱莫大焉。将以为有益于人，则与无益于人也^6，则得大辱而退耳！说莫病是矣。"

同义连用，难道，哪里。

④央：中。央浃：沟中。

⑤直：犹"特"，特地，故意。

⑥与：通"举"，都。

【译文】

宋钘先生说："宣明了被人侮辱而不以为耻辱，就能使人们不争斗。人们都把被侮辱当做耻辱，所以会争斗；如果懂得了被侮辱算不上是一种耻辱，就不会争斗了。"

回答："如果这样的话，那么先生也以为人之常情是不憎恶被人侮辱的吗？"

他说："虽然憎恶被人侮辱，但并不把被侮辱当做是耻辱。"

回答："像这样，那就一定达不到先生所追求的目标了。大凡人们的争斗，一定是把自己憎恶受侮辱当做辩解，而不是把自己感到耻辱作为理由。现在那些滑稽演员和唱戏的优伶、供人取乐的矮子、被人戏弄的奴仆，受到辱骂欺侮却不争斗，这哪里是因为他们懂得了被人侮辱算不上是一种耻辱的道理呢？他们不争斗，是因为他们不憎恶被人侮辱的缘故啊！现在如果有人进入人家的猪圈中，偷了人家的猪，失主一定会拿起剑戟去追赶窃贼，甚至不避死伤，这哪里是因为他把丢失猪看做耻辱呢？他不怕争斗，是因为憎恶窃贼啊！所以，即使把被侮辱看作为一种耻辱，但如果不憎恶它，就不会争斗；即使懂得了被侮辱算不上是一种耻辱的道理，但如果憎恶它，就一定会争斗。这样看来，争斗不争斗，不在于感到耻辱还是不感到耻辱，而在于憎恶还是不憎恶。

"现在宋先生不能消除人们对被人侮辱的憎恶，而致力于功说人们别把受侮辱看作为耻辱，岂不是大错特错了吗？即使是能言善辩的铁嘴巴把嘴皮都磨破了，仍将毫无禅益。不懂得这种功说毫无禅益，那就是不明智；知道它毫无禅益，却故意要用它来骗人，那就是不仁慈。不仁慈不明智，没有比这更耻辱的了。宋先生认为自己的说法有益于人。但事实上却无益于人，只落得个极大的耻辱而退场罢了！天底下的学说没有比这更糟的了。"

【注释】

①分职：分掌职务。名象：名物制度。

②命：命名，确定事物的名称。

③挫（zuò）：搓住。

④捶：通"䏿"。膝：膝盖骨。膝脚：刖掉膝盖骨的酷刑。

⑤枯：通"辜"。枯磔（zhé）：古代一种酷刑，即车裂后弃市，俗名"五马分尸"，将人头和四肢分别拴在五辆车上，用马拉车以撕裂肢体，并暴尸示众。

⑥藉：缝，缚，系。靡：通"縻"，绳，缚。

【原文】

子宋子曰："见侮不辱。"

应之曰："凡议，必先立隆正，然后可也。无隆正则是非不分而辨讼不决，故所闻曰：'天下之大隆，是非之封界，分职名象之所起^1，王制是也。'故凡言议期命是非^2，以圣王为师。而圣王之分，荣辱是也。

"是有两端矣。有义荣者，有势荣者；有义辱者，有势荣者。志意修，德行厚，知虑明，是荣之由中出者也，夫是之谓义荣。爵列尊，贡禄厚，形势胜，上为天子诸侯，下为卿相士大夫，是荣之从外至者也，夫是之谓势荣。流淫污慢，犯分乱理，骄暴贪利，是辱之由中出者也，夫是之谓义辱。罹侮挫搏^3，捶管膝脚^4，斩断枯磔^5，藉靡后缚^6，是辱之由外至者也，夫是之谓势辱。是荣辱之两端也。

"故君子可以有势辱，而不可以有义辱；小人可以有势荣，而不可以有义荣。有势荣辱无害为尧，有势荣无害为桀。义荣势荣，唯君子然后兼有之；义辱势辱，唯小人然后兼有之。是荣辱之分也。圣王以为法，士大夫为道，官人以为守，百姓以成俗，万世不能易也。"

【译文】

宋钘先生说："被侮辱而不以为耻辱。"

回答："凡是议论，一定要树立一个最高的准则才行，没有一个最高准则，那么是非就不能区分而争辩也无法解决。我过去听到的话说：'天下最大最高的准则，判断是非的界限，分掌职务、名物制度的起源，就是古代圣王的制度。'所以，凡是发言立论或约定事物的名称，它们的是非标准都要以圣王作为榜样；而圣王的道德原则，是看重光荣耻辱的。

"光荣、耻辱各有两个方面，有道义方面的光荣，有势位方面的光荣；有道义方面的耻辱，有势位方面的耻辱；志向美好，德行淳厚，智虑精明，这是从内心产生出来的光荣，这叫做道义方面的光荣；爵位尊贵，贡品俸禄优厚，权势地位优越，高一点的做了天子诸侯，低一点的做了卿相士大夫，这是从外部得到的光荣，这叫做势位方面的光荣；行为放荡、丑恶，违犯道义、扰乱伦理，骄横凶暴、唯利是图，这是从内心产生出来的耻辱，这叫做道义方面的耻辱；受人责骂侮辱、被揪住头发挨打，受杖刑被鞭打、受膑刑被剔去膝盖骨，被砍头断手、五马分尸并弃市，被五花大绑、被反绑吊起，这是从外部得到的耻辱，这叫做势位方面的耻辱。这些就是光荣耻辱的两个方面。

"所以君子可能有势位方面的耻辱而不可能有道义方面的耻辱，小人可能有势位方面的光荣却不可能有道义方面的光荣。有势位方面的耻辱不妨碍他成为尧，有势位方面的光荣不妨碍他成为桀。道义方面的光荣、势位方面的光荣，只有君子才能同时拥有它们；道义方面的耻辱、势位方面的耻辱，只有小人才会同时占有它们。这就是光荣和耻辱方面的道理。圣王把它当做法度，士大夫把它当做原则，一般官吏把它当作守则，老百姓根据它形成习俗，这是千秋万代也不会改变的。"

【原文】

"今子宋子则不然，独谌容为己，处一朝而改之，说必不行矣。譬之，是犹以塼涂塞江海也^1，以焦侥而戴太山也^2，蹶跌碎折不待顷矣^3。二三子之善于子宋子者，殆不若止之，将恐得伤其体也。"

【注释】

①塼："抟"(tuán)之俗字，揉捏成团。涂：泥。

②戴：用头顶。

③踣(diān)："颠"的本字，跌倒。

【译文】

"现在宋先生却不是这样，他独自用委曲容忍来整饬自己，想一个早晨改变历来的道德原则，他的学说一定行不通。打个比方，这就好像是用捏成团的泥巴去填塞江海，让三尺长的矮人去跄泰山，立即就会跌倒在地，粉身碎骨。诸位中与宋先生相好的，还不如去制止他，否则将来恐怕会伤害自己身体的。"

【注释】

①辨：通"辩"，动听有理，此用作使动词。

②称：引证。

③綦：极尽，这里是最好的、最大的意思。

④臭：气味，指香气。

【原文】

子宋子曰："人之情，欲寡，而皆以己之情，为欲多，是过也。"故率其群徒，辨其谈说^1，明其譬称^2，将使人知情之欲寡也。

应之曰："然则亦以人之情为目不欲綦色^3，耳不欲綦声，口不欲綦味，鼻不欲綦臭^4，形不欲綦佚。此五綦者，亦以人之情为不欲乎？"曰："人之情，欲是已。"

曰："若是则说必不行矣。以人之情为欲此五綦者而不欲多，譬之，是犹以人之情为欲富贵而不欲货也，好美而恶西施也。"

【译文】

宋钘先生说："人的本性，要得很少，但现在的人却都认为自己的本性是想要很多，这是错误的。"所以他率领他的弟子们，把他的言论学说说得动听有理，把他的比喻称引说得明白清楚，想要使人们懂得人的本性是要求很少。

回答："这样的话，那么先生也认为人的本性是眼睛不想看最美丽的颜色、耳朵不想听最悦耳的音乐、嘴巴不想吃最好的美味佳肴、鼻子不想闻最好的气味、身体不想追求最大的安逸？这五种极好的享受，先生也认为人们的本性是不想要的吗？"

他说："人的本性，是想要这些享受的。"

回答："如果这样，那么先生的说法就一定行不通了。认为人的本性是想要这五种极好的享受而又并不想要很多，打个比方，这就好像认为人的本性是想富贵的但又不要钱财、是喜爱美色的但又讨厌西施一样。

【原文】

"古之人为之不然。以人之情为欲多而不欲寡，故赏以富厚^1，而罚以杀损也^2，是百王之所同也。故上贤禄天下，次贤禄一国，下贤禄田邑，愿悫之民完衣食。

"今子宋子以是之情为欲寡而不欲多也，然则先王以人之所不欲者赏，而以人之所欲者罚邪？乱莫大焉。今子宋子严然而好说^3，聚人徒，立师学，成文典^4，然而说不免于以至治为至乱也，岂不过甚矣哉！"

【注释】

①厚：财富多。

②杀（shài）：减少。

③严然：同"俨然"，庄重的样子。

④曲：乐章，指韵文。文曲：泛指文章。

【译文】

"古代的人做事就不是这样。他们认为人的本性是想要多而不希望少，所以用财富来奖赏，用减少财富来处罚，这是各代帝王所相同的。所以上等的贤才以天下的税收作为俸禄，次一等的贤才以一国的税收作为俸禄，下等的贤才以封地内的税收作为俸禄，忠厚老实的百姓能保全穿的吃的。

"如果宋先生认为古代这些人的本性也是想要少而不想要多，那么古代的圣王是用人们所不想要的东西来奖赏而用人们想要的东西来处罚吗？没有比这更混乱的了。现在宋先生一本正经地珍爱自己的学说，聚集门徒，建立了师生教学关系，写成了文章，但是他的学说不免把治理得最好的情况看成是最混乱的情况，岂不是错得很厉害了吗？"

礼 论

【注释】

①分：名分，这里作动词，表示确定名分，即划定各人的等级地位职分等。

②养：调养，养育。

③屈（jué）：竭尽。

【原文】

礼起于何也？曰：人生而有欲，欲而不得，则不能无求。求而无度量分界^1，则不能不争；争则乱，乱则穷。

先王恶其乱也，故制礼义以分之，以养人之欲^2，给人之求。使欲必不穷于物，物必不屈于欲^3。两者相持而长，是礼之所起也。

【译文】

礼是在什么情况下产生的呢？回答说：人生来就有欲望；如果想要什么而不能得到，就不能没有追求；如果一味追求而没有一个标准限度，就不能不发生争夺；一发生争夺就会有祸乱，一有祸乱就会陷入困境。

古代的圣王厌恶祸乱，所以制定了礼义来确定人们的名分，以此来调养人们的欲望、满足人们的要求，使人们的欲望绝不会由于物资的原因而不得满足，物资绝不会因为人们的欲望而枯竭，使物资和欲望两者在互相制约中增长。这就是礼的起源。

【注释】

①调：调和。香：指香喷喷的佳肴。

②椒：香木名，其叶芳香，古人作茶或时常煮其叶以为香。兰：香草名。茝（bì）：芳香。

③疏：窗。樓（suì）：通"邃"，深远。

【原文】

故礼者，养也。刍豢稻梁，五味调香^1，所以养口也；椒兰芬茝^2，所以养鼻也；雕琢刻镂，黼黻文章，所以养目也；钟鼓，管磬，琴瑟，竽笙，所以养耳也；疏房、檃貌、越席、床笫、几筵^3，所以养体也。故礼者，养也。

【译文】

所以礼这种东西，是调养人们欲望的。牛羊猪狗等肉食和稻米谷子等细粮，五味调和的佳肴，是用来调养嘴巴的；椒树兰草香气芬芳，是用来调养鼻子的；在器具上雕图案，在礼服上绘彩色花纹，是用来调养眼睛的；钟、鼓、管、磬、琴、瑟、竽、笙等乐器，是用来调养耳朵的；窗户通明的房间、深邃的朝堂、柔软的蒲席、床上的竹铺、矮桌与垫席，是用来调养躯体的。所以礼这种东西，是调养人们欲望的。

【原文】

君子既得其养，又好其别。易谓别？曰：贵贱有等，长幼有差，贫富轻重皆有称者也。

故天子大路越席，所以养体也；侧载墨芷，所以养鼻也；前有错衡，所以养目也；和鸾之声，步中《武》、《象》，趋中《韶》、《护》，所以养耳也；龙旗九旒^①，所以养信也^②；寝兕、持虎^③，蛟韅、丝末、弥龙^④，所以养威也；故大路之马，必信至教顺^⑤，然后乘之，所以养安也。

孰知夫出死要节之所以养生也^⑥！孰知夫出费用之所以养财也！孰知夫恭敬辞让之所以养安也^⑦！孰知夫礼义文理之所以养情也！故人苟生之为见，若者必死；苟利之为见，若者必害；苟怠惰偷儒之为安，若者必危；苟情说之为乐，若者必灭。故人一之于礼义，则两得之矣；一之于情性，则两丧之矣。故儒者将使人两得之者也，墨者将使人两丧之者也，是儒、墨之分也。

【译文】

君子得到了礼的调养之后，还喜爱礼的区别。什么叫做区别？回答说：就是高贵的和卑贱的有不同的等级，年长的和年幼的有一定的差别，贫穷的和富裕的、权轻势微的和权重势大的都各有相宜的规定。

天子乘坐那宽阔的大车、铺垫那柔软的蒲席，是用来保养身体的；旁边放置湖岸上生长的香草，是用来调养鼻子的；车前有画着交错花纹的横木，是用来调养眼睛的；车铃的声音，在车子慢行时合乎《武》、《象》的节奏，在车子奔驰时合乎《韶》、《护》的节奏，这是用来调养耳朵的；画着龙的旗帜下边有九条飘带，是用来保养身份信号的；车子上画着横卧的犀牛和蹲着的

【注释】

①旒(liú)：通"旒"，古代旗帜下边悬垂的饰物。

②信：符信，凭据。

③寝兕、持虎：画在天子车子上的图案。兕(sì)，雌性的犀牛。持，通"踞"，蹲。

④蛟：通"鲛"，鲨鱼。韅(xiǎn)：马腹革带，在两胁旁，横经其下，而上系于鞍。末：车前遮挡风尘的帷帘。弥：车耳，车厢两旁之上的横木前端的曲钩，形似人耳。

⑤信：的确。

⑥要：约束。

⑦安：乐，喜欢。

老虎、马系着用鲨鱼皮制成的腹带、车前挂着丝织的车帘、车耳刻成龙形，这是用来强调威严的；天子的大车上所用的马，一定要训练得十分顺服，然后才用它拉车，这是用来保持安全的。

谁懂得献出生命坚守节操是用来保养生命的呢？谁懂得花费钱财是用来保养钱财的呢？谁懂得恭敬谦让是用来保住安逸的呢？谁懂得礼义仪式是用来调养情操的呢？所以人如果只看见生，这样的人就一定会死；如果只看见利，这样的人就一定会受到损害；如果只是喜欢懈怠懒惰苟且偷安，这样的人就一定会遇到危难；如果只是喜欢纵情作乐，这样的人就一定会灭亡。所以人如果专门把心思放在讲究礼义上，那么礼义情性两方面就都能保全了；如果专门把心思放在满足情性上，那么礼义性情两方面就都保不住了。儒家要使人们双双保全它们，墨家要使人们双双丧失它们，这就是儒家和墨家的区别。

【注释】

①本：根本，本源，基础。

②焉：则。

③事：祭祀。

【原文】

礼有三本^1：天地者，生之本也；先祖者，类之本也；君师者，治之本也。无天地，恶生？无先祖，恶出？无君师，恶治？三者偏亡，焉无安人^2。故礼，上事天^3，下事地，尊先祖，而隆君师。是礼之三本也。

【译文】

礼有三个根本：天地是生存的根本，祖先是种族的根本，君长是政治的根本。没有天地，怎么生存？没有祖先，种族从哪里产生？没有君长，怎么能使天下太平？这三样即使部分地缺失了，也不会有安宁的人民。所以礼，上事奉天，下事奉地，尊重祖先而推崇君长。这是礼的三个根本。

【注释】

①天：意动用法，把……当做天。

②坏：即"怀"，思

【原文】

故王者天太祖^1，诸侯不敢坏^2，大夫士有常宗^3，所以别贵始。

贵始，得之本也^4。郊止乎天子^5，而社止于诸侯，道及士大夫^6，所以别：尊者事尊，卑者事卑，宜大者巨，宜小者小也。故有天下者事七世，有一国者事五世，有五乘之地者事三世，有三乘之地者事二世，持手而食者不得立宗庙，所以别积厚者流泽广，积薄者流泽狭也。

念，企望。

③士：官名，地位次于大夫。

④得：通"德"。

⑤郊：古代天子每年冬至在南郊祭天的活动。

⑥禜：祭路神。

【译文】

所以，称王天下的天子可以把创建国家的始祖当做天来祭祀，诸侯则不敢有这个想法，大夫和士有百世不迁的大宗，这种宗法祭祀制度是用来区别各自所尊奉的始祖的。

尊重始祖，是道德的根本。到郊外祭天神仅限于天子，而祭土地神则从天子开始到诸侯为止，祭路神则向下延及到士和大夫，这是用来区别尊贵的人才能事奉尊贵的、卑贱的人只能事奉卑贱的、适宜做大事的就做大事、适宜做小事的就做小事。所以拥有天下的天子祭祀七代祖先，拥有一个国家的诸侯祭祀五代祖先，拥有五个六里见方的土地的大夫祭祀三代祖先，有三个六里见方的土地的士可以祭祀两代祖先，依靠双手来糊口的百姓不准建立祖庙，这是用来区别功绩大的人传布的恩德应该广远、功绩小的人传布的恩德应该狭窄。

【原文】

大飨，尚玄尊^1，俎生鱼^2，先大羹^3，贵食饮之本也。飨，尚玄尊而用酒醴，先黍稷而饭稻粱^4：祭，齐大羹而饱庶馐^5，贵本而亲用也。

贵本之谓文，亲用之谓理，两者合而成文，以归大一，夫是之谓大隆。故尊之尚玄酒也，俎之尚生鱼也，豆之先大羹也，一也。

利爵之不醮也，成事之不俎不尝也，三臭之不食也，一也。大昏之未发齐也，大庙之未入尸也，始卒之未小敛也，一也。

大路之素未也，郊之麻絻也，丧服之先散麻也，一也。三年之丧，哭之不反也，《清庙》之歌，一唱而三叹也，县

【注释】

①玄：指玄酒，祭祀时用来替代酒的清水。尊：同"樽"，"罇"，酒器。

②俎：一种四脚长方形器皿，是祭祀时陈置鱼肉的礼器。

③大（tài）羹：祭祀时所用的不加调味品的肉汁。

④黍：黍子，性黏，去皮后俗称黄米子。

⑤齐：读做"跻"，进

献。庶：众。馐：美味的食物。

一钟，尚拊膈，朱弦而通越也，一也。

【译文】

在太庙合祭历代祖先时，以盛着清水的酒器以及组里盛着的生鱼为上等祭品，首先献上不如调味品的肉汁，这是为了尊重饮食的本源。四季祭祀远祖时，以盛着清水的酒器为上等祭品，酌献甜酒，首先献上黍、稷，再陈供稻梁；每月祭祀近祖时，先进献未加调味品的肉汁，再盛陈各种美味的食物；这些都是为了尊重饮食的本源而又接近实际的食用。

尊重饮食的本源叫做形式上的修饰，接近实际的食用叫做内容上的合理，这两者结合起来就形成了礼仪制度，然而又使它趋向于远古的质朴状态，这才叫做对礼的最大尊崇。所以酒杯中以替代酒的清水为上等祭品，组中以生的鱼为上等祭品，豆中先盛不加调味品的肉汁，这三种做法与远古的质朴是一致的。

代替死者受祭的人不把佐食的人所献的酒喝光，祭礼完毕时组中的祭品留下不吃，劝受祭者饮食的三次劝食而不食，这三种做法与远古的质朴是一致的。

婚礼中还没有喝交杯酒的时候，祭祀太庙而代表死者受祭的人尚未进庙的时候，人刚死还没有换上寿衣的时候，这三种情况与远古的质朴是一致的。

天子祭天的大车用未染色的丝绸做车帘，在郊外祭天时头戴麻布制的礼帽，居丧时先散乱地系上麻带，这都是与远古的质朴一致的。

三年期的服丧，痛哭时放声直号而没有曲折的声调；《清庙》的颂歌，一人领唱而三个人随声咏叹；乐器只挂一口钟，而崇尚使用拊搏与膈；把琴弦染成红色而打通瑟底的孔。这三种做法是和远古的质朴一致的。

【注释】

①桊(tuō)：通"脱"，疏略。

②文：文饰，指礼节、仪

【原文】

凡礼，始乎悦^1，成乎文^2，终乎悦校^3。故至备，情文俱

礼 论 |209

尽^4；其次，情文代胜^5；其下，复情以归大一也。

天地以合，日月以明，四时以序，星辰以行，江河以流，万物以昌；好恶以节，喜怒以当，以为下则顺，以为上则明，万变不乱，贰之则丧也^6。

礼岂不至矣哉！立隆以为极，而天下莫之能损益也。本末相顺，终始相应，至文以有别，至察以有说，天下从之者治，不从者乱；从之者安，不从者危；从之者存，不从者亡，小人不能测也。

③校：通"佼"，快意，满意。

④情：感情，指礼仪所要表达的感情，如丧礼所要表达的哀，祭礼所要表达的敬等。

⑤代：交替，轮流。

⑥贰：不专一，背叛。

【译文】

大凡礼，总是从疏略开始，到有了礼节仪式就形成了，最后还要达到使人称心如意的程度。所以最完备的礼，所要表达的感情和礼节仪式都发挥得淋漓尽致；比它次一等的，是所要表达的感情和礼节仪式互有参差；最下等的，就是使所要表达的感情回到原始状态，从而趋向于远古的质朴。

但无论如何，天地因为礼的作用而风调雨顺，日月因为礼的作用而光辉明亮；四季因为礼的作用而井然有序，星辰因为礼的作用而正常运行；江河因为礼的作用而奔流入海，万物因为礼的作用而繁荣昌盛；爱憎因为礼的作用而有所节制，喜怒因为礼的作用而恰如其分；用它来治理臣民就可使臣民服从依顺，用它来整饬君主就可使君主通达英明；万事万物千变万化而不混乱，但如果背离了礼就会丧失一切。

礼难道不是登峰造极了吗？圣人确立了隆盛的礼制而把它作为最高的准则，因而天下没有谁再能增减改变它。这种礼制的根本原则和具体细节之间互不抵触，仪式开始的时候与结束的时候互相应合；极其完美而有明确的等级区别，极其明察而有详尽的理论说明。天下遵循礼的国家治理得好，不遵循礼的国家混乱；遵循礼的国家安定，不遵循礼的国家危险；遵循礼的国家存在，不遵循礼的国家灭亡。礼的这些作用，小人是不能估量到的。

【注释】

①辟：通"僻"，邪僻。陋：见识少。

②队：同"坠"，坠落。

③陈：陈列，指拉出来弹画。

④足：指充分地掌握。

⑤方：道。无方：无道，没有原则，没有固定的法度。

【原文】

礼之理诚深矣，"坚白""同异"之察人焉而溺；其理诚大矣，擅作典制辟陋之说人焉而丧^1；其理诚高矣，暴慢恣睢轻俗以为高之属人焉而队^2。故绳墨诚陈矣^3，则不可欺以曲直；衡诚县矣，则不可欺以轻重；规矩诚设矣，则不可欺以方圆；君子审于礼，则不可欺以诈伪。

故绳者，直之至；衡者，平之至；规矩者，方圆之至；礼者，人道之极也。然而不法礼，不足礼^4，谓之无方之民^5；法礼，足礼，谓之有方之士。礼之中焉能思索，谓之能虑；礼之中焉能勿易，谓之能固。能虑，能固，加好者焉，斯圣人矣。

故天者，高之极也；地者，下之极也；无穷者，广之极也；圣人者，人道之极也。故学者，固学为圣人也，非特学为无方之民也。

【译文】

礼的道理真深啊，那些"坚白"、"同异"等所谓明察的辨析一进入礼的道理之中就被淹没了；礼的道理真大啊，那些擅自编造典章制度、邪僻浅陋的学说一进入礼的道理之中就没命了；礼的道理真高啊，那些粗暴傲慢恣肆放荡轻视习俗作为高尚的人一进入礼的道理之中就垮台了。所以木工的墨线确实拉出来了，就不可能再用曲直来搞欺骗；秤真正挂起来了，就不可能再用轻重来搞欺骗；圆规角尺确实设置了，就不可能再用方圆来搞欺骗；君子对礼了解得明白清楚，就不可能再用诡诈来欺骗他。

墨线这种东西，是直的极点；秤这种东西，是平的极点；圆规角尺这种东西，是方与圆的极点；礼这种东西，是社会道德规范的极点。既然这样，那么不遵循礼，不充分地掌握礼，就叫做没有原则的人；遵循礼，充分地掌握礼，就叫做有原则的贤士。在遵循礼掌握礼的过程中能够思考探索，叫做善于谋虑；在遵循礼掌握礼的过程中能不变，叫做能够坚定。善于谋虑，能够坚定，再加上爱好礼，就是圣人了。

天，是高的极点；地，是低的极点；没有尽头，是广阔的极点；圣人，是道德的极点。所以学习的人，本来就该学做个圣人，不是只学做个没有原则的人。

【原文】

礼者，以财物为用^1，以贵贱为文，以多少为异，以隆杀为要^2。

文理繁，情用省，是礼之隆也。文理省，情用繁，是礼之杀也。

文理情用相为内外表里，并行而杂^3，是礼之中流也。故君子上致其隆^4，下尽其杀，而中处其中。

步骤、驰骋、厉鹜不外是矣。是君子之坛宇、宫廷也。人有是^5，士君子也；外是，民也；于是其中焉，方皇周挟^6，曲得其次序，是圣人也。故厚者，礼之积也；大者，礼之广也；高者，礼之隆也；明者，礼之尽也。《诗》曰："礼仪卒度，笑语卒获。"此之谓也。

【注释】

①用：用具，工具。②隆：隆重，丰厚。杀(shài)：减少，简省。

③并：并列。杂：交错，相互配合。

④致：极，尽，尽量 做到。

⑤有：通"域"，用作动词，限定在……范围中。

⑥挟：通"浃"。

【译文】

礼，把钱财物品作为工具，把尊贵与卑贱的区别作为礼仪制度，把享受的多少作为尊卑贵贱的差别，把隆重和简省作为要领。

礼节仪式繁多，但所要表达的感情、所要起到的作用却简约，这是隆重的礼。礼节仪式简约，但所要表达的感情、所要起到的作用却繁多，这是简省的礼。

礼节仪式和它所要表达的感情、所要起到的作用之间相互构成内外表里的关系，两者并驾齐驱而交错配合，这是适中的礼。所以知礼的君子对隆重的礼仪就极为隆重，对简省的礼仪就极为简省，而对适中的礼仪也就作适中的处置。

不管慢走快跑、驱马驰骋、剧烈奔跑，都不越出这个规矩，这就是君子的活动范围。人如果把活动限定在这个范围之中，就是士君子，如果越出了这个规矩，就是普通的人；如果在这个规矩中间，来回周旋，处处符合它的次序，这就是圣人了。所以圣人的厚道，是靠了礼的积蓄；圣人的大度，是靠了礼的深广；圣人的崇高，是靠了礼的高大；圣人的明察，是靠了礼的透彻。《诗经》上说："礼仪全都合法度，言行举止就都合时务。"说的就是这种情况呀！

【注释】

①倍：通"背"。

②棺椁（guǒ）：古代的棺材有多层，最里面的一口叫"棺"，套在"棺"外的大棺材都叫"椁"。

③菱（liǔ）：通"柳"，古代遮蔽村垫棺材的饰物统称"柳"，它包括在旁的"帷"，在上的"荒"，以及村垫棺材的木材。

④属：聚集，会合。

⑤州里：周代的行政单位，一万二千五百户为一乡，二千五百户为一州，二十五户为一里。

⑥壅：通"墉"，用土掩埋。

⑦缘：衣服的边饰。凡缘：指平常的服装。

⑧衰：通"缞"，古代的丧服之一，是一种披在胸前的麻布条，宽四寸，长六寸。

【原文】

礼者，谨于治生死者也。生，人之始也；死，人之终也。终始俱善，人道毕矣。故君子敬始而慎终，终始如一，是君子之道，礼义之文也。

夫厚其生而薄其死，是敬其有知，而慢其无知也，是奸人之道而倍叛之心也^1。君子以倍叛之心接臧谷，犹且羞之，而况以事其所隆亲乎！

故死之为道也，一而不可得再复也，臣之所以致重其君，子之所以致重其亲，于是尽矣。故事生不忠厚，不敬文，谓之野；送死不忠厚，不敬文，谓之瘠。君子贱野而羞瘠，故天子棺椁七重^2，诸侯五重，大夫三重，士再重，然后皆有衣衾多少厚薄之数，皆有翣菱文章之等^3，以敬饰之，使生死终始若一，一足以为人愿，是先王之道，忠臣孝子之极也。

天子之丧动四海，属诸侯^4。诸侯之丧动通国，属大夫。大夫之丧动一国，属修士。修士之丧动一乡，属朋友。庶人之丧合族党，动州里^5。

刑余罪人之丧，不得合族党，独属妻子，棺椁三寸，衣衾三领，不得饰棺，不得昼行，以昏壅^6，凡缘而往埋之^7，反无哭泣之节，无衰麻之服^8，无亲疏月数之等，各反其平，各复其始，已葬埋，若无丧者而止，夫是之谓至辱。

【译文】

礼，是严谨地处理生与死的。生，是人生的开始；死，是人生的终结。终结和开始都处理得好，那么为人之道也就完备了。所以君子严肃地对待人生的开始而慎重地对待人生的终结。对待这终结与开始就像对待同一件事一样，这是君子的原则，也是礼义的具体规定。

看重人活着的时候而看轻人的死亡，这是敬重活人的有知觉而忽慢死人的没有知觉，这是邪恶之人的原则，是一种背叛别人的心肠。君子拿背叛别人的心肠去对待奴仆、儿童，尚且感到羞耻，更何况是用这种心肠来侍奉自己所尊重的君主和亲爱的父母呢！

再说死亡有一条规律，就是每人只死一次而不可能再重复一次，所以臣子要表达对君主的敬重，子女要表达对父母的敬重，处理了丧事也就到头了。所以侍奉生者不忠诚笃厚、不恭敬有礼，就称之为粗野；葬送死者不忠诚笃厚、不恭敬有礼，就称之为薄待。君子鄙视粗野而把薄待看作为羞耻。所以天子的棺材有七层，诸侯五层，大夫三层，士两层；其次，他们又都有衣服被子方面或多或少、或厚或薄的数目规定，都有棺材遮蔽物及其花纹图案的等级差别；用这些来恭敬地装饰死者，使他们在生前与死后、结束一生时与开始一生时都受到相同的待遇，完全满足人们的愿望，这是古代圣王的原则，也是忠臣孝子的最高准则。

天子的丧事牵动整个天下，聚集诸侯来送葬。诸侯的丧事牵动有友好交往的国家，聚集大夫来送葬。大夫的丧事牵动一国，聚集上士来送葬。上士的丧事牵动一乡，聚集朋友来送葬。百姓的丧事，集合同族亲属来送葬，牵动州里。

受过刑罚的罪犯的丧事，不准聚集同族亲属来送葬，只能会合妻子儿女来送葬，棺材三寸厚，衣服被子三套，不准文饰棺材，不准白日送葬，只能在黄昏埋葬，而且妻子儿女只能穿着平常的服装去埋掉他，回来后，没有哭泣的礼节，没有披麻戴孝的丧服，没有因为亲疏关系而形成的服丧日期的等级差别，各人都回到自己平常的情况，各人都恢复到自己当初的样子，把他埋葬之后，就像没有死过人一样而什么也不做，这叫做最大的耻辱。

【注释】

214 荀 子

①厌(yā)：同"压"，拖，侵袭。

②纩：安放。纩：新棉絮。

③冈：忧患，这里指垂危。

④殡：停放灵柩，也就是入棺后到埋葬前的仪式。

【原文】

礼者，谨于吉凶不相厌者也^1，纩纷听息之时^2，则夫忠臣孝子亦知其冈已^3，然而殡敛之具^4，未有求也；垂涕恐惧，然而幸生之心未已，持生之事未辍也；卒矣，然后作具之。故虽备家必逾日然后能殡，三日而成服。然后告远者出矣，备物者作矣。故殡久不过七十日，速不损五十日。是何也？曰：远者可以至矣，百求可以得矣，百事可以成矣；其忠至矣，其节大至，其文备矣。然后月朝卜日，月夕卜宅，然后葬。当是时也，其义止，谁得行之！其义行，谁得止之！故三月之葬，其貌以生设饰死者也，始非直留死者，以安生也，是致隆思慕之义也。

【译文】

礼，是严谨地使吉利的事与凶险的事互不侵犯的。把新的棉絮放在临终者鼻前而倾听其气息的时候，就是那些忠臣孝子也知道他垂危了，但是停棺入殓的用具却还不去考虑；虽然这时他们挂着眼泪惊恐害怕，但是希望他能侥幸活下去的心思还没有止息，维持他生命的事情也没有中止；直到他死了，才开始准备治丧的物品。所以，即使是治丧物品齐备的人家，也必须过了一天才能入棺停柩，到第三天才穿上丧服守丧。然后去远方报丧的人才出发了，准备治丧物品的人才开始操办。所以停放灵柩的时间，长不超过七十天，快也不少于五十天。这是为什么呢？是因为这样远方来奔丧的亲友可以赶到，办理丧事需要的各种东西才能备齐，各种事情也都不能耽误了，人们的忠诚尽到了，对长辈的礼节盛大了，仪式也齐备了，然后才在月底占卜确定埋葬的地点，在月初占卜确定埋葬的日期，然后才去埋葬。在这个时候，道义上禁止的事，谁能去做？那道义上推行的事，谁能禁止？所以停柩三个月的葬礼，表面上是用生者的设施来装饰死者，但实际上恐怕不是只保留一下死者来安慰生者，这是在表达尊重怀念的意思啊！

【注释】

礼 论

【原文】

丧礼之凡^1：变而饰^2，动而远^3，久而平。故死之为道也^4，不饰则恶，恶则不哀；逮则玩^5，玩则厌，厌则忘，忘则不敬。

一朝而丧其严亲，而所以送葬之者不哀不敬，则嫌于禽兽矣^6。君子耻之。故变而饰，所以灭恶也；动而远，所以遂敬也；久而平，所以优生也^7。

①凡：平常，指通常的原则。

②变：指死。

③动：指举行丧礼中的各种仪式。

④为：犹"有"。

⑤玩：轻忽，习惯而不经心。

⑥嫌：近。

⑦优：调节，协调。

【译文】

丧礼的一般原则是：人死后要装饰，举行丧礼仪式要使死者逐步远去，时间长了便恢复到平常的状态。死亡有一种规律，即如果对死者不进行装饰，就丑恶难看；丑恶难看，人们就不会哀痛了；时间短了，人们就会漫不经心；漫不经心，就会厌弃；厌弃了，就会怠慢；怠慢了，就会不恭敬。

有朝一日自己尊敬的父母亲死了，但为他们送葬的却不哀痛、不恭敬，那就近于禽兽了。君子以此为耻辱。人死后进行装饰，是用来消除丑恶难看的；举行丧礼仪式要用很长时间，是为了让死者渐渐远去，用来成全恭敬；时间长了就恢复到平常状态，是为了善待生者。

【原文】

礼者，断长续短，损有余，益不足，达爱敬之文，而滋成行义之美者也。故文饰、粗恶，声乐、哭泣，恬愉、忧戚；是反也，然而礼兼而用之，时举而代御。故文饰、声乐、恬愉。所以持平奉吉也；粗恶、哭泣、忧戚，所以持险奉凶也。故其立文饰也，不至于窕冶^1；其立粗恶也，不至于瘠弃；其立声乐恬愉也，不至于流淫惰慢；其立哭泣哀戚也，不至于隘慑伤生^2，是礼之中流也。

故情貌之变，足以别吉凶，明贵贱亲疏之节，期止矣^3；外是，奸也；虽难，君子贱之。故量食而食之，量要而带之^4。相高以毁瘠，是奸人之道，非礼义之文也，非孝子之情也，将以有为者也。

【注释】

①窕：通"姚"，妖艳。

②隘：穷。慑：悲戚。

③期：当作"斯"，就。

④要：同"腰"。

⑤说：通"悦"。豫：通"娱"，欢乐。婉：温和，美好，形容脸色的喜悦。泽：光泽，形容高兴时容光焕发。

⑥萃：通"顇"，面色黄瘦。恶：丑恶难看，形容愁眉苦脸的样子。

故说豫婉泽^5，忧戚萃恶^6，是吉凶忧愉之情发于颜色者也。歌谣傲笑^7，哭泣谛号^8，是吉凶忧愉之情发于声音者也。刍豢稻粱酒醴餰鬻^9，鱼肉菽藿酒浆，是吉凶忧愉之情发于食饮者也。卑绖、翣戴、文织，资粗、衰经、菲繐，是吉凶忧愉之情发于衣服者也。疏房檃越席床第几筵，属茨倚庐席薪枕块，是吉凶忧愉之情发于居处者也。

⑦歌谣：有音乐伴奏的歌唱叫"歌"，无音乐伴奏的歌唱叫"谣"。

⑧谛：通"啼"，出声地哭。号：大声哭。

⑨餰（zhān）：同"饘"，厚粥。鬻：同"粥"，稀粥。

两情者，人生固有端焉。若夫断之继之，博之浅之，益之损之，类之尽之，盛之美之，使本末终始，莫不顺比，足以为万世则，则是礼也。非顺孰修为之君子，莫之能知也。

[译文]

礼，是截长补短，减损有余、增加不足，使爱怜恭敬的仪式能完全实施，从而养成美好的德行道义的。所以仪文修饰和粗略简陋，音乐和哭泣，安适愉快和忧愁悲伤，这些都是相反的；但是礼对它们一并加以应用，按时拿出来交替使用。仪文修饰、音乐、安适愉快，是用来奉持平安和吉祥的；粗略简陋、哭泣、忧愁悲伤，是用来奉持凶恶和不幸的。所以礼在确立仪文修饰的规范时，不会弄到妖艳的地步；在确立粗略简陋的规范时，不会弄到毁伤形体的地步；在确立音乐、安适愉快的规范时，不会弄到放荡懈怠的地步；在确立哭泣、哀痛的规范时，不会弄到过度悲戚、伤害身体的地步。这就是礼的中庸之道。

所以神情容貌的变化，能够用来区别吉利与不幸、表明贵贱亲疏之间的礼节等级，就够了；超出了这个程度，就是奸邪的行为；即使是难以做到的，君子也都鄙视它。所以要根据食量吃东西，根据腰身扎带子。丧礼时故作哀伤，毁坏自己的身体而消瘦不堪，以此来向别人标榜自己的高尚，这是奸邪之人的行径，不是礼义的规定，也不是孝子的真情，而是要用它来有所作为的，想得到点什么。

高兴欢乐时和颜悦色容光焕发，忧愁悲伤时面色惨悴愁眉苦脸，这是碰到吉利与不幸时忧愁愉快的心情在脸色上的表现。歌唱嬉笑，哭泣啼号，这是碰到吉利与不幸时忧愁愉快的心情在声音上的表现。牛羊猪狗等肉食、稻米谷子等细粮、甜酒、鱼肉，稀饭、豆叶、汤水，这是碰到吉利与不幸时忧愁愉快的心情在饮食上的表现。礼服礼帽、礼服上的花纹、有彩色花纹的丝织品，丧服粗布衣、麻条麻带、薄麻衣、用茅草编成的鞋，这是碰到吉利与不幸时忧愁愉快的心情在衣服上的表现。窗户通明的房间、深邃的朝堂、柔软的蒲席、床上的竹铺、短桌与竹席，编结茅草而成的屋顶、靠在墙边上的简陋房屋、把柴草当做垫席、把土块当做枕头，这是碰到吉利与不幸时忧愁愉快的心情在居住上的表现。

忧愁愉快这两种心情，在人的生性中本来就存在着根源，至于使这两种心情断绝或持续，使它们较多地被人了解或较少地被人了解，使它们增强或减损，使它们既合乎法度又能充分地表达出来，使它们既旺盛又美好，使根本原则和具体细节、人生终结的仪式和人生开始的仪式没有不和顺的，完全可以用来作为千秋万代的法则，这就是礼。如果不是顺从礼、精通礼、学习礼、实行礼的君子，是不能够懂得这些道理的。

【注释】

【原文】

故曰：性者，本始材朴也^1；伪者^2，文理隆盛也。无性则伪之无所加，无伪则性不能自美。性伪合，然后成圣人之名，一天下之功于是就也。故曰：天地合而万物生，阴阳接而变化起，性伪合而天下治。天能生物，不能辨物也；地能载人，不能治人也；宇中万物、生人之属，待圣人然后分也^3。《诗》曰："怀柔百神^4，及河乔岳^5。"此之谓也。

①朴：未加工过的木材。

②伪：人为。

③分：次，安排。

④怀柔：安抚。

⑤乔岳：高山。

【译文】

所以说：先天的本性，就像是原始的未加工过的木材；后天的人文教化，则表现在礼节仪式的隆重盛大。没有本性，那么人文教化就没有地方施加；没有人文教化，那么本性也不能自行完美。本性和人文教化相结合，然后才能成就圣人的名声，统一天下的功业也因此而能完成了。所以说：上天和大地相配合，万物就产生了；阴气和阳气相接触，变化就出现了；本性和人文教化改造相结合，天下就治理好了。上天能产生万物，但不能治理万物；大地能负载人民，但不能治理人民；宇宙间的各种东西和各类人，得依靠圣人才能安排好。《诗经》上说："招徕安抚众神仙来到长河高高山。"说的就是这种情况啊！

【注释】

①髺（kuò）：同"髻"，把头发束起来。体：肢体，此指整理四肢、剪指甲等。哈：古代给贵族办丧事时，塞在死人口中的珠、玉、贝、米等物统称"哈"，死者所含之物视其贵贱等级而定。饭哈：把哈放在死者口中。

②式：通"拭"。

③设：铺陈，此指穿上。袭（xiè）衣：贴身上衣。

④裹：加穿（衣服）。称：计算衣服的量词，套。

⑤缙：同"搢"，插。绅：古代贵族束在腰间的大带。缙绅：即搢笏，指把笏（官吏上朝时拿的手板）插在腰带上。

⑥掩面：又称"掩"，死者的蒙头巾。按古代礼仪，死人用整幅宽、五尺长的白色熟绢蒙头。幎目：又称"幎目"，是用丝

【原文】

丧礼者，以生者饰死者也，大象其生以送其死也。故事死如生，事亡如存，终始一也。

始卒，沐浴鬒体饭唅^1，象生执也。不沐则濡栉而止，不浴则濡巾三式而止^2。充耳而设瑱，饭以生稻，唅以槁骨，反生术矣。设袭衣^3，裹三称^4，缙绅而无钩带矣^5。设掩而幎目^6，鬒而不冠笄矣^7。书其名，置于其重^8，则名不见而柩独明矣。

荐器则冠有鬒而毋纵^9，瓮庑虚而不实，有簟席而无床第，木器不成斫，陶器不成物，薄器不成内，笙竽具而不和，琴瑟张而不均，舆藏而马反，告不用也。具生器以适墓，象徒道也，略而不尽，貌而不功，趣舆而藏之，金革辔靷而不入，明不用也。象徒道，又明不用也。是皆所以重哀也。故生器文而不功，明器貌而不用。

凡礼，事生，饰欢也；送死，饰哀也；祭祀，饰敬也；师旅，饰威也。是百王之所同，古今之所一也，未有知其所由来者也。故圹，其貌象室屋也；棺椁，其貌象版盖斯柙也；无帖丝菼缘翣，其貌以象非帷幄绸也；抗折，其貌以象慢茨番阈也。故丧礼者，无它焉，明死生之义，送以哀敬，而终周藏也。故葬埋，敬藏其形也；祭祀，敬事其神也；其铭诔系世，敬传其名也。事生，饰始也；送死，饰终也；终始具而孝子之事毕，圣人之道备矣。

【译文】

丧葬的礼仪，就是按照活人的情形来装饰死人，大致地摹拟他的生前来送他的终。所以侍奉逝世如同侍奉出生，侍奉死人如

同侍奉活人，对待人生的终结与对待人生的开始一个样。

刚死的时候，给他洗头洗澡、束头发剪指甲、把哈物放入口中，这是摹拟他生前的操作。如果不洗头，就用沾湿的梳蓖梳理三下就可以了；如果不洗澡，就用沾湿的毛巾擦三遍就可以了。填塞耳朵使用充耳，把生米嗑入口中，把贝壳塞在嘴里，这就和出生时的办法相反了。给死者穿好内衣，再穿上三套外衣，把朝板插在腰带上但不钩紧腰带。裹上遮脸的白绢和遮眼的黑色丝巾，束起头发而不戴帽子、不插簪子。把死者的名字写在狭长的明旌上，然后把它覆在死者的临时神主牌上，那么他的名字就看不见而只有灵柩十分明显了。

送给死者的随葬器物，戴在头上的有头盔似的帽子而没有包发的丝中，瓮、虎空着不放东西，有竹席而没有床上的竹铺，木器不作加工，陶器不制成成品，竹子芦苇做成的器物不中用，笙、竽具备而不调和，琴、瑟上弦而不加调节，装运棺材的车子随同埋葬而马却牵回去，这些都表示随葬的东西是不用的。准备好了生前的用具而送到墓中，这是模拟搬家的办法。随葬的器物简略而不完备，只具外貌而不能实际使用，赶着丧车去把它埋葬掉，但拉车的马及其设备却不埋进去，这些都是为了表明随葬的东西是不用的；模拟搬家的办法，也是表明那些随葬的东西不用了。这些都是为了加重哀悼之情的。所以，生前的用具只起礼仪的作用而不再用它，随葬的器物只具外貌而不精制。

凡是礼仪，侍奉出生，是为了润饰欢乐之情；葬送死者，是为了更好地表现哀悼之情；祭祀，是为了修饰恭敬之情；军队，是为了装饰威武之势。这是各代帝王都相同、古今都一致的，但是没有人知道它是从什么时代传下来的。所以墓穴和坟家，它们的形状像房屋；内棺外棺，它们的形状像车旁板、车顶盖、车前皮盖、车后革帘构成的车厢，尸体与棺材上的被子、丝织麻织的遮蔽品、棺材的遮蔽物，它们的形状是模仿门帘和各种帷帐的；承负坟家、覆盖墓穴的葬具，它们的形状是模仿墙壁、屋顶、篱笆和门户的。所以，丧葬的礼仪，并没有其他的含义，而是为了彰明生死的意义，以悲哀恭敬的心情去葬送死者而最终把他周到地掩藏

⑦笄：古代固定发髻或别住帽子用的簪子。

⑧重：死者刚死未葬时暂时代替神主牌的木牌。

⑨荐：献。器：指明器，古代用竹、木、陶土等制作的随葬器物。

带扎在死者眼上的黑色方巾，一尺二寸见方。

好。所以埋葬，是为了恭敬地掩藏死者的躯体；祭祀，是为了恭敬地侍奉死者的灵魂；那些铭文、谏辞、传记家谱，是为了恭敬地传颂死者的名声。事奉出生的礼仪，是装饰人生的开始；葬送死者的礼仪，是装饰人生的终结。这终结与开始的礼仪全部做到了，那么孝子的事情也就完成了，圣人的道德也就具备了。

【注释】

①刻：刻减，刻薄。附：增益，丰厚。墨：昏暗、晦味的意思。

②杀生而送死：指用活人殉葬。

【原文】

刻死而附生谓之墨^1，刻生而附死谓之惑，杀生而送死谓之贼^2。大象其生以送其死，使死生终始莫不称宜而好善，是礼义之法式也，儒者是矣。

【译文】

削减死者的用度来增加生者的用度叫做刻薄，削减生者的用度来增加死者的用度叫做迷惑，杀掉生者来殉葬叫做残害。大致地摹拟他的生前来送他的终，使逝世和在世、人生终结和人生开始时的仪式无不得当合宜而尽善尽美，这就是礼义的法度标准了，儒者就是这样的啊！

【注释】

①饰：通"饬"，整治。群：指有亲属关系的群体。

②极：极限，最高限度。

③苴：通"粗"。苴杖：用粗劣的竹子做成的手杖，供哭丧时用。

④反：通"返"。铅（yán）：通"沿"。顺流而下叫"沿"，此指随大流、合群。

⑤爵：同"雀"。

【原文】

三年之丧，何也？曰：称情而立文，因以饰群^1，别亲疏贵贱之节，而不可益损也。故曰：无适不易之术也。

创巨者其日久，痛甚者其愈迟，三年之丧，称情而立文，所以为至痛极也^2。齐衰，苴杖^3，居庐，食粥，席薪，枕块，所以为至痛饰也。

三年之丧，二十五月而毕，哀痛未尽，思慕未忘，然而礼以是断之者，岂不以送死有已，复生有节也哉？凡生天地之间者，有血气之属莫不有知，有知之属莫不爱其类。今夫大鸟兽则失亡其群匹，越月逾时，则必反铅^4；过故乡，则必徘徊焉，鸣号焉，踯躅焉，踟蹰焉，然后能去之也。小者是燕爵^5，犹有啁啾之顷焉^6，然后能去之。故有血气之属莫知于人，故人之于其亲也，至死无穷。

将由夫愚陋淫邪之人与，则彼朝死而夕忘之；然而纵之，则是曾鸟兽之不若也，彼安能相与群居而无乱乎？将由夫修饰之君子与，则三年之丧，二十五月而毕，若驹之过隙，然而遂之，则是无穷也。故先王圣人安为之立中制节，一使足以成文理，则舍之矣。

⑥啁噍（zhōujiū）：同"啁啾"，象声词，形容细碎杂乱的鸟鸣声。

【译文】

三年的服丧，是为了什么呢？回答说：这是根据人的感情来确立礼仪制度，以此整治亲族，区别亲近的人与疏远的人之间、高贵者与卑贱者之间的不同礼节，而不能再增减的了。所以说：这是无论到什么地方也不可改变的措施。

创伤大的，愈合时间就长；疼痛厉害的，痊愈就慢。服丧三年，是根据人的感情来确立的礼仪制度，是用来给极其悲痛的感情所确立的最高期限。穿着丧服、拄着孝棍、住在简陋的房屋中、吃薄粥、把柴草当做垫席、把土块当做枕头，是用来给极其悲痛的心情所作的外表装饰。

三年的服丧，二十五个月就完毕了，但哀痛之情并没有了结，思念之心并没有忘怀，然而礼制却规定在这个时候终止服丧，这难道不是因为送别死者要有个终结、恢复正常的生活要有所节制吗？凡是生长在天地之间的，有血气的种属一定有智能，而有智能的种属没有不爱自己同类的。现在那些大的飞禽走兽如果失去了它的群体或配偶，那么过了一个月或超过了一定的时间，就一定会返回合群；经过原来住过的地方，就一定会徘徊周旋，啼鸣叫吼，驻足踏步，来回走动，然后才能离开那里。小的就算是燕子麻雀之类也还要在那里啾啾喳喳一会儿，然后才能离开那里。有血气的种属没有比人更聪明的了，所以人对于自己父母的感情，到死也没有穷尽。

要依从那些愚蠢浅陋放荡邪恶的人么？那么他们的父母亲早晨死了，到晚上就忘了；像这种情况如果还放任他们，那么他们就连鸟兽也不如了，他们又怎么能互相在一起合群居住而没有动乱呢？要依从那些注重道德修养的君子么？三年的服丧，二十五个月就完毕了，他们会觉得那时间快得就像驾车的四匹马经过一个墙缝一样；像这种情况如果还是成全他们，那么他们就会无限期地服丧。所以先王圣人就给人们确立了适中的标准、制定了这服丧三年的礼节，使人们能够完成礼仪，然后就除去丧服。

【注释】

①分：半。

②期（jī）：周年。

③緦（sī）：细麻布，此指细麻布制成的丧服，服期三个月，是古代五种丧服（斩衰、齐衰、大功、小功、緦麻）中最轻的一种。小功：丧服名，用较细的熟麻布制成，服期五个月。

【原文】

然则何以分之^1？曰：至亲以期断^2。是何也？曰：天地则已易矣，四时则已遍矣，其在宇中者莫不更始矣，故先王案以此象之也。

然则三年何也？曰：加隆焉，案使倍之，故再期也。由九月以下，何也？曰：案使不及也。故三年以为隆，緦、小功以为杀^3，期、九月以为间。上取象于天，下取象于地，中取则于人，人所以群居和一之理尽矣。故三年之丧，人道之至文者也，夫是之谓至隆，是百王之所同也，古今之所一也。

【译文】

既然这样，那么为什么还要把三年的服丧期打个对折呢？回答说：对于最亲近的父母本来就是在一周年时终止服丧的。这是为什么呢？回答说：因为经过一周年，天地都已经变换了，四季也已经循环了一遍，那些在宇宙中的动植物没有不重新开始其生长的了，所以古代的圣王就用这一周年的丧礼来象征性地表达丧礼。

既然这样，那么三年的丧期又是为了什么呢？回答说：那是为了使丧礼更加隆重，于是就使它在一年的基础上加倍，所以就过了两周年了。从九个月以下的丧期，又是为什么呢？回答说：那是为了使它不到一周年的丧礼。把服丧三年作为隆重的礼，把三个月的緦麻、五个月的小功作为简省的礼，把服丧一周年、九个月作为中等的礼。这礼的制定，上取法于天，下取法于地，中取法于人，人们所以能合群居住而和谐一致的道理也就被全盘体现出来了。所以三年的服丧，是为人之道最高的礼仪。这叫做最隆重的礼仪。这是各代帝王都相同、古今都一致的。

【注释】

【原文】

君之丧所以取三年，何也？曰：君者，治辨之主也^1，文理之原也，情貌之尽也^2，相率而致隆之，不亦可乎？《诗》曰："恺悌君子，民之父母。"彼君子者，固有为民父母之说焉。

父能生之，不能养之；母能食之^3，不能教诲之；君者，已能食之矣，又善教诲之者也。三年毕矣哉！乳母，饮食之者也，而三月；慈母^4，衣被之者也，而九月；君，曲备之者也，三年毕乎哉！得之则治，失之则乱，文之至也。得之则安，失之则危，情之至也。两至者俱积焉，以三年事之，犹未足也，直无由进之耳^5。故社，祭社也；稷，祭稷也；郊者，并百王于上天而祭祀之也。

①辨（bàn）：通"办"，治理。

②情：指臣民忠诚之情。貌：指臣民恭敬之貌。

③食（sì）：通"饲"，供养。

④慈母：指养母。

⑤直：但。由进：由此而增多。

【译文】

君主的丧礼期限之所以要选取三年，为什么呢？回答说：君主，是治理社会的主宰，是礼仪制度的本源，是忠诚的内情和恭敬的外貌所要侍奉的尽头，人们互相遵循而极其尊崇他，不也是可以的吗？《诗经》上说："和乐平易的君子，就是人民的父母。"那些君子本来就有是民众父母的说法。

父亲能生下自己，但不能喂养自己；母亲能喂养自己，又不能教诲自己；君主是既能养育自己，又善于教诲自己的人，为君主服丧三年就完毕了吗？奶妈是喂养自己的人，因而为她服丧三个月；抚育自己的庶母，是为自己料理衣着被服的人，因而为她服丧九个月；君主，是各方面都照顾自己的人，为他服丧三年就完毕了吗？做到了这一点，国家就能治理好；做不到这一点，国家就会混乱；它是礼仪制度中最重要的礼节啊！做到了这一点，国家就安定；做不到这一点，国家就危险；它是忠诚之情的最高体现啊！这最重要的礼节与最高的情感体现都积聚在君主的丧礼上了，所以用三年时间来侍奉君主的神灵仍然是不够的，只是无法再将这丧期增加罢了！所以社祭，只祭土地神；稷祭，只祭谷神；郊祭，就把各代帝王和上天合并在一起而祭祀他们。

【注释】

荀 子

①丘陵：小土山叫丘，大土山叫陵。此指坟墓。古代帝王诸侯之墓，或称丘，如今苏州的虎丘（吴王阖闾之墓）；或称陵，如今绍兴的禹陵。

②蘇：通"遥"。

③须：等待，停留。容：容纳，容许，确保。

【原文】

三月之殡，何也？曰：大之也，重之也，所致隆也，所致亲也，将举措之，迁徙之，离宫室而归丘陵也^1，先王恐其不文也，是以蘇其期^2，足之日也。故天子七月，诸侯五月，大夫三月，皆使其须足以容事^3，事足以容成，成足以容文，文足以容备，曲容备物之谓道矣。

【译文】

三个月的停柩，为什么呢？回答说：这是要扩大丧礼的规模，加重丧礼的分量。对自己极尊重的人，极亲近的人，死后要认真安排他，迁移他，使他离开宫室而埋葬到陵墓中去，古代的圣王怕这些事情不合乎礼仪，因此延长停柩的日期，使办丧事的人有足够的时间。所以天子停柩七个月，诸侯五个月，大夫三个月，这都是为了使时间足够用来操办各种事情，这些事情办妥了就足够用来保证丧事的成功，这成功足够用来保证礼仪的实施，这实施足够用来保证丧葬物品的完备，各个方面都能确保丧葬物品的完备就可以叫做正确的原则了。

①悢（gé）诶：双声连绵词，变异感动的意思。唈僾（yì ài）：双声连绵词，心里郁悒而呼吸不畅的意思。

②屈（jué）：竭。屈然：空缺的样子。

③愀然：惆怅，伤感。嗛（qiè）：满足。

④夏：又称《大夏》，相传是夏禹时的舞曲名。为（zhuó）：是歌颂周武王能商取先祖之道

【原文】

祭者，志意思慕之情也。悢诶唈僾而不能无时至焉^1。故人之欢欣和合之时，则夫忠臣孝子亦悢诶而有所至矣。彼其所至者，其大动也；案屈然已^2，则其于志意之情者惆然不嗛^3，其于礼节者阙然不具。故先王案为之立文，尊尊亲亲之义至矣。故曰：祭者，志意思慕之情也。忠信爱敬之至矣，礼节文貌之盛矣，苟非圣人，莫之能知也。圣人明知之，士君子安行之，官人以为守，百姓以成俗。其在君子，以为人道也；其在百姓，以为鬼事也。故钟鼓管磬，琴瑟竽笙，韶、夏、护、武、汋、桓、箾、象^4，是君子之所以为悢诶其所喜乐之文也。齐衰，苴杖，居庐，食粥，席薪，枕块，是君子之所以为悢诶其所哀痛之文也。师旅有制，刑法有等，莫不称罪，是君子之所以为悢诶其所敦恶之文也^5。卜筮视日，齐戒修涂，几筵馈荐告祝，如或飨之。物取而

皆祭之，如或尝之。毕利举爵，主人有尊，如或觞之。宾出，主人拜送，反易服，即位而哭，如或去之。哀夫！敬夫！事死如事生，事亡如事存，状乎无形影，然而成文。

以养天下之民的乐章，见《诗经·周颂》。桓：祭祀周武王的乐章。韶（shuò）：周初制作的歌颂周文王的舞曲名。

⑤敦：通"憝"（duì），憎恶，怨恨。

【译文】

祭祀，是为了表达心意和思慕之情的。人们心情郁闷了，不能没有时机来表达。人们欢欣鼓舞和睦相处的时候，那些忠臣孝子也会感动，而思念君主、双亲不得同享欢乐的心情也要有所表达了。他们所要表达非常激动的心情，如果空空地没有祭祀的礼仪，那么他们在感情方面就会感到惆怅而不满足，他们在礼节方面就会感到欠缺而不完备。所以古代的圣王为他们制定了礼仪制度，这样，尊崇君主、亲爱父母的道义就能表达了。所以说：祭祀，是为了表达心意和思慕之情的。它是忠信敬爱的最高表现，是礼节仪式的极点，如果不是圣人，是不能懂得这一点的。圣人明白地理解祭祀的意义，有道德的士君子安心地进行祭祀，官吏把它当做为自己的职守，百姓使它成为自己的习俗。它在君子那里，被当做治理社会的一种道德规范；它在百姓那里，被当做侍奉鬼神的事。钟、鼓、管、磬、琴、瑟、竽、笙等乐器被使用，《韶》、《夏》、《护》、《武》、《汋》、《桓》、《箾》、《象》等乐曲被演奏，这些是君子被他所喜悦的事情感动了从而用来表达这种感动的礼仪形式。穿丧服、拄孝棍、住陋屋、吃薄粥、以柴草为垫席、把土块当枕头，这些是君子被他所哀痛的事情感动了，从而用来表达这种感动的礼仪制度。军队有一定的制度，刑法有轻重的等级，没有什么刑罚不与罪行相当，这些是君子被他所憎恶的事情感动了从而用来表达这种感动的礼法制度。

占卜算卦、观察日期时辰是否吉利，整洁身心、修饰清理祠庙，摆好祭祀的席位、献上牺牲黍稷等祭品，受祭者吟哟男巫，好像真的有神来享用过祭品。事先积聚的祭品都献给代表死者受祭的人，受祭者一一尝用，好像真的有神尝过它们。不让助食的人举杯向受祭者敬酒，主人亲自劝受祭者饮酒，受祭者便饮用，好像真的有神拿酒杯喝了酒。祭祀结束后宾客退出，主人拜揖送行，然后返回，换掉祭服而穿上丧服，来到坐位上痛哭，好像真的有神离开了他。悲哀啊！恭敬啊！侍奉死者如同侍奉生者一样，侍奉已不存在的人如同侍奉还活着的人一样，所祭祀者虽无形无影，但是它可以成为人类社会中的一种礼仪制度。

解 蔽

【原文】

凡人之患，蔽于一曲，而暗于大理。治则复经，两疑则惑矣。天下无二道，圣人无两心。

今诸侯异术，百家异说，则必或是或非，或治或乱。乱国之君，乱家之人，此其诚心，莫不求正而以自为也。妒缪于道而人诱其所迫也^1。私其所积^2，惟恐闻其恶也。倚其所私，以观异术，惟恐闻其美也。是以与治离走而是己不辍也^3。岂不蔽于一曲而失正求也哉！心不使焉，则白黑在前而目不见，雷鼓在侧而耳不闻，况于使者乎！德道之人^4，乱国之君非之上，乱家之人非之下，岂不哀哉！

【注释】

①缪：通"谬"。迫(dài)：通"给"，哄骗，欺骗。迫：喜好。

②私：偏爱。积：习，这里指知识、经验。

③是己：自以为是。

④德：通"得"。

【译文】

人们的毛病，是被片面的事情所蒙蔽，在大道理上有所亏损。专心于一方面就能使认识恢复到正道上来，对正道采取模棱两可的态度就会使自己迷惑。天下没有两条并行的道理，圣人也没有对道三心二意。

诸侯采取各种政治措施，百家之言更是五花八门，那么其中必定有对的也有错的，有可以拿来治理国家的，也有祸害国家的。使国家陷入混乱的国君，使家庭陷入混乱的人，他们的内心没有不想走上正道的，而只是由于他们的自以为是。但是他们由于偏离了正道，其他人就会投其所好地引诱他。偏好于自己的经验，唯恐听到不利于自己做法的言论。依靠自己的偏见，来观察他人的学说，唯恐听到有关他的好话。这样一来，就背离正道越来越远而还在不停地走下去。这难道不是由于被片面的事物所蒙蔽而造成的吗？自己的心思不在这里，即使黑色和白色放在眼前也是看不出它们的差别的，响雷近在耳畔也是听不见的，更何况是被片面事物所蒙蔽的人呢？得道的人，使国家混乱的君主在他的上面非难他，使家庭混乱的小人在下面反对他，这难道不是很可悲吗？

【注释】

①故：发语词。

②欲：指只看到欲的一面。

③心术：思想方法。公患：共同的毛病，通病。

【原文】

故为蔽^1：欲为蔽^2，恶为蔽，始为蔽，终为蔽，远为蔽，近为蔽，博为蔽，浅为蔽，古为蔽，今为蔽。凡万物异，则莫不相为蔽，此心术之公患也^3。

【译文】

被片面事物蒙蔽的原因：有的人是被自己的欲望所蒙蔽，有的人是被憎恶所蒙蔽，有的人是只看到事情的开头而被蒙蔽，有的人只看到事情的结局而被蒙蔽，有的是只看到远方的事物而被蒙蔽，有的是只看到近在眼前的事物而被蒙蔽，有的是由于知识繁杂而被蒙蔽，有的是见识浅陋而被蒙蔽，有的是只看到古代的情况而被蒙蔽，有的是只看到现在的情况而被蒙蔽。凡是万事万物没有不是相互蒙蔽的，这就是心智的通病。

【注释】

①非：同"诽"，毁谤，说别人的坏话。

②九牧：即九州，古代传说全国共有九州。

③虚：通"墟"，废墟，这里用作动词。

④监：通"鉴"，借鉴。

【原文】

昔人君之蔽者，夏桀、殷纣是也。桀蔽于末喜、斯观而不知关龙逢，以惑其心而乱其行；纣蔽于妲己、飞廉而不知微子启，以惑其心而乱其行。故群臣去忠而事私，百姓怨非而不用^1，贤良退处而隐逃，此其所以丧九牧之地^2，而虚宗庙之国也^3。桀死于高山，纣县于赤旆，身不先知，人又莫之谏，此蔽塞之祸也。

成汤监于夏桀^4，故主其心而慎治之，是以能长用伊尹，而身不失道，此其所以代夏王而受九牧也。文王监于殷纣，故主其心而慎治之，是以能长用吕望，而身不失道，此其所以代殷王而受九牧也。远方莫不致其珍，故目视备色，耳听备声，口食备味，形居备宫，名受备号，生则天下歌，死则四海哭，夫是之谓至盛。《诗》曰："凤凰秋秋，其翼若干，其声若箫。有凤有凰，乐帝之心。"此不蔽之福也。

【译文】

从前，国君被蒙蔽的，夏桀、殷纣就是代表。夏桀被末喜、斯观所蒙蔽，竟然不知道任用关龙逢，结果导致思想迷茫和行为混乱；殷纣被妲己、飞廉蒙蔽，竟然不任用微子启，结果导致思想迷茫和行为混乱。因此群臣都放弃了忠心而谋私利，百姓埋怨咒骂不愿意为其卖力，贤良的人退居山泉来逃避祸患，正因为这样才丧失了大好河山，使自己的宗庙断了香火。夏桀死于鬲山，殷纣被杀后头颅悬挂在赤旗上示众。自己没有什么预见性，而又不采纳他人的谏言，这就是被蒙蔽的祸患啊！

成汤借鉴夏桀的教训，所以自己保持清醒的头脑，于是能够长久地任用伊尹，而自己又不迷失，这就是他取代夏王赢得天下的原因。文王借鉴殷纣的教训，所以自己保持清醒的头脑，于是能够长久地任用吕望，而自己又不迷失，这是他能够取代殷王赢得天下的原因。远方各国没有不献出自己珍宝的，所以眼睛能够看到美色，耳朵能够听到音乐，嘴里能够吃到珍馐美食，身体居住在宫殿里，名字受到人们的称赞，活着的时候天下所有的人都为其大唱颂歌，死后四海之内都为其痛哭，这就是所说的达到了极盛。《诗经》上说："凤凰啾啾地鸣叫，它的翅膀像战士的银枪，它的声音像箫声。有凤又有凰，使帝王心情舒畅。"这就是没有被蒙蔽的福气啊！

【原文】

昔人臣之蔽者，唐鞅、奚齐是也^1。唐鞅蔽于欲权而逐载子^2，奚齐蔽于欲国而罪申生^3，唐鞅戮于宋，奚齐戮于晋。逐贤相而罪孝兄，身为刑戮，然而不知，此蔽塞之祸也。

故以贪鄙、背叛、争权而不危辱灭亡者，自古及今，未尝有之也。鲍叔、宁戚、隰朋仁知且不蔽^4，故能持管仲而名利福禄与管仲齐。召公、吕望仁知且不蔽，故能持周公而名利福禄与周公齐。传曰："知贤之为明，辅贤之谓能，勉之强之，其福必长。"此之谓也。此不蔽之福也。

【注释】

①唐鞅：战国时宋康王的臣子，后被宋康王所杀。奚齐：晋献公的宠妃骊姬的儿子。

②载子：当作"戴子"，指戴驩，他曾任宋国太宰，后来被唐鞅驱逐而逃往齐国。

荀 子

③申生：晋献公的太子，奚齐的异母兄。

④知：通"智"。

【译文】

从前大臣被蒙蔽的，唐鞅、奚齐就是代表。唐鞅被自己对权力的欲望所蒙蔽，驱逐了戴驩，奚齐被自己图谋篡国的欲望所蒙蔽，从而使申生获罪。唐鞅被杀死在宋国，奚齐被杀于晋国。唐鞅驱逐了贤相，奚齐加罪于有孝名的哥哥申生。他们自己被杀了，还不知道自己哪里做错了，这就是被蒙蔽所造成的祸患啊！

由于贪婪、背叛、争权而不危险、受辱和灭亡的人，从古至今，还没有这样的。鲍叔、宁戚、隰朋三个人有仁德、智慧而且没有被自己的私欲所蒙蔽，所以能支持管仲治理齐国，从而得到与管仲相同的名利福禄。召公、吕望两个人有仁德、智慧而且没有被自己的私欲所蒙蔽，所以能支持周公治理国家，从而得到与周公相等的名利福禄。古书上说："了解贤能的人叫做明，辅助贤能的人叫做能，勤勉自强，一定福气长久。"说的就是这个道理。这就是没有被蒙蔽的福气啊！

【注释】

①宾：客。孟：通"萌"、"氓"，民。宾孟：外来之民，指往来于各诸侯国之间的游士。

②家：即"百家争鸣"之"家"，指学派。

③文：文饰，指文辞的修饰。

④欲：指少欲。得：贪得。

⑤辞：说辞，指不切实用的事理分析与逻辑推理。

⑥庄子：即庄周，战国中

【原文】

昔宾孟之蔽者^1，乱家是也^2。墨子蔽于用而不知文^3，宋子蔽于欲而不知得^4，慎子蔽于法而不知贤，申子蔽于势而不知知，惠子蔽于辞而不知实^5，庄子蔽于天而不知人^6。

故由用谓之道，尽利矣；由欲谓之道，尽嗛矣^7；由法谓之道，尽数矣；由势谓之道，尽便矣；由辞谓之道，尽论矣；由天谓之道，尽因矣。此数具者，皆道之一隅也。夫道者体常而尽变，一隅不足以举之。曲知之人，观于道之一隅而未之能识也。故以为足而饰之^8，内以自乱，外以惑人，上以蔽下，下以蔽上；此蔽塞之祸也。

孔子仁知且不蔽，故学乱术足以为先王者也。一家得周道，举而用之，不蔽于成积也。故德与周公齐，名与三王并，此不蔽之福也。

【译文】

从前游说之人被蒙蔽的，那些使国家混乱的人就是代表。墨子过分强调实用性而轻视礼乐的重要性，宋子过分强调人类的情欲而不懂得如何正确地得到欲，慎子过分强调法的作用而不懂得贤能的人的作用，申子过分强调权势的重要而忽视了智慧的重要性，惠子过分强调言辞而不知道事物的实际情况，庄子过分强调天理而忘记了人的作用。

⑦嗛：通"慊"，满足，指欲望少而知足。

⑧饰：通"饬"，整治，指研究。

期宋国人，道家的主要代表之一。

所以，若是只从功用的角度来谈论道，就全都是利益了；若是只从情欲的角度来谈论道，就全都去追求欲望了；若是只从法的角度来谈论道，就全都是权术了；若是只从权势的角度来谈论道，众人都去追求方便行事了；若是只从言辞的角度谈道，只剩下争论了；若是只从天的角度来谈论道，人们都要消极地听天由命了。这几种游说之人的学说相同的地方，在于都是道德一个方面。道，它的本身是不会变化的，然而能把天下的事物的变化都汇集在一起，仅从某一方面是不能说明道的。被蒙蔽的人，看见道的一个方面而不能全面把握。所以自认为得到全部加以夸耀，内心混乱不明，对外也迷惑了别人，在上面君主蒙蔽了臣下，在下臣民蒙蔽了君主，这就是蒙蔽造成的祸患啊！

孔子仁德而有智慧，而且没有受到蒙蔽，所以，他的学说成为治国之道，足以能够像先王那样。孔子成为一家之言，能够得到全面的道，这就是由于没有受到蒙蔽的缘故。所以孔子的品德和周公相齐，名字与三王并列，这就是没有受到蒙蔽的福气啊！

【原文】

圣人知心术之患，见蔽塞之祸，故无欲、无恶、无始、无终、无近、无远、无博、无浅、无古、无今^1，兼陈万物而中县衡^2。是故众异不得相蔽以乱其伦也。

【注释】

①恶(wù)：讨厌，不喜欢。

②县(xuán)："悬"的古字，挂。

【译文】

圣人了解人们思想上的毛病，能看到被蒙蔽的祸患，所以没有什么欲望，没有什么憎恶的事物，不是只看事物的开始，不是只看事情的结局，不只是从近处着眼，不只是从远处着眼，不只看到博大的一面，不只看到浅近的一面，不只看到古代的情况，不只看到现代的情况，而是把各种不同的事物全面地进行考察，然后衡量找出中间之道。这样，各个不同方面就不会相互蒙蔽，以致扰乱了本来的关系。

【注释】

①衡：秤杆，称。

②知道：懂得"道"。

③可：肯定，赞同。

④不道人：不懂"道"、不守"道"的人。

【原文】

何谓衡^1？曰：道。故心不可以不知道^2；心不知道，则不可道而可非道^3。人孰欲得恣而守其所不可，以禁其所可？以其不可道之心取人，则必合于不道人而不合于道人^4。以其不可道之心与不道人论道人，乱之本也。

夫何以知？曰：心知道，然后可道；可道，然后能守道以禁非道，以其可道之心取人，则合于道人，而不合于不道之人矣。以其可道之心与道人论非道，治之要也。何患不知？故治之要在于知道。

【译文】

什么是"衡"？回答：就是道。所以，思想上不可以没有道，若是思想上没有道，就不会肯定正道而去肯定邪道了。人谁会在放纵不羁的时候，守着自己不愿意做的事情，而禁止自己做自己愿意做的事情呢？用自己否定正道的思想方法来选择人，就一定会和那些邪道上的人合得来，而和那些正道上的人合不来。用自己否定正道的思想方法与那些邪道上的人谈论正道上的人，这就是混乱的根本原因。

怎么知道的呢？回答：思想上了解正道，这样之后才能肯定正道；肯定正道，这样之后才能守护着正道而防止邪道，用自己正道的思想方法来选择人，就会与正道上的人合得来，从而和邪道上的人合不来。用自己正道的思想方法来与正道上的人谈论邪道，这才是治理国家的关键。怎么会担心不能了解道呢？所以说治国的关键在于了解道。

解 蔽

【原文】

人何以知道？曰：心。心何以知？曰：虚壹而静。

心未尝不藏也，然而有所谓虚；心未尝不两也，然而有所谓壹；心未尝不动也，然而有所谓静。

人生而有知，知而有志，志也者，藏也；然而有所谓虚，不以所已藏害所将受谓之虚。心生而有知，知而有异，异也者，同时兼知之；同时兼知之，两也，然而有所谓一，不以夫一害此一谓之壹。

心卧则梦，偷则自行^1，使之则谋。故心未尝不动也，然而有所谓静，不以梦剧乱知谓之静。未得道而求道者，谓之虚壹而静，作之则。将须道者之，虚则人；将事道者之，壹则静；将思道者，静则察。知道察，知道行，体道者也。虚壹而静，谓之大清明^2。万物莫形而不见，莫见而不论，莫论而失位。坐于室而见四海，处于今而论久远。疏观万物而知其情，参稽治乱而通其度^3，经纬天地而材官万物^4，制割大理^5，而宇宙理矣。恢恢广广，孰知其极！

罩罩广广^6，孰知其德！涫涫纷纷，孰知其形！明参日月，大满八极^7，夫是之谓大人。夫恶有蔽矣哉！

【注释】

①偷：苟且，得过且过。

②大清明：指认识上进入极其透彻、毫无偏蔽的境界。

③稽：考证，考核。

④经纬：这里是安排、治理的意思。

⑤制割：掌握，利用。

⑥罩罩（hào）：广大貌。

⑦八极：即东、西、南、北、东南、东北、西南、西北八个方向，形容极其广大。

【译文】

人怎么才能了解道呢？回答：靠心。心怎么会了解道呢？回答：虚心、专一而且宁静。

心里不是没有各种偏好，但是只有虚心，才能接受新事物；心不是没有三心二意的时候，但是只有专一，才能一件件事情地去做。心不是没有活动，但是只有宁静，才能有所节制。

人生来是有认识能力的，有认识能力才能有记忆，记忆，就是把事物的印象储藏起来。但是这里所说的虚心，是不由于自己的记忆而妨害自己将要接受的新事物。人生来是有认识能力的，有了认识能力，就能同时接受许多事物，同时接受许多事物，就是同时接受许多知识。同时接受许多知识，就叫做两。但是这里所说的专一，就是不因为对那一事物的认识妨碍对这一事物的认识，这就叫做专一。

心，在睡觉的时候就会做梦，思想不集中的时候就会胡思乱想，运用的时候才会有所谋划。所以心不是不活动的，但是这里所说的宁静，是不因为梦的混乱而打扰到知识。没有了解道正在追求道的人，就要告诉他要虚心、专一而宁静，作为认识道的准则。想要了解道的人，虚心就能得道；将要学习道的人，专心就能够了；想要研究道的人，宁静了就能明察道的真义。明察道的真义，认识道而又能够身体力行，这就是体会了道的人。虚心、宁静而且专一，就叫做认识上的透彻明白。这样就能全面了解各种事物的形态，一切对事物的了解都能分门别类，一切的分类都不会有所差错。坐在一间屋子里就能看到四海的万物，处在现在而能分析古代的情况。粗略地了解万物就能知道它们的本质，考察社会的治乱就能通晓它们的界限，治理天地又能从整体上把握万物的规律，利用万物，宇宙间的整个规律就全在手上。

广大无垠啊，有谁能知道圣人的胸怀的博大！浩瀚无边啊，有谁知道圣人的道德的高深！纷纷繁繁啊，有谁知道圣人的伟大形象！他的光明和日月相媲美，他的胸怀和八极一样无边，这就是所谓的大人。这样的人怎么会有什么蒙蔽得了！

【注释】

①劫：强制。墨：同"默"。

②见(xiàn)：同"现"。

③情：通"精"，专一。贰：三心二意。

④周行：大路。

⑤心枝：心绪分散，即思想不集中。

【原文】

心者，形之君也而神明之主也；出令而无所受令。自禁也，自使也，自夺也，自取也，自行也，自止也。故口可劫而使墨云^1，形可劫而使诎中，心不可劫而使易意，是之则受，非之则辞。故曰：心容，其择也无禁，必自见^2，其物也杂博，其情之至也不贰^3。

《诗》云："采采卷耳，不盈倾筐。嗟我怀人，置彼周行^4。"倾筐易满也，卷耳易得也，然而不可以贰周行。故曰：心枝则无知^5，倾则不精，贰则疑惑。赞稽之，万物可兼知也。身尽其故则美。类不可两也，故知者择一而壹焉。

解 蔽 | 235

【译文】

心，是身体的君主和智慧的君主，只发出命令而不受别的命令。自己限制，自己役使，自己争取，自己获得，自己行动，自己停止。所以嘴巴可以被迫讲话或沉默，身体可以被迫舒张或弯曲，心就不能被迫改变自己的意思，对的就实行，不对的就拒绝。所以说，心里有容量，它的选择是没有界限的，必定要自主地表现，它认识的事物虽然广博繁杂，它的本质是一致的，不会改变的。

《诗经》上说："采呀采呀卷耳菜，还不满一小筐，怀念我那心爱的人儿，索性把那竹筐放在大路上。"竹筐虽说容易装满，卷耳菜也是容易得到的，但是不能三心二意地站在大路旁。所以说，心思分散了就不能得到知识了，思想动摇了就不能精深，三心二意了就会产生疑惑。一个人竭尽全力地做到一心一意，万物都是可以被认识的，身体力行了就能达到完美。做任何事都不能三心二意，所以明智的人选择一个就一心一意地去研究它。

【原文】

农精于田而不可以为田师，贾精于市而不可以为贾师，工精于器而不可以为器师。

有人也，不能三技而可使治三官，曰：**精于道者也，精于物者也。精于物者以物物，精于道者兼物物**^{1}，**故君子壹于道而以赞稽物**^{2}。**壹于道则正，以赞稽物则察；以正志行察论，则万物官矣**^{3}。

【注释】

①物物：驾驭，治理具体的事物。

②赞：辅助，辅佐。稽：考证，考核。

③官：可以掌握的意思。

【译文】

农民善于种田，但是不能做管理农业的官员；商人善于做买卖，但是不能做管理商业的官员；工匠善于制作器件，但是不能做管理工业的官员。

有这样的人，他不精通这三种技术，但是可以做管理这三种行业的官员，这是由于他善于用道来管理，而那三种人是善于运用物的。善于使用物的人能利用物，善于运用道的人能运用各种物，所以君子只把握道就能考察万物。专一于道就能思想正确。用道来考察万物就能明察，用正确的思想来推行明察万物的道理，那么万物都会得到治理。

【注释】

①错：同"措"。

②湛：同"沉"。

③仓颉(jié)：相传是黄帝时的史官，据说他创造了汉字。

④后稷：尧时的农官，周族的始祖，名弃，"后稷"是他受封后的号，"后"是君长的意思，"稷"是一种谷物，他被任命为农师，所以称"后稷"。

⑤夔：尧、舜时的乐官。相传他奏乐能使鸟兽起舞。

⑥倕(chuí)：古代传说中心灵手巧的工匠的名字。

⑦浮游：或作"爽车"、"车爽"，黄帝时人，传说他创造了箭。

⑧奚仲：夏禹时的车正（掌管车服的官），相传他善于造车。

⑨庭：同"莛"，草茎。

【原文】

昔者舜之治天下也，不以事诏而万物成。处一危之，其荣满侧；养一之微，荣矣而未知。故《道经》曰："人心之危，道心之微。"

危微之几，惟明君子而后能知之。故人心譬如槃水，正错而勿动^1，则湛浊在下而清明在上^2，则足以见须眉而察理矣。微风过之，湛浊动乎下，清明乱于上，则不可以得大形之正也。心亦如是矣。故导之以理，养之以清，物莫之倾，则足以定是非决嫌疑矣。

小物引之，则其正外易，其心内倾，则不足以决粗理矣。故好书者众矣，而仓颉独传者^3，壹也；好稼者众矣，而后稷独传者^4，壹也；好乐者众矣，而夔独传者^5，壹也；好义者众矣，而舜独传者，壹也；倕作弓^6，浮游作矢^7，而羿精于射；奚仲作车^8，乘杜作乘马，而造父精于御：自古及今，未尝有两而能精者也。曾子曰："是其庭可以搏鼠^9，恶能与我歌矣！"

【译文】

从前舜治理天下的时候，不依靠事事都给予指示而所有的事情都办成了。专一于道而又居安思危，荣耀就会来到他的身边；培养专一于道的能力而有关注细节，荣耀就会在不知不觉中到来。所以《道经》上说："人的思想在于居安思危，道的精要在于养心知微。"

思危和知微之间的关系，只有君子才能够知道。所以人的心好比盘子中的水，端正地放着不动摇，就会浑浊的在下面而清澈的在上面，足够从中观察到胡须眉毛的纹理了。一阵微风过来，混浊的就在下面活动，清澈的就在上面活动，就是大概的形状也是看不出来的。心也是这样的。所以用理性来引导它，使它保持清醒的状态，外物不能使它倾倒，这样就可以判断是非决疑难了。

如果外界的小事物引诱它，那么外面不能保持端正，内心又倾倒，就连粗浅的道理都不懂了。所以喜欢写字的人很多，但是只有仓颉的流传下来了，这就是由于他专一；喜欢种庄稼的人很多，但是只有后稷的流传下来了，是由于他专一；喜欢音乐的人很多，但是只有夔的流传下来了，这是由于他专一；喜欢道义的人很多，但是只有舜的流传下来了，这是由于他专一；僵制造了弓，浮游创造了箭，而只有后羿精于射箭；奚仲创造了车，乘杜首先用马驾车，而只有造父精于驾车。从古至今，没有谁是由于一心两用而能事业专精的。曾子说："看着打拍子的小棍，心里想着可以用它来打老鼠，怎么能和我一起唱好歌呢？"

【原文】

空石之中有人焉，其名曰敫。其为人也，善射以好思。耳目之欲接，则败其思^1；蚊虻之声闻，则挫其精^2。是以辟耳目之欲^3，而远蚊虻之声，闲居静思则通。思仁若是，可谓微乎？孟子恶败而出妻^4，可谓能自强矣，未及思也。有子恶卧而焯掌^5，可谓能自忍矣，未及好也。辟耳目之欲，可谓能自强矣，未及思也。蚊虻之声闻则挫其精，可谓危矣，未可谓微也。夫微者，至人也。至人也，何忍，何强，何危！故浊明外景^6，清明内景。

圣人纵其欲，兼其情，而制焉者理矣。夫何强，何忍！何危！故仁者之行道也，无为也；圣人之行道也，无强也。仁者之思也，恭；圣人之思也，乐，此治心之道也。

【译文】

石洞之中有一个人，叫做敫。他为人喜欢精谌语而又喜欢思考。如果耳朵和眼睛受到外物的影响，就会破坏他的思考；听到蚊虫的声音，就会妨碍他聚精会神。所以避开影响耳朵眼睛的外

【注释】

①败：干扰。

②挫：妨碍。

③辟：同"避"。

④出：遗弃，使出。

⑤焯掌：烧灼自己的手掌。

⑥浊明：内暗外明。指对"道"只有肤浅认识的人。

物，远离蚊虫的骚扰，独居一处静坐思考才会思想明白。如果思考"仁"也像这样，是否就是达到精微的地步呢？

孟子厌恶败坏了自己的名声而休了妻子，可以算得上自强了，但是不能说思考得够多了。有若在看书的时候害怕睡着，用火来烤手掌，可以说达到自我控制了，但还没能达到爱好仁德的地步。避开眼睛和耳朵的影响，算得上自强了，但是还没有思考得够多。听到蚊虫的声音就不能聚精会神，可以说达到自我警惕的程度了，但是还不够精微。能够达到精微的地步的人就是最完美的人了。最完美的人，多么自制，多么自强，多么自我警惕！所以朦朦胧胧的微光在外，清清楚楚的光亮在内。

圣人能够随心所欲，尽到自己的性情，可是处理事情还是非常理性。这是多么自强，多么自制，多么自我警惕啊！所以仁德的人从事仁道，就达到无为的境界；圣人从事圣道，根本不需要自强。有仁德的人的思索，小心谨慎；圣人的思考，快快乐乐。这是修养身心的方法。

【注释】

①浍（kuài）：田间大沟渠。

②闺：上圆下方的小门。

③厌：通"压"，按。

④景：通"影"。

⑤玄：通"眩"。

⑥精：视力。

【原文】

凡观物有疑，中心不定，则外物不清；吾虑不清，未可定然否也。

冥冥而行者，见寝石以为伏虎也，见植林以为立人也，冥冥蔽其明也。醉者越百步之沟，以为蹞步之浍也^1；俯而出城门，以为小之闺也^2：酒乱其神也。厌目而视者^3，视一为两；掩耳而听者，听漠漠而以为哅哅，势乱其官也。

故从山上望牛者若羊，而求羊者不下牵也，远蔽其大也。从山下望木者，十仞之木若箸，而求箸者不上折也，高蔽其长也。水动而景摇^4，人不以定美恶，水势玄也^5。瞽者仰视而不见星，人不以定有无，用精惑也^6。有人焉，以此时定物，则世之愚者也。彼愚者之定物，以疑决疑，决必不当。夫苟不当，安能无过乎？

解 蔽 | 239

【译文】

大凡在观察事物的时候有疑惑，心中捉摸不定，就不可能看清楚外物；自己考虑不清楚，就不可能判断是非。

在昏暗的地方行走的人，看见横卧的石头，认为是卧着的老虎，看见直立的树木，认为是站着的人，这是由于昏暗蒙蔽了他的眼睛。喝醉的人横跨百步的沟，认为是小半步的小沟，低下头过城门，认为是一个小圆门门洞，这是由于酒精迷惑了他的神志。掩住眼睛看东西的人，把一个东西看做两个；捂上耳朵听声音的人，听到很小的声音其实是很大的声音，这是由于外力扰乱了他的感官。

从山上看牛就像羊，但是牧人不会下山去牵它，这是距离远蒙蔽了牛的大小。从山下眺望山上树木，几丈高的树木就像筷子那样，但是找筷子的人不会上山去折它，这是由于山势高遮挡了树木的高度。河水摇动，水中的倒影就跟着摇动，人们不根据这来判定事物的好丑，这是由于水晃动使人眼花缭乱。眼睛瞎的人抬头看不见星星，但他不会因此而确定天上没有星星，这是由于瞎子的眼睛看不清东西。有这样的人，凭这时的情况来断定外界事物，这是世界上最愚蠢的人。这种愚蠢的人判定事物，是用疑惑的眼光来判定疑惑，一定不会正确。既然不会正确，怎么可能不会出错？

【原文】

夏首之南有人焉，曰涓蜀梁，其为人也，愚而善畏。明月而宵行，俯见其影，以为伏鬼也；卬视其发^1，以为立魅也。背而走，比至其家，失气而死，岂不哀哉！凡人之有鬼也，必以其感忽之间疑玄之时正之^2。此人之所以无有而有无之时也，而已以定事，故伤于湿而击鼓鼓痹，则必有敝鼓丧豚之费矣，而未有俞疾之福也^3。故虽不在夏首之南，则无以异矣。

【译文】

夏首的南边有一个人，叫做涓蜀梁，他为人比较愚蠢而且害

【注释】

①卬：同"仰"，抬头。

②正：通"证"，证实。

③俞：通"愈"，痊好了。

怕鬼神。有月亮的晚上走路，低头看见自己的影子，认为是卧着的鬼；抬头看见自己的头发，认为是魅，转身就跑，等到回到家里，断气而亡，这难道不悲哀吗？大凡人发现鬼的时候，一定是在恍惚之间、疑惑不定的时候。这正是人们把无当做有、把有当做无的时候，自己却在这个时候判定事物，所以人们得了风湿病，就打鼓驱鬼，杀猪祭神，结果必定有打破鼓、白白送掉猪的花费，却没有治好病的福气。所以即使不在夏首的南边居住，但与那个渭蜀梁并没有什么区别。

【注释】

①疑：通"凝"，固定。

②错：通"措"，搁置，放弃。

③类：以……为法式，效法。几：接近。

④孰：同"熟"，仔细，周详。

⑤世（yì）：多言。

⑥挠：扰。滑（gǔ）：乱。

⑦几：通"冀"、"觊"，希望得到。

【原文】

凡以知，人之性也，可以知，物之理也。以可以知人之性，求可以知物之理，而无所疑止之^1，则没世穷年不能遍也。其所以贯理焉虽亿万，已不足以淡万物之变，与愚者若一。

学，老身长子，而与愚者若一，犹不知错^2，夫是之谓妄人。故学也者，固学止之也。恶乎止之？曰：止诸至足。易谓至足？曰：圣也。圣也者，尽伦者也；王也者，尽制者也；两尽者，足以为天下极矣。故学者以圣王为师，案以圣王之制为法，法其法以求其统类，以务象效其人。向是而务，士也；类是而几^3，君子也；知之，圣人也。故有知非以虑是，则谓之懂；有勇非以持是，则谓之贼；察孰非以分是^4，则谓之篡；多能非以修荡是，则谓之知；辩利非以言是，则谓之诐^5。

《传》曰："天下有二：非察是，是察非。"谓合王制与不合王制也。

天下有不以是为隆正也，然而犹有能分是非治曲直者邪？若夫非分是非，非治曲直，非辨治乱，非治人道，虽能之无益于人，不能无损于人；案直将治怪说，玩奇辞，以相挠滑也^6；案强钳而利口，厚颜而忍诟，无正而遂唯，妄辨而几利^7；不好辞让，不敬礼节，而好相推挤，此乱世奸人之说也，则天下之治说者，方多然矣。《传》曰："析辞而为察，言物而为辨，君子贱之。博闻强志，不合王制，君子贱之。"此之谓也。

【译文】

一般来说，对事物的认识能力，人生来就具备，可以被人认识，这是事物本身具备的道理。用可以感知的认识能力，来感知可以被认识的事物的规律，如果没有限制，即使一辈子都不能全部感知。事物内部蕴涵的道理虽然很多，但还是不能应付万事万物的变化，这也和愚蠢的人的想法一致。

学习，一直等到自己老了，儿子都长大了，还是和愚蠢的人的想法相同，还是不知道自己错了，这就叫做妄人。所以学习本来就是要学到最高境界。什么是学习的最高境界？回答：就是最圆满。什么叫最圆满？回答：就是通晓圣王之道。圣人，就是完全精通自然和社会关系的人。王者，就是掌握了社会法制的人。把这两个方面都掌握了的人，就算是最高标准了。所以，学习的人都把圣王作为榜样，把圣王制定的社会法制当做自己的法度，效法圣王的法制从而寻求他的大纲，以便努力地效仿他的为人。照这样做的人，就是士；与这个标准接近的人，就是君子；完全掌握这个标准的人，就是圣人。所以，有智慧却不去理解圣王之道，就叫做瞎抓；有力气却不用来维护圣王之道，叫做贼；能够明察却不用来分辨圣王的法制，就叫做混淆；有很多技能却不用来发扬圣王的法制，就叫做巧诈，能言善辩却不用来宣传圣王的法制，这就叫做废话。

古书上说："天下的事都有两个方面：通过'是'可以明察'非'，通过'非'可以明察'是'。"说的就是符合王制和不符合王制两种情况。

天下如果不把王制作为判断是非的标准，这样一来怎么来分清是非曲直呢？假如不能分出是非，不能断定曲直，不能辨别治乱，不能研究做人的道理，即使能掌握它却对人没有什么好处，没有掌握它也对人没有什么坏处；这只不过是研究一些奇言怪语，玩弄辞藻，来相互饶舌罢了。强迫压制别人而又能言善辩，厚颜无耻而又忍受辱骂，不走正路而又胡作非为，狂妄诡辩而又图谋私利，不会谦虚礼让，不顾礼节礼仪，却好相互倾轧，这就是扰乱社会的奸邪学说，现在这个社会上这种学说，多半都是这样的。古书上说："玩弄辞藻而自认为明察秋毫，谈论事物而自认为能言善辩，君子看不起这种行为。见识广博，记忆力强，但是不按照圣王的法制去做，君子鄙视这种人。"说的就是这种人。

【注释】

①几:通"冀"、"觊",希望,指实现 愿望。

②邑:通"悒",愁闷不安。

③辨(bàn):通"办",治理。

【原文】

为之无益于成也，求之无益于得也，忧戚之无益于几也^1，则广为能弃之矣，不以自妨也，不少顷干之胸中。不慕往，不闵来，无邑怜之心^2，当时则动，物至而应，事起而辨^3，治乱可否，昭然明矣!

【译文】

做一件事对成功没有什么好处，追求一件事物对利益没有什么好处，忧戚对危机的解除没有什么好处，就应该把它远远地抛弃掉，不应该妨碍自己，不把它留在心里片刻。不羡慕过去，不担心未来，不要有忧虑、怜惜的心思，在适当的时机迅速行动，事情来了及时应付，事情一旦发生马上着手解决，这样，是治还是乱，不就再清楚明白不过了吗!

【注释】

①周:周密,这里指隐瞒真情。

②反:通"返",回去。

【原文】

周而成^1，泄而败，明君无之有也。宣而成，隐而败，暗君无之有也。故君人者周则谗言至矣，直言反矣^2，小人迩而君子远矣。《诗》云："墨以为明，狐狸而苍。"此言上幽而下险也。君人者宣则直言至矣，而谗言反矣，君子迩而小人远矣。《诗》曰："明明在下，赫赫在上。"此言上明而下化也。

【译文】

隐蔽真情就会成功，公开真情就会失败，明君是不会做这样的事。公开真情就会成功，隐蔽真情就会失败，昏君也不会这么做的。所以统治者若是隐蔽真情，谗言就会随之而来，直言就会离开，小人围了上来，君子疏远了。《诗经》上说："你把黑暗当光明，他说狐狸呈洋蓝。"这是说君王昏庸愚昧，那么臣民就会险恶。君主如果开诚布公，那么正直的话就来了，毁谤的语就缩回去了，君子接近而小人远离了。《诗经》上说："下面光明，在上有赫赫光辉。"说的就是上面开明了，下面就会开化了。

正 名

【注释】

①散：分散，零碎。散名：指各种零碎的具体事物的名称。

②曲：即"曲当"、"曲成"之"曲"，委曲周遍的意思。期：会合，约定。曲期：多方约定。

③合：会合，接触。感应：被感动而产生的反应。

④不事：无为，不作主观地人为努力。

⑤然：成。

【原文】

后王之成名：名从商，爵名从周，文名从礼。

散名之加于万物者^1，则从诸夏之成俗曲期^2，远方异俗之乡，则因之而为通。

散名之在人者：生之所以然者谓之性。性之和所生，精合感应^3，不事而自然谓之性^4。性之好、恶、喜、怒、哀、乐谓之情。情然而心为之择谓之虑^5。心虑而能为之动谓之伪；虑积焉，能习焉，而后成谓之伪。正利而为谓之事，正义而为谓之行。所以知之在人者谓之知，知有所合谓之智。智所以能之在人者谓之能，能有所合谓之能。性伤谓之病。节遇谓之命。是散名之在人者也，是后王之成名也。

【译文】

近代的君主给事物确定名称：刑法的名称仿照商朝，爵位的名称仿照周朝，礼节的名称仿照《礼经》。

一般事物的名称就给了其他万物，这是仿照中原地区约定俗成的，远方偏僻地方有不相同的，也按照这样的约定来沟通。

一般事物名称之中，关于人的有：生来就有的叫做性。由本性的阴阳二气相互作用而产生，精神和外界事物接触产生的反应，不必经过后天的学习就有的，叫做性。性的好、坏、喜、怒、哀、乐就叫做情。情由心生加以选择就叫做虑。内心考虑后再照着做，叫做人为。思虑的反复积累和人的无数次行动，然后形成了人的行为。符合功利的就去做，叫做事业，符合道义的就去做，叫做德行。因此人生来就有的认识能力就叫做知，人的认识能力与客观世界相接触所产生的认识就叫做智慧。人本来就有的掌握事物的能力叫做能。这种功能和客观世界相接触而形成的就叫做才能。人的天性受到损伤就叫做病。偶然的遭遇叫做名誉。这些都是一般事物名称中关于人的，是近代君主所确定的名称。

【原文】

故王者之制名，名定而实辨，道行而志通，则慎率民而一焉。

故析辞擅作名以乱正名，使民疑惑，人多辨讼^1，则谓之大奸；其罪犹为符节、度量之罪也^2。故其民莫敢托为奇辞以乱正名，故其民悫，悫则易使，易使则公^3。其民莫敢托为奇辞以乱正名，故壹于道法而谨于循令矣^4。如是则其迹长矣。迹长功成，治之极也，是谨于守名约之功也。

【注释】

①辨：通"辩"。讼：争辩。

②度：量长短的标准器具。量：量多少的标准器具。度量：泛指度、量、衡等标准器械。

③公：通"功"。

④道：由，遵行。

【译文】

所以，圣王制定事物的名称，名称制定了，各种事物就有了分别，基本的原则实行了，思想意志就互相沟通了，所以圣王就率领人民来推行这些名称。

所以玩弄辞藻、擅自制造名称，用来扰乱正确的名称，使人民疑惑，增加争论是非的事情，就是大奸大恶的人。他们的罪过等于伪造契约凭信和度量衡的罪恶一样。所以人民不敢凭借伪造的奇谈怪论来扰乱正确的名称，所以他们端正，端正就容易役使，容易役使就公平。人民不敢凭借伪造的奇谈怪论来扰乱正确的名称，他们都专心道法而遵循法令。这样才能业绩长远，业绩长远才能成功，这就是治理天下的极致，这就是遵守同一名称的功效。

【原文】

今圣王没，名守慢^1，奇辞起，名实乱，是非之形不明，则虽守法之吏、诵数之儒^2，亦皆乱也。若有王者起，必将有循于旧名，有作于新名。然则所为有名，与所缘以同异^3，与制名之枢要，不可不察也。

【注释】

①名守：遵守统一名称之事。慢：懈怠。

②数：指礼制。

③缘：依照，根据。

荀 子

【译文】

现在圣王已逝，遵守统一的名称的事情懈怠了，奇谈怪论产生了，名和实的关系混乱了。是非之间的界限不明显，即使是那些守护法度的官员和学习典章制度的大儒，也开始混乱了。如果有新的王者出现，必定会沿用一些旧有的名称，制定一些新的名称。既然这样，所以名称必须搞清楚名与实的关系，以及制定名称的关键，这都是不能不掌握的。

【注释】

①形：形体，指人。离：背离。

②玄：通"眩"，迷乱。纽：结。

③困废：废止，做 不成。

④指：点明，表达。

【原文】

异形离心交喻^1，异物名实玄纽^2，贵贱不明，同异不别。如是则志必有不喻之患，而事必有困废之祸^3。故知者为之分别，制名以指实^4，上以明贵贱，下以辨同异。贵贱明，同异别，如是，则志无不喻之患，事无困废之祸，此所为有名也。

【译文】

不同的事物有不同的思想方式，相互交流才会明白。如果不同事物的名和实混杂在一起，贵贱不分，相同的和不同的也没有分别。

这样一来，思想上一定会有不明白的地方，事情也必定有废弃的祸患。所以明智的人对这些加以分别，用名来指代实物，在上可以分出贵贱，在下可以分出相同和不同。贵贱分清了，同异分开了，这样一来，就不会在思想上有什么不明白的地方，事情也就不会有什么遗漏，这就是事物为什么要有一定的名称。

【注释】

①天官：天生的感官，指耳、目、鼻、口、身。

②比方：比拟，指对事物进行描摹。疑(nǐ)：通"拟"，模拟。

【原文】

然则何缘而以同异？

曰：缘天官^1。

凡同类同情者，其天官之意物也同；故比方之疑似而通^2。是所以共其约名以相期也^3。形体、色理以目异；声音清浊、调竽、奇声以耳异^4；甘、苦、咸、淡、辛、酸、奇味，以口异；香、臭、芬、郁、腥、膻、洒、酸、奇臭，以鼻异；疾、养、沧、热、滑、铍、轻、重，以形体异；说、故、喜、怒、哀、乐、爱、恶、欲以心异。心有征知。征知，则缘耳而知声可也，缘目而知形可也。然而征知必将待天官之当簿其类然后可也。五官簿之而不知，心征之而无说，则人莫不然谓之不知。此所缘而以同异也。

③约名：概括的名称。期：会合，交际。

④声音：古代乐音分为宫、商、角、徵、羽五音，单发的某一音叫"声"，相配合而发出的几个音叫"音"。

【译文】

既然这样，那么根据什么来区别名称的同异呢？

回答：根据人的感觉。

只要是相同类别相同性情的事物，它们给人的感觉都是一样的，因此通过比方、摹仿得大体形似，人们就能相互沟通，这就是人们为什么要使用相同的名称的原因。事物的形状、颜色、纹理，用眼睛来区别；声音的清晰或混浊、和谐的乐曲与杂乱的声音，用耳朵来区别；甜、苦、咸、淡、辣、酸、怪味，用嘴巴来分别；香、臭、芬芳、腐臭、腥、膻、马膻气、牛膻气、奇怪的气味，用鼻子来区别；疾病、瘙痒、寒、热、滑、涩、轻、重，用身体来区别；心悦诚服、做作、喜、怒、哀、乐、爱、厌恶、私欲，用心来区别。

心对事物有感知的能力。感知，在耳朵方面可以听到声音，在眼睛方面可以看见形状。但是这种感知必须等到感觉器官对事物进行接触以后才能发挥作用。五官能够靠近事物却不能对事物进行分析，心能够感知事物却不能说出道理，但是人们不承认就是无知的。这就是根据所感知命名有的相同，有的不同的原因。

【原文】

然后随而命之：同则异之，异则异之；单足以喻则单^①，单不足以喻则兼；单与兼无所相避则共^②；虽共，不为害矣。

知异实者之异名也，故使异实者莫不异名也，不可乱也，犹使同实者莫不同名也。故万物虽众，有时而欲遍举之^③，故谓之物。物也者，大共名也。推而共之，共则有共，至于无共然后

【注释】

①单：单名，指单音词。

②共：指共用。

③遍：当作"偏"。

④经：直接。易：平易。不拂：不违反。

⑤所：处所，这里用来指形状寄寓的实体。

止；有时而欲遍举之，故谓之鸟兽，鸟兽也者，大别名也。推而别之，别则有别，至于无别然后止。

名无固宜，约之以命，约定俗成谓之宜，异于约则谓之不宜。名无固实，约之以命实，约定俗成谓之实名。名有固善，径易而不拂^4，谓之善名。物有同状而异所者^5，有异状而同所者，可别也。状同而为异所者，虽可合，谓之二实。状变而实无别而为异者，谓之化。有化而无别，谓之一实。此事之所以稽实定数也，此制名之枢要也。后王之成名，不可不察也。

【译文】

然后我们就可以根据这些道理来随心给事物命名了：相同的事物取相同的名称，不同的事物取不同的名称；单名就能够使人明白的就取单名，单名不能使人明白的就取复名；单名与复名没有什么相违背的就用共名；即使用了共名，也不会造成什么混乱。

知道不同的事物具有不同的名称，所以就给不同的事物取不同的名称，这是不能混乱的，这就像同样的事物没有不同的名称一样。所以万物虽然千变万化，有时候要把它们全部概括起来，就统称为"物"。"物"这个名称，是高一级的共名。以此类推，直到无法再共名为止。有时候要把它们概括起来，就叫鸟兽，鸟兽这个名称，也是一个高一级的别名。以此类推，直到不能再取别名为止。

名称没有什么合适不合适，致使人们约定俗成而已，对一种事物约定用一种名称，习惯了也就适宜了，不符合习惯的就叫不适宜。名称没有一定的实际意义，人们约定它来代表一种事物，习惯了也就是这种事物的名称了。名称本来就是好的，简单而不自相矛盾，就叫做好名称。事物有相同形状而实体不同的，有形状不同而实体相同的，那名称就可以来分别了。形状相同而实体不同的，即使可以合用一个名称，仍然叫做两个实体。性状变化而实体没有变化的，这叫做"化"。有了变化而实体没有变的，仍然叫做一个实体。这就是为什么要考察事物的实质，来确定事物的法度的缘故，这也是给事物取名的关键。近代君主在取名的时候，不能不明察。

【原文】

"见侮不辱^1"，"圣人不爱己^2"，"杀盗非杀人也^3"，此惑于用名以乱名者也。验之所以为有名而观其孰行，则能禁之矣。

"山渊平^4"，"情欲寡^5"，"刍豢不加甘，大钟不加乐"，此惑于用实以乱名者也。验之所缘以同异而观其孰调，则能禁之矣。

"非而谒楹^6"，"有牛马非马也^7"，此惑于用名以乱实者也。验之名约，以其所受悖其所辞^8，则能禁之矣。凡邪说辟言之离正道而擅作者^9，无不类于三惑者矣。故明君知其分而不与辨也。

【译文】

"受到了污辱并不是耻辱"、"圣人不爱惜自己"、"杀死盗贼不是杀人"，这些错误的说法，是用名称来混淆名称。只要考察一下为什么要有名称的原因，再看看他们的行为，就能制止这种错误的说法了。

"高山和深渊是相平的"、"人的本性是情欲少"、"肉食不比普通的事物美味，大钟的声音并不一定悦耳"，这些错误的说法是用实体来混淆名称的。只要考察一下为什么有同有异的原因，再看看他们这些说法哪种更适合实际情况，就能够禁止了。

"互相排斥也就是互相包含"、"牛马不是马"，这些错误的说法是用名称来混淆实体的。只要考察一下为什么约定俗成名称，用它相互矛盾的地方来攻击它的言辞，就可以禁止了。

大凡邪说乱言都是离开了正道而胡说八道的，都逃不出这三种情况。所以英明的君主应该知道它们的区别而加以禁止，不用去争辩。

【注释】

①见侮不辱：这是宋钘的说法。

②圣人不爱己：这可能是指《墨子》中的说法。

③杀盗非杀人也：这是墨子的说法。

④山渊平：这是惠施的说法。

⑤情欲寡：这是宋钘的说法。

⑥非：通"飞"。非而谒楹：飞箭经过柱子。指飞箭射过柱子后时间长了会停止。这是墨子的说法。

⑦有牛马非马也：这是墨子的说法。

⑧悖：违反，反驳。

⑨辟：通"僻"，邪僻。

250 荀 子

【注释】

①故：原因，所以然。

②章：同"彰"，使……明白清楚。

③颙颙：恭敬温和的样子。卬卬（áng）：志气高昂的样子。

④珪：一种玉器，上圆下方。璋：一种玉器，形状像半个珪。珪与璋都是帝王、诸侯在朝会时所拿的玉器，所以用来喻指美德。

⑤岂弟：同"恺悌"，温和快乐而平易近人。

【原文】

夫民易一以道，而不可与共故^1。故明君临之以势，道之以道，申之以命，章之以论^2，禁之以刑。故其民之化道也如神，辨说恶用矣哉!

今圣王没，天下乱，奸言起，君子无势以临之，无刑以禁之，故辨说也。

实不喻然后命，命不喻然后期，期不喻然后说，说不喻然后辨。故期、命、辨、说也者，用之大文也，而王业之始也。

名闻而实喻，名之用也。累而成文，名之丽也。用丽俱得，谓之知名。名也者，所以期累实也。辞也者，兼异实之名以论一意也。辨说也者，不异实名以喻动静之道也。期命也者，辨说之用也。辨说也者，心之象道也。心也者，道之工宰也。道也者，治之经理也。心合于道，说合于心，辞合于说，正名而期，质请而喻。

辨异而不过，推类而不悖，听则合文，辨则尽故。以正道而辨奸，犹引绳以持曲直；是故邪说不能乱，百家无所窜。有兼听之明，而无矜奋之容；有兼覆之厚，而无伐德之色。说行则天下正，说不行则白道而冥穷，是圣人之辨说也。《诗》曰："颙颙卬卬^3，如珪如璋^4，令闻令望。岂弟君子^5，四方为纲。"此之谓也。

【译文】

民众容易用正道来引导，但不能同他们讲明道理。所以，英明的君主用权势来引导他们，用道义来领导他们，用命令来告诫他们，用正确的言论来晓喻他们，用严刑来禁止他们。所以人民遵从正道也就像有神帮助一样，哪里还用什么辩论!

现在圣王已逝，天下大乱，奸邪的言论兴起，君子没有权势来引导他们，没有刑法来制止他们，所以只好采用同民众辩论的方式。

事实不明显就只好命名，命名不明白就用约定，约定不明白就说服，说服不明白的就辩论。所以约定、命名、说服、辩论、说服，这都是实际运用中的方式，也是王业的起点。

听到名称就知道它的实体，这就是名称的作用。积累了许多名称就成为了文字，这就是文字的词采。实用和词采都具备了，就叫做懂得名称。名称，是用来积累实体的。文辞，用不同的实体名称来表达一个意义的。辩论和说服，是用不同的实体名称来显示动静的道理。约定和命名，这是辩论和说服的运用。辩论和说服，这是心对道的表达。心，这是道的主宰。道，这是治理天下的根本原则。心符合道义，辩说符合心，文辞符合辩说，运用正确的名称又符合约定，实际情况就明白了。

辨别各种不同的事物的名称而没有过错，推论各种事物的类别没有违背正道，听起来又非常符合文采，辩说就可以把事物的原因弄清楚。用正道来辨别好言，就像木匠拿着绳子来辨别曲直一样。这样一来，邪说就不会再混淆人们的视听了，百家的言论都没有藏身之处了。有了全面地听取各家学说的明智，却没有骄傲的表情；有兼容并包的胸怀，却没有自夸的神色。这种学说风行天下，就能使天下纳入正道；这种学说如果不能被人接受，就隐居，这就是圣人的辩说。《诗经》上说："体态谦恭，像圭又像璋，名望美好。胸怀宽广的君主，四海之内的人都愿意以他做榜样。"说的就是这种人。

【原文】

辞让之节得矣，长少之理顺矣，忌讳不称，祆辞不出。以仁心说，以学心听，以公心辩；不动乎众人之非誉，不治观者之耳目^1，不略贵者之权势，不利便辟者之辞^2；故能处道而不贰，呕而不夺，利而不流，贵公正而贱鄙争，是士君子之辩说也。《诗》曰："长夜漫兮，永思骞兮。大古之不慢兮^3，礼义之不愆兮，何恤人之言兮！"此之谓也。

【注释】

①治：治理，修饰，指修饰辩辞。

②辟：通"僻"，邪僻不正。

③大：同"太"。大古：远古。

荀 子

【译文】

谦让推辞的礼节就有了，长幼之间的道理就理顺了，忌讳的话没有说出来，奇谈怪论也没有出口。用仁爱之心讲道理，用学习的心理去听，用公正的心理去辨别，不为众人的非难或夺奖而动摇，不用动听的言辞去盅惑别人的耳目，不贿赂显贵者的权势，不为亲信的人的言辞而喜欢。所以才能坚持正道而不倾斜，不受他人的胁迫而改变，口才流利而不流俗，重视公正的言论而鄙视争吵，这是君子的辩说。《诗经》上说："在那漫漫长夜里，永远记着自己的过错。对太古流传下来的道理不怠慢，对礼节毫不含糊，何必顾及他人的言论！"说的就是这种情况啊！

【注释】

①佹:同"傀",偶就,贴近。

②差($cī$)差:参差不齐。

③芴($hū$)然:同"忽然",恍惚,模糊不清的样子,形容不可捉摸。

④谇($tà$)然:多话的样子。

【原文】

君子之言，涉然而精，佹然而类^1，差差然而齐^2。彼正其名，当其辞，以务白其志义者也。彼名辞也者，志义之使也，足以相通则舍之矣。苟之，奸也。故名足以指实，辞足以见极，则舍之矣。

外是者谓之讱，是君子之所弃，而愚者拾以为己宝。故愚者之言，芴然而粗^3，噍然而不类，谇谇然而沸^4。彼诱其名，眩其辞，而无深于其志义也。故穷藉而无极，甚劳而无功，贪而无名。故知者之言也，虑之易知也，行之易安也，持之易立也；成则必得其所好而不遇其所恶焉。而愚者反是。《诗》曰："为鬼为蜮，则不可得，有靦面目，视人罔极。作此好歌，以极反侧。"此之谓也。

【译文】

君子的话，深奥而又精辟，中肯而又有条理，纷繁而又一致。他用的名称正确，词语恰当，以此达到表明道义的目的。这种名称、词语，是为了表明道义的所在，能够沟通就可以了。那些投机取巧的，就是奸言。所以，名称能够说明事实，词语能够表达思想，就可以了。

不以这个为目的的就叫做故意讲一些难以理解的话，是君子要抛弃的行为，而愚蠢的人却把这当做宝贝。所以，愚蠢的人的话，轻浮粗俗，杂乱没有条理，七嘴八舌吵吵闹闹。他用名称来引诱别人，用词语来使人迷乱，却对于表明道义没有丝毫用处。所以翻遍了书籍却没有边际，非常辛苦却没有功劳，贪图名望却得不到。聪明人的言语，思考之后很容易就明白了，实行起来又非常容易做到，坚持它又能站住脚；有所成就必定得到自己所喜欢的，而不会遇到自己所厌恶的。愚蠢的人正好与此相反。《诗经》上说："是鬼还是蜮，还不能知道，有脸也有眼睛，看你的作为却不像人。做了这首歌曲来戳穿你，这个反复无测的小人。"说的就是这种人。

【原文】

凡语治而待去欲者^1，无以道欲而困于有欲者也。凡语治而待寡欲者^2，无以节欲而困于多欲者也。有欲无欲，异类也，生死也，非治乱也。欲之多寡，异类也，情之数也，非治乱也。

欲不待可得，而求者从所可^3。欲不待可得，所受乎天也；求者从所可，所受乎心也。所受乎天之一欲，制于所受乎心之多，固难类所受乎天也。人之所欲生甚矣；人之所恶死甚矣。然而人有从生成死者，非不欲生而欲死也，不可以生而可以死也。故欲过之而动不及，心止之也。心之所可中理，则欲虽多，奚伤于治！欲不及而动过之，心使之也。心之所可失理，则欲虽寡，奚止于乱！故治乱在于心之所可，亡于情之所欲。不求之其所在而求之其所亡，虽曰我得之，失之矣。

【译文】

大凡谈论治理国家而建议去掉欲望的，却没有办法引导人们的欲望，反倒被欲望所困。大凡谈论治理国家而建议减少欲望的，却没有办法节制欲望，反倒被欲望多所困。有欲望和没有欲望，这是不一样的，这是生和死的问题，不是治乱的问题。欲望

【注释】

①去欲：这是道家的观点。

②寡欲：这是孟子、宋钘的观点。

③从：通"纵"，放纵，此指放弃。

的多少，这是不一样的，是性情的变化，不是治乱的问题。

欲望不是在有所追求的时候才有，而是追求欲望的人从自认为合适的情况去追求的。欲望不是在有所追求的时候才有，而是生来就有的；追求欲望的人从实际情况出发追求，这是受了内心的支配。天生就有的欲望单纯，而受到内心支配的欲望比较多，所以难以同天生的单纯的欲望相比。人都是非常希望自己活着，人都是非常不希望自己死去。既然这样，还是有人放弃了生而去死的，不是他不愿意生而愿意死，而是在某种情况下不能够苟且偷生而应该杀身成仁。所以欲望非常强烈而行动却达不到，是由于心的支配。心认为符合道理，即使欲望非常多，又对治理国家有什么伤害呢？欲望没有那么强烈而行为却过度了，这也是心支配的。心中不认为符合道理，即使欲望非常少，对于祸乱的制止又有什么好处呢？所以，治乱在于心的支配，与情欲的多少是没有任何关系的。不在关键的方面去寻求国家治乱的原因，却从无关的方面去寻求，即使说我明白了，其实还是不明白。

【注释】

①质：实际内容，实质。

②知：通"智"。

③道者：指实施治国之道的人。

【原文】

性者，天之就也；情者，性之质也^1；欲者，情之应也。以所欲为可得而求之，情之所必不免也。以为可而道之，知所必出也^2。故虽为守门，欲不可去，性之具也。虽为天子，欲不可尽。

欲虽不可尽，可以近尽也；欲虽不可去，求可节也。所欲虽不可尽，求者犹近尽；欲虽不可去，所求不得，虑者欲节求也。道者^3，进则近尽，退则节求，天下莫之若也。

【译文】

本性，是上天成就的；感情，是本性的实质；欲望，是感情的对外界事物的反应。认为自己的欲望可以达到就去追求，这是感情不可避免的。认为欲望可以达到就去实行，这是人的智慧必然做出的。所以即使一个守门的小卒，他的欲望也是不可能去掉的，这是本性所固有的。即使是天子，欲望也是没有尽头的。

欲望虽然没有尽头，但是可以接近满足；欲望虽然不能去掉，但是可以节制它。欲望虽然不能穷尽，但是对欲望的追求还是可以达到满足的；欲望虽然不可以去掉，追求的虽然达不到，但是追求欲望的人可以抑制自己的追求，按照正确的原则行事，在条件允许的情况下尽量满足，在条件不允许的时候节制自己的欲望，天下没有比这更好的了。

【原文】

凡人莫不从其所可而去其所不可。知道之莫之若也，而不从道者，无之有也。

假之有人而欲南，无多；而恶北，无寡，岂为夫南之不可尽也，离南行而北走也哉^1？今人所欲，无多^2；所恶，无寡^3。岂为夫所欲之不可尽也，离得欲之道而取所恶也哉？故可道而从之，奚以损之而乱！不可道而离之，奚以益之而治！故知者论道而已矣，小家珍说之所愿者皆衰矣。

【注释】

①走：跑。

②无多：无所谓多，指再多也不嫌多。

③无寡：无所谓少，指再少也不要。

【译文】

大凡人都是顺从自认为正确的原则来做事，而抛弃自认为不正确的原则。了解了为人处世原则的，都会这样做，没有按照为人处世原则来做事的人，是没有的。

假如有个人想去南方，不管路程有多远都会去；如果不想去北方，不管多近都不会去的，难道说由于南方的路程比较远，就离开南方而去向北方吗？现在人的欲望，非常多而不嫌多；厌恶的东西，非常少而不嫌少。难道说由于欲望多，就背离欲望而取自己所厌恶的吗？所以，符合道义的欲望就顺从它，哪里会因为欲望多而混乱呢？不符合道义的就要抛弃它，哪里就会因为欲望减少而安定呢？所以聪明的人只要根据道义来行事，那些奇谈怪论就都衰亡了。

256 荀 子

【注释】

①粹：纯粹，引申为完全彻底。

②权：秤锤，这里引申指衡量行为的准则，即"道"。

③衡：秤杆，秤。

④县：同"悬"，挂。

【原文】

凡人之取也，所欲未尝粹而来也^1；其去也，所恶未尝粹而往也。故人无动而不可以不与权俱^2。

衡不正^3，则重县于仰^4，而人以为轻；轻县于俯，而人以为重，此人所以惑于轻重也。权不正，则祸托于欲，而人以为福；福托于恶，而人以为祸，此亦人所以惑于祸福也。道者，古今之正权也；离道而内自择，则不知祸福之所托。

【译文】

大凡人想得到的东西，他的欲望不一定能够得到；想去掉的东西，他所厌恶的不一定都能去掉。所以，人的行动没有不可能不加以衡量的。

衡器不准确，虽然挂上了重物，却会反过来，人就会认为是轻的；虽然挂上的是轻物，反而会低下去，人会认为是重物，这是人被轻重迷惑的缘故。衡量的标准不正确，祸患就会包含在欲望之中，人认为它是福气；福气包含在厌恶的事情中，人认为那是祸患，这是人被祸福所迷惑的缘故。道义，古今都是正确的衡量标准。背离了道义却自己内心选择，就不会知道祸福在什么地方了。

【注释】

①易：交换。

②百年之欲：指长期追求的欲望。

③嫌：通"慊(qiè)"，满足。

【原文】

易者^1，以一易一，人曰无得亦无丧也。以一易两，人曰无丧而有得也。以两易一，人曰无得而有丧也。计者取所多，谋者从所可。

以两易一，人莫之为，明其数也。从道而出，犹以一易两也，奚丧！离道而内自择，是犹以两易一也，奚得！其累百年之欲^2，易一时之嫌^3，然且为之，不明其数也。

【译文】

在交换过程中，拿一个东西来换取另一件东西，人们说这是没有什么得到也没有损失。拿一个东西换取两件东西，人们说这是没有什么损失而是得到了。拿两个东西换取一件东西，人们说这没有什么得到而是损失。善于计算的人希望换取很多，善于谋划的人遵从自己认为合适的办法。

拿两个东西换取两个东西，没有人会这么做的，因为数量关系。遵循道义而行动，就好像拿一个东西来换取两个东西，这又有什么损失？背离道义而根据自己内心来选择，就好像拿两个东西换取一件东西，这又有什么收获？积累了百年的欲望，换取一时的满足，就是这样还去做，这实在是不知道简单的数量关系。

【原文】

有尝试深观其隐而难察者，志轻理而不重物者，无之有也；外重物而不内忧者，无之有也。行离理而不外危者，无之有也。外危而不内恐者，无之有也。

心忧恐，则口衔刍蒙而不知其味，耳听钟鼓而不知其声，目视翡翰而不知其状，轻暖平簟而体不知其安^1。故向万物之美而不能嗛也。假而得间而嗛之则不能离也^2。故向万物之美而盛忧，兼万物之利而盛害。如此者，其求物也，养生也？粥寿也？故欲养其欲而纵其情，欲养其性而危其形，欲养其乐而攻其心，欲养其名而乱其行。如此者，虽封侯称君，其与夫盗无以异；乘轩戴绂^3，其与无足无以异。夫是之谓以己为物役矣。

【注释】

①平：通"枰"，独坐的板床。簟：竹席。

②嗛(qiàn)：与"慊"、"歉"等同源，不足。

③轩：一种有篷遮蔽的车，为卿大夫及诸侯夫人等达官贵人所乘。绂(miǎn)：同"冕"，大夫以上的贵族所戴的礼帽。

【译文】

我曾经试着深入观察隐蔽而又难以揣摩的人类心理，凡是内心轻视道义道理而又不重视物质的，根本没有；重视外物而又内心不忧虑的人，根本没有；行为背离道义道理而又不遭受危险的人，根本没有；遭受外来危险而内心不忧虑的人，根本没有。

内心恐惧，就是嘴里吃着美味佳肴也不知道味道，耳朵听着美妙的音乐也不会知道旋律，眼睛看着华丽的衣服也不知道形状，躺在轻暖的褥子上，底下铺着平整的竹席，身体也不会安逸。所以，享受着世间的美妙却不能得到满足。假如得到一会儿满足，忧虑的心情还是不能离他而去。所以，享受着世间万物的美妙而怀有忧虑的心情，得到万物的利益却危害着自身。像这样的人，他追求物质，是为了养生命还是为了伤害生命？所以，想要放纵自己的欲望就会放纵自己的感情，想要放纵自己的本性就会危害自己的身体，想要得到享乐却伤害自己的心志，想要得到好名声就会败坏自己的行为。这样的人，即使封侯了或者成为君主了，也与盗贼没有什么区别；乘着高车、戴着贵冠，也与衣食不足的人没有什么区别。这就是被物质役使的人。

【注释】

①佣：通"庸"，一般，平常。

②蔬食：同"疏食"，粗食。

③藁（gǎo）：谷类植物的茎秆。蓐：草垫子。机：通"几"，几案，小桌子。筵：竹制的垫席。

【原文】

心平愉，则色不及佣而可以养目^1，声不及佣而可以养耳，蔬食菜羹而可以养口^2，粗布之衣、粗纟川之履而可以养体，局室、芦帘、藁蓐、机筵而可以养形^3。故虽无万物之美而可以养乐，无势列之位而可以养名。如是而加天下焉，其为天下多，其和乐少矣，夫是之谓重己役物。

无稽之言，不见之行，不闻之谋，君子慎之。

【译文】

心情平静愉快，即使颜色不如一般的也可养眼，音乐不如一般的也可满足耳朵，蔬食菜羹也可满足口欲，粗布衣服、粗麻鞋子也可满足身体，小屋子、芦苇做的窗帘、草褥子、低矮的桌子也可满足身体要求。所以即使没有世间万物的美妙享受也可享受，没有高官厚禄也可得到好名声。像这样的人若是得到天下，就会为天下想得多，为自己享受想得少，这就是看重自己而役使物质的人。

没有根据的话语，没有人体验过的行为，没有听说过的谋略，君子慎重地对待。